청년 사역자 핸드북

청년 사역자 핸드북

현장 전문가 13인이 발로 쓴

청년 사역자 핸드북

글쓴이 학원복음화협의회
펴낸이 정애주

편집 송승호 이현주 한미영 황교진 김기민 김준표 오은숙 유진실
미술 김진성 문정인 송하현 최혜영
제작 윤태웅
영업 오민택 차길환 국효숙 박상신
총무 정희자 마명진 김은오 윤진숙

펴낸날 1999. 10. 8. 초판 발행
         2011. 3. 18. 7쇄 발행

펴낸곳 주식회사 홍성사
         1977. 8. 1. 등록 / 제 1-499호
         121-897 서울시 마포구 합정동 369-43
         TEL. 02)333-5161 FAX. 02)333-5165
         http://www.hsbooks.com E-mail: hsbooks@hsbooks.com

ISBN 89-365-0469-4
값 9,000원   ※잘못된 책은 바꿔드립니다.

청년 사역자 핸드북

13 인의 현장 전문가가 발로 쓴

학원복음화협의회 엮음

눈물로 터득한 청년 사역의 지혜

여기에 글을 쓴 사역자들은 조금씩은 미친 친구들이다. 무릇 모든 일이 다 미치지 않고서는 이루어지는 법이 없다지만, 청년대학생들을 복음으로 섬기는 일은 더욱 그러하다. 예수에 미치고, 청년들이 예뻐서 어쩔 줄 몰라해야 뭔가 이루어진다.

예수께서는 청년 제자들과 함께 삶을 나누시면서, 하늘의 비전과 인격적 감화를 통해 공동체를 일구어내셨다. 청년대학부 사역자들은 성육신의 도리를 실천해보려고 몸부림쳐야 한다.

청년들과 함께 까불며 놀 줄 알아야 하고, 그들과 함께 울부짖으며 눈물 흘릴 수 있어야 한다. 밤잠을 설치고, 호주머니를 털어서 사먹이고, 그들에게서 그리스도의 형상이 이루어지기까지, 해산하는 여인의 심정으로 울부짖는 중보기도와 생명의 꼴을 먹이려는 선한 목자의 심정 없이 청년대학생들이 변화되는 것을 본 적이 없다. 그러니까 청년 사역자는 정신 연령이 항상 어려야 하고 '미숙의 은사'가 없이는 청년들의 신앙공동체를 섬길 수 없다.

여기에 실린 글들은 학원복음화협의회에 가입된 교회 청년대학부 사역자들이 성공과 실패를 맛보면서 터득한 보석 같은 지혜를 모은 것이다.

근래 들어 목회는 열정만 가지고 되지 않고 전문적인 지식이 있어야 성공할 수 있다는 말을 듣는다. 그런 점에서 이 책을 통해 청년 목회의 노하우(know-how)를 적지 않게 제공받을 수 있으리라고 믿는다. 그러나 동시에 청년 목회의 노와이(know-why)를 생각하도록 끊임 없이 도전받으리라고 생각한다.

청년대학생들이야말로 이 땅의 소망이다. 이 책이 청년대학부를 섬기는 모든 분들에게 읽혔으면 고맙겠다. 그래서 이 땅의 교회가 영적 부흥을 이루는 데 쓰임받는 글이 되길 기도한다. 필자들을 선두주자로 해서, 말씀과 사랑으로 청년대학생들을 미치도록 섬기는 젊은 종들이 많이 배출되기를 기대한다.

이승장(학원복음화협의회 상임대표 · 예수마을교회 담임목사)

청년 목회를 일구는 사역자들에게

20세기를 마무리하는 한국 교회 90년대 목회의 주요 관심 대상 중 하나는 청년대학생들이다. 그런데 과거 주일학교 중심의 교회교육 구조와 심방 중심의 목회 패러다임으로 청년대학생들을 붙잡는다는 것은 쉬운 일이 아니다. '신세대'와 'N세대'로 불리는 청년대학생들을 어떻게 복음으로 변화시키고 책임 있는 교회의 일원으로 소속시킬 것인가 하는 문제는 청년 목회에 관계된 교역자들의 공통적인 고민일 것이다.

지금의 청년대학생들을 미래 한국 교회와 사회의 지도자로 키우는 일은 무엇보다 중요하다. 그러나 과연 한국 교회는 이러한 사명에 대해 얼마나 실제적인 준비를 하고 있는가?

청년 목회에 대한 준비가 시급히 요청되는 현실에서 성공적인 청년 목회를 위해서는 '준비된 청년 목회자'가 우선되어야 한다는 명제 아래 〈청년 사역자 핸드북〉을 발간하게 되었다. 청년 목회를 생각하는 사람들은, 모두가 과거의 전통적인 흐름 속에서 새로운 지향점을 모색하느라 정신을 모으고 있는 상황이다.

최근 1-2년 사이 청년 목회에서 중심 화두는 '청년 예배' 문제였다. 이와 함께 '청년부 전임사역자 제도의 정착'이라든가 '선교단체 간사와의 협력 사역' 등 제도적인 조치들도 이루어져 왔다. 그러나 무엇보다 중요한 것은 청년 사역자 자신이 과연 청년 목회를 위해 구비되었는가 하는 점이다.

청년 목회는 과연 누구의 몫인가? 교역자들 대부분은 지금까지 청년대학부 사역을 '목회의 정거장' 정도로 인식해 왔다. 그러나 요즘 들어 청년대학부 사역에 헌신한 교역자들이 늘어나고 있다는 사실은 매우 고무적인 일이다. 이런 시기에 엮은 〈청년 사역자 핸드북〉은 청년대학부 사역을 처음 시작하거나 이미 사역을 하고 있지만 새로운 방향을 찾고자 하는 교역자들을 위한 '청년 목회의 길잡이'라 할 만하다. 아울러 이 책은 청년대학생을 섬기고 있는 평신도 지도자들이 청년대학부를 지도하는 데 지침이 될 수 있도록 꾸며졌다.

〈청년 사역자 핸드북〉은 다섯 섹션으로 나뉘어 있다. 첫번째 섹션은 청년 사역자의 정체성을 확인할 수 있도록 돕는 부분으로, 청년 사역자가 자기관리를 어떻게 해야 할 것인지 알려 주고 있다.

두번째 섹션에서는 청년 사역을 위해서 갖추어야 할 이론적이면서도 기초적인 부분을 다루었는데, 방법론으로 빠지기 쉬운 핸드북의 단점을 보완해 주는 글들이어서 사역중에라도 다시 한번 읽어 볼 만한 가치가 있는 부분이다.

세번째 섹션은 그야말로 실전에서 사용할 수 있도록 손에 잡히는 가

이드를 모아 보았다. 그러나 사역의 원리를 소개하는 것이지 프로그램을 그대로 수록해 놓지 않았으며, 구체적인 자료는 정보 섹션을 참고로 찾을 수 있도록 꾸며 놓았다.

네번째 섹션에서는 청년대학부 사역의 사각지대에 해당하는 부분들을 실어 보았다. 진로 지도, 이성교제 지도, 방학 및 휴가 지도, 고3 대책 등은 유익한 가이드가 될 것이다.

마지막 섹션에는 시간이 지남에 따라 정보가 변할 수 있다는 점을 염두에 두고 사용하기를 바란다. 최선을 다해 정확한 정보를 실으려 했으되, 정보들은 수시로 변하고 늘 새로운 것으로 대체되기에 미흡한 부분이 있음을 밝혀 둔다.

이 책은 완성된 것이 아니며, 앞으로 교회의 청년대학부 교육 훈련 현장에서 더욱 보완되고 완성되어 갈 것이다. 21세기를 앞두고 있는 오늘날 교회가 실패하고 있는 일이 있다면 바로 사역자를 세우는 일이다. 아무쪼록 이 책이 청년 사역자를 세우는 데 도움이 되고, 우리 교회의 미래에 소망이 되기를 바란다.

함께 엮은 이
공성식, 김경수, 송화성, 장봉생

차 례

청년 사역자의 자기관리

청년대학생 사역자론

고 직 한

한국 교회 상황 속에서 청년대학부의 성장과 부흥은 바로 청년대학부를 지도하는 사역자에게 달려 있다. 좀더 핵심적으로 이야기하자면, 사역자 자신의 정체성, 즉 자신이 청년 사역에 부름받은 자라는 정체성에 달려 있는 것이다. 이것은 청년대학부를 위해서 평생 헌신하라는 말이 아니다. 1년, 3년, 혹은 10년 이상이 되더라도 주어진 상황 속에서 자신이 '청년 사역자'라는 분명한 정체성을 갖는 것이 중요하다는 말이다.

우리 나라에서는 청년대학부만을 위해 전임 사역자를 세우기 어려운 교회들이 90%가 넘는다. 대개는 교역자들이 일반 교구 사역도 하면서 청년 사역을 겸하거나, 교육목사로서 주일학교 전체를 총괄하면서 청년대학부를 겸하여 섬긴다. 그렇기 때문에 청년대학부 사역자로서 정체성을 갖기가 더더욱 힘든 것이다.

그러나 지금까지 만나 본 학생들이나 청년들의 경우, 청년 사역에 분명한 부르심을 가지고 있는 사역자를 좋아하며 또 그로 인해 존경심을 갖게 되고 신뢰감이 싹트는 것을 보았다. 무엇보다도 청년 사역자와 청년들 사이에 인격적 관계와 신뢰가 형성되지 않고 있다면 아무 일도 이루어질 수가 없다. 그렇기 때문에 청년대학부 사역자의 정체성에 대해서 고민하는 것은 매우 중요하다.

예수 그리스도와 정체성

예수님은 자신의 길을 분명히 인식하시고 이를 제자들에게도 확증해 주셨다.

마태복음 16장에는 구속론적인 관점에서 중요한 신앙고백도 나오지만, 동시에 자신의 정체성에 민감하며 그 정체성에 맞게 살고자 하셨던 예수님의 모습도 발견할 수 있다.

마가복음 1장 11절은 예수님이 세례를 받고 물에서 나오실 때 하늘에서 들려 온 소리를 기록하고 있다.

"너는 내 사랑하는 아들이라. 내가 너를 기뻐하노라."

이 구절은 공생애를 출발하시는 예수님이 누구인지를 하나님께서 처음으로 공적으로 확증해 주시는 말씀이다.

마가복음 9장 7절에도 하늘에서 들려온 소리가 기록되어 있다.

"이는 내 사랑하는 아들이니 너희는 저의 말을 들으라."

하나님께서 변화산에서 베드로, 요한, 야고보에게 들려 주신 이 말씀도 예수님의 정체성을 확증해 주었다. 하나님의 아들로서 예수님의 정체성이 다시 한 번 확인되고 확증되는 시간이었던 것이다.

누가복음 23장 35절과 37절에는 십자가 위에서 예수님이 돌아가실 때 사탄이 예수님에게 던진 마지막 유혹이 나온다.

"네가 만일 하나님의 아들이거든 네가 너를 구원하라."

그러나 예수님은 유혹을 이기고 끝까지 자신의 정체성을 지키셨다.

건전한 '메시아 콤플렉스'를 지니라

청년 사역자에게는 젊은이를 향한 건전한 '메시아 콤플렉스'가 있어야 한다.

함께 신학을 한 나의 아내는 사랑의교회 초창기에 유아부 교육전도사로 6년 간 사역한 바 있다. 그 당시 아내는 아이들에게 철저하게 자기를 맞추어서 살았다. 지금도 3살부터 6살까지의 어린 아이들은 아내를 굉장히 좋아한다. 아이들은 나이와 상관 없이 상대방이 자신들을 좋아하는 사람인지 아닌지 금방 아는 것이다.

청년대학생들은 더욱 잘 안다. 그들은 청년대학부 담당 교역자가 자기들을 좋아하는지 그렇지 않은지 금방 안다.

이전에 학원복음화협의회 총무 일을 할 때나 '복음과상황' 편집위원을 하고 선교한국과 관련된 일을 할 때, 교회에서 젊은이들을 위해 귀하게 쓰임받는 분들을 가깝게 대할 기회가 많았다. 그런데 그분들이 이야기할 때에는 청년들이 집중하여 듣는 모습을 보았다. 그분들은 공통적으로 청년대학생들에 대한 비전과 열정, 그리고 영적 부담을 가지고 있었다. 그분들에게는 많은 사역 가운데에서도 청년대학생들과 관련된 일에 기꺼이 시간을 할애하려는 마음이 있었다. 그런 마음이 이심전심으로 청년들에게 전달된 것이다.

젊은이들의 부흥을 꿈꾸고 젊은이들의 헌신이 일어나기 원하는가? 그렇다면 그들에 대해 '내가 아니면 안 된다'는 일종의 '메시아 콤플렉스'를 가지라.

우리는 미성숙한 사람들이기 때문에 비전이 생기면 처음에는 부담으로 다가온다. 그리고 이 부담은 심리학적인 상태로는 '콤플렉스'로 나타난다. 그런데 이러한 형태의 콤플렉스는 없는 것보다 있는 게 낫다.

학생선교단체에는 그 콤플렉스가 너무 지나친 나머지 학생 사역을 이해하지 못하는 사람들을 적대시하는 사역자들도 간혹 있다. 언젠가 온누리교회의 하용조 목사님이 이런 말을 한 적이 있다.

"학생선교단체에서 일하던 사람이 교회에서 사역하려면 독기를 빼야 합니다."

그 말의 의미는 학생 사역에 대해 너무 지나친 메시아 콤플렉스를 가지게 되면, 그것이 쓴뿌리가 되어 다른 사람들에게 부정적으로 작용한다는 것이었다. 물론 우리의 콤플렉스는 건전해야 한다. 그러나 설사 미성숙한 모습이 좀 나타나더라도, 나는 그런 부담을 가지고 있는 사람들을 청년 사역자로 보고 싶다.

디모데후서 4장 16절부터 18절에는 다음과 같은 말씀이 나온다.

"내가 처음 변명할 때에 나와 함께한 자가 하나도 없고 다 나를 버렸으나, 저희에게 허물을 돌리지 않기를 원하노라. 주께서 내 곁에 서서 나를 강건케 하심은 나로 말미암아 전도의 말씀이 온전히 전파되어 이방인으로 듣게 하려 하심이니, 내가 사자의 입에서 건지웠느니라. 주께서 나를 모든 악한 일에서 건져내시고 또 그의 천국에 들어가도록 구원하시리니, 그에게 영광이 세세 무궁토록 있을지어다."

이것은 사도 바울이 순교를 앞두고 쓴 마지막 편지인데, 이 내용을 읽으면 무언가 삶을 정리하는 듯한 분위기가 느껴진다. 17절을 보면 사도 바울에게는 '이방인 복음화'에 대한 비전이 있었다. 그는 많은 사람이 자신을 배반하고 떠나 절망할 수밖에 없는 상태에서도 그 부담을 버리지 않았다. 바로 우리 청년 사역자들도 이러한 태도를 가져야 하지 않겠는가?

균형과 능력을 갖춘 리더가 되라

청년 사역자는 또한 균형과 능력을 갖춘 리더가 되어야 한다. 만일 균형과 능력 중 하나를 택하라고 한다면 대부분의 사람들은 능력을 택할 것이다. 그러나 바른 성경적인 가치관과 하나님 나라에 대한 올바른 관점을 가지고 평생 살아가면서 다른 사람들을 지도하게 될 묘목을 키우는 일에는 '균형'이 중요하다.

조급한 나머지 능력만 너무 강조하고 균형을 무시해 버리는 일이 종종 있다. 그러나 청년대학생들이 하나님과의 관계에서 능력 있게 살아가도록 지도하는 것도 중요하지만, 올바른 관점에서 균형을 갖고 살아가도록 지도하는 것은 훨씬 더 중요하다. '능력 있는 그리스도인' (powerful christian)도 중요하지만 '균형 잡힌 그리스도인'(balanced christian)도 중요하다. 마찬가지로 '능력 있는 리더'(powerful leader)도 중요하지만 '균형 잡힌 리더'(balanced leader)도 중요하다.

청년대학부는 '권능의 공동체'도 되어야 하지만, 진리와 균형을 보여 줄 수 있는 '균형의 공동체'가 먼저 되어야 한다. 균형을 갖춘 후 능력을 쌓아가는 것이 올바른 순서다. 능력을 무시하자는 것이 아니다. 균형 잡히지 않은 능력에는 문제가 많다는 말이다. 그런 점에서 말씀과 기도가 균형을 이루어야 하며, 한편으로는 강단사역과 제자훈련이 균형을 이루어야 한다.

그러므로 능력이 있는 사람이라면 도덕적인 탁월함이 있어야 하며 온유함과 섬김의 자세가 있어야 한다. 아울러 영성과 지성 사이에 균형이 있어야 한다. 웨슬리는 영성과 지성이 통합되는 것을 마귀가 가장 무서워한다고 하였다. 즉 마귀는 영성만 있고 지성이 없거나, 지성만 있고 영성이 없는 것을 무서워하지 않는다는 뜻이다. 성경공부도 열심히 하면서 기도도 열심히 하고, 책도 열심히 읽으면서 동시에 하나님을 바라보는 시간이 잘 조화를 이루어야 한다.

그러나 균형만 있고 능력이 없는 것만큼 별 볼일 없는 경우도 없다. 하나님의 나라는 말에 있지 않고 능력에 있다. 그래서 권능 있는 리더가 필요하다. 그런데 권능 있는 리더가 되기 위해서는 기도를 중심화해야 한다. 이 말은 모든 사역 가운데 기도를 가장 중심에 두고 가장 전략적인 목표로 두라는 의미이다. 다른 것들은 가능한 한 주변화할 줄 아는 분별력이 있어야 한다.

균형을 잡기 위해서 노력하는 것과 이 일 저 일 산만하게 하는 것은 다르다. 모든 프로그램을 나열하기보다는 중심화할 것과 주변화할 것을 잘 구별해야 한다. 그러므로 특별히 기도를 중심으로 사역하는 것이 중요하다.

청년대학생들이 개인적으로 매일 QT 30분과 골방기도 30분을 구별하게 하라. 또한 공동체적으로 매주 그룹성경공부(GBS)와 기도합주회에 참석하게 하라. 이처럼 개인과 공동체 차원에서 말씀과 기도의 균형과 능력을 갖추면서 생활할 수 있도록 돕는 것이 좋다. 이렇게 하려면 청년 사역자 자신이 먼저 균형과 능력을 갖추는 것이 필수적이다.

통일성과 다양성을 조화시키라

또한 청년 사역자에게는 통일성과 다양성이 필요하다. 청년대학부 공동체를 한 가지 색으로 칠해 버리는 지도자가 과연 올바른 지도자일까? 과연 그를 가리켜 성경적인 리더라고 할 수 있을까? 성경에서 '몸을 세운다'는 말은, 다양한 지체들이 드러나서 하나의 몸을 세우는 것을 뜻한다.

하나가 되게 하는 데는 두 가지 모델이 있다. 하나는 '용광로 모델'이고, 다른 하나는 '오케스트라 모델'이다. 용광로 모델은 모든 내용물이 다 녹아서 한 색깔만 있지 개성이 없다. 이런 점에서 능력 있는 리더들만 많은 경우는 별로 바람직하지 못하다. 중요한 것은 청년들의 개성을 알고 그 개성을 살려 줌으로써 악보에 충실한 하모니를 이루는 것이다. 한 몸으로서 통일성을 갖추는 동시에, 각 사람에게 하나님께서 주신 은사를 살려 줌으로써 다양성을 살리는 공동체가 되어야 한다. 그것이 성경적인 모델이다.

비전 메이커가 되라

청년 사역자들은 누구나 비전 메이커(Vision Maker)가 되어야 한다. 내가 학생들을 지도할 때 제시하는 비전의 모델이 있다. 그것은 '비전 삼각뿔'이다(22쪽 그림). 거기에는 두 개의 면이 있다. 그 면은 각각 하나는 충만함(Fullness)이며 다른 하나는 성취(Fulfillment)이다.

청년대학생들에게 중요한 것은 '하나님을 아는 충만함'이다. 하나님을 충만하게 알고 경험하면 영적 각성과 부흥이 일어나며, 지상명령이 성취된다.

성경에는 두 종류의 사람밖에 없다. 성령으로 거듭난 하나님의 백성과 거듭나지 못한 자연인이다. 그렇기 때문에 하나님은 자신의 백성이 자신을 충만하게 경험하기 원하신다. 이사야가 성전에 들어 가서 하나님의 거룩하심을 충만하게 경험했을 때 자신의 죄와 하나님의 부르심

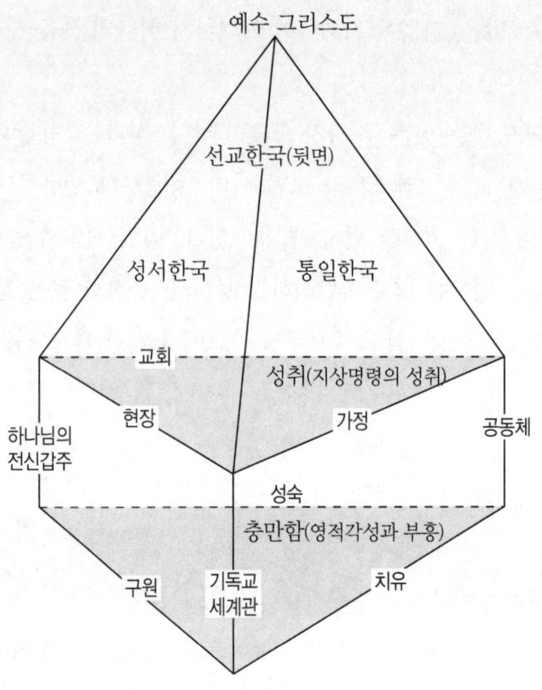

을 깨달았던 것을 생각해 보라(사 6장).

또 하나는 지상명령의 성취, 즉 선교다. 이것은 해외 선교만을 말하는 것이 아니라, 종합적으로 하나님의 일을 하는 것을 가리킨다.

먼저, 그림을 보면 영적 각성과 부흥을 중심으로 하여 구원, 성숙, 치유라는 세 개의 변이 있다. 그리고 하나님의 전신갑주(영적 전투), 기독교 세계관, 공동체 세우기(전도, 양육, 소그룹 세우기)라는 세 개의 기둥이 있다. 그것을 바탕으로 하여 지상명령의 성취가 있고, 지상명령의 성취를 중심으로 현장(캠퍼스, 직장), 교회, 가정이라는 세 개의 변이 있다.

이것을 축으로 하여 성서한국, 통일한국, 선교한국의 세 면으로 이루어진 비전의 삼각뿔이 있다. 이 비전을 가지고 청년대학생들을 향해서는 학원복음화를, 직장인을 향해서는 직장복음화를, 지역 주민을 향해서는 지역복음화를 이야기한다. 그러므로 청년 사역자는 청년들에게 이 시대를 살아가기 위한 비전을 제시하는 것이 중요하다.

제자 훈련가가 되라

청년 사역자들은 소수의 사람들과 씨름하는 제자 훈련가이다. 그러므로 청년 사역자들은 소수의 사람들과 잘 지내는 일에 익숙해야 한다. 훌륭한 리더와 그렇지 못한 리더의 차이점은, 자기 주변에 있는 사람들에게 존경과 신뢰를 받느냐 받지 못하느냐에 있다.

청년 사역자들은 소수의 청년들을 키우고 섬기고 그들에게 영향을 끼치는 일에 자기 자신을 더 철저히 드려서 그들을 리더로 세우는 사람들이다. 청년 사역자는 슈퍼맨이 아니라 소수의 사람들과 씨름하는 제자 훈련가가 되어야 한다.

목회 조정가가 되라

그뿐 아니라 청년 사역자들은 목회 조정가가 되어야 한다. 전통적인 개념의 교역자는 설교와 심방을 해 왔다. 그러나 앞으로는 조정가의 역할도 수행해야 할 것이다.

청년대학생들의 다양한 필요를 청년 사역자가 개인적으로 충족시켜 줄 수 없는 것이 현실이다. 전문적인 상담이 필요한 청년들은 전문상담가에게 연결해 주고, 전문적인 선교훈련이 필요한 청년들은 선교훈련기관에 위탁교육시키는 등 다양한 목회적 조정이 필요하다. 미래에는 과거와 달리 카리스마적인 리더십보다 목회 조정가적 리더십이 더욱 중요해질 것이다.

숙련된 저글러가 되라

그리고 청년 사역자는 숙련된 저글러(juggler)가 되어야 한다. '저글러'는 서커스에서 공 여러 개를 돌리는 사람을 가리킨다. 청년대학부를 지도할 때에는 사람과의 관계, 사역과 비전, 공동체 자체의 필요라는 세 가지 공을 동시에 돌려야 하며, 그 중에 어느 하나라도 놓쳐서는 안 된다. 사람 중심이냐 일 중심이냐를 놓고 고심하는 이들이 있는데, 사역자는 어느 한 가지도 놓쳐서는 안 된다.

결론적으로, 다음과 같이 이야기하고 싶다.

성공은 과정에 달려 있다! (Process is Success!)

십자가가 없으면 영광도 없다! (No Cross, No Crown!)

천천히, 꾸준히! (Slow and Steady!)

청년 사역자는 자신이 맡고 있는 공동체가 숫적으로 성장하기를 너무 성급하게 바라지 말아야 한다. 슈퍼맨은 갑자기 나오지만, 리더는 갑자기 나오지 않는다. 그러므로 천천히, 하나하나 다져 나가기를 바란다.

영성관리 1 **시간관리**

장봉생

청년 사역자는 시간과 관련해서 두 가지 영성을 지녀야 한다. 하나는 자신을 위하여 시간을 잘 관리하는 영성이며, 또 다른 하나는 청년들을 위해 제한된 시간을 효과적으로 투자하는 영성이다. 여기서 '시간관리'라는 주제는 전자와 관련되어 있다.

하루는 36시간이 아니다

청년 사역자는 바쁘다. 청년들의 모든 문제를 직접 해결해 주겠다는 사명감에 불타는 사역자는 공적인 집회와 교육 사역 외에 개인상담에서부터 놀이친구 역할까지 감당해야 한다.

또한 성경에서 시작된 지식 싸움은 의학과 의류학에 이르기까지 다양하게 섭렵하지 않으면 안 된다. 고대로부터 후기 현대에 이르기까지 시대를 관통하는 역사 읽기가 없으면 다음 시대의 주인공을 길러내지 못하리라는 위기감도 한몫한다. 그야말로 청년 사역자는 만능 탤런트이든지 걸어 다니는 사전이어야 하는 것이다. "실력이 없으면 인간관계로라도 승부를 걸어야 한다”는 말은 청년 사역자의 절박한 입장을 잘 표현해 준다(사실은 실력보다 인간관계가 더 중요하다).

이런 안팎의 상황을 볼 때, ‘하루가 36시간이면 얼마나 좋을까’ 하고 생각하는 것도 무리가 아닐 것이다. 청년 사역자의 하루는 일반적으로 새벽리듬으로 시작한다. 가족의 일과도 새벽부터 시작하며, 교회 역시 새벽기도회로 시작한다. 그러나 청년들은 주로 밤체질이 많고 밤 리듬에 맞춰져 있다. 밤 11시는 이들에게 취침시간이 아니라 활동시간이며, 새벽 5시는 기상시간이 아니고 취침시간이다.

그러다 보니 가끔 청년 사역자의 가정에 갈등이 발생한다. 자정이 다되어 잠시 눈을 붙이려는데 느닷없이 핸드폰이 울리고 삐삐소리가 요란하다. 비상벨 소리? 아니다! 청년들의 일상적인 ‘사역자 콜’이다. 결국 사역자는 달려 나간다. 이쯤 되면 가족은 심란해지게 마련이다.

이렇게 청년 사역자는 두 세계를 오가는 특이체질을 가지고 있어야 한다. 그러니 하루는 36시간쯤 되어야 하지 않겠는가. 그러나 하루는 결코 36시간이 아니다.

하루를 36시간으로 활용하는 법

하루가 24시간임을 분명히 알고 있는 청년 사역자는 선택해야 한다. 자신의 사역 분량을 24시간 수준으로 줄이든지, 아니면 자신의 하루 24시간을 36시간으로 늘리든지. 그런데 어떻게 하루를 36시간으로 늘릴 수 있단 말인가? 그 비결은 시간관리에 달려 있다.

시간은 관리하기에 따라서 1.5배로 늘어날 수 있다. 즉 양(量)의 시간을 질(質)의 시간으로 압축하는 것이다. 시간 그 자체에 우리를 구속하는 능력이 있는 것이 아니다. 시간은 시간을 사용하는 사람에 의해서 구속당한다. 그래서 시간관리의 문제는 사실은 사람관리의 문제다. 내가 시간을 선택하는 것이지 결코 시간이 나를 선택하는 것이 아니다. 그렇다면 어떻게 할 것인가?

1. 예정표를 작성하라

예정표는 내가 해야 할 중요한 일의 목록을 우선순위에 따라 나열하는 것이다. 청년 사역자의 예정표는 일반적으로 이렇게 나열된다.

- 주님과 만남
- 가족들과 함께함
- 청년 사역에 참가
- 교회업무 처리
- 사역을 위한 준비

물론 사역자가 학생이라면 학업 수행이 주요 목록의 하나로 자리잡을 것이다. 그러나 현실은 이와는 딴판으로서, 아마 다음과 같이 뒤집혀 있는 경우가 많을 것이다.

- 청년 사역에 참가
- 교회업무 처리
- 사역을 위한 준비
- 가족들과 함께함
- 주님과 만남

왜 이렇게 되었을까? 사역자가 사역을 관리함으로 시간을 관리하는 것이 아니라, 사역이 사역자를 끌고감으로 시간이 사역자를 볼모로 잡았기 때문이다. 이런 경우, 사역자는 오래되지 않아 탈진하고 결국 바닥을 드러내어 중도하차하고 말 것이다.

이는 결과적으로 청년들에게도 좋지 않은 영향을 끼친다. 아무리 자기네들이 요구했다고는 하지만, 그래도 이렇게까지 자신을 관리하지 못하는 지도자를 존경할 수 있겠는가?

그러므로 예정표를 작성하라. 이것은 상황에 끌려다니며 시간의 노예가 되지 않도록 막아 주는 역할을 톡톡히 할 것이다. 지금 당장 작성하라. 그리고 작성한 후에는 자신의 마음판에 새기라. 수첩에도 기록하고, 책상 위에도 기록해두라. 무엇보다 가족과 청년들에게 공개하라. 그렇게 하여 마음으로 포기해야 할 사람들을 미리 포기시키라. 그리고 그들에게 협조를 구하라.

2. 계획표를 작성하라

계획표는 예정표의 목록을 수행하는 전략이다. 이러한 계획표는 한 주 단위로 작성하는 것이 좋다. 주어진 일 주일의 시간표에 예정표의 목록을 우선순위로 배치하는 작업이 곧 계획표 작성이다.

계획표를 작성할 때 몇 가지 주의할 사항이 있다. 우선 너무 여유 없이 밀어넣지 말라. 과욕을 피하라. 중간고사를 막 끝낸 학생이 이제부터 죽도록 공부만 하겠다는 결심으로 빈틈없이 공부할 과목을 채워넣듯이 하지 말라. 의욕은 좋지만 한 시간도 못 되어 시간표를 어기고 다시 새 시간표를 만드느라 시간을 보내는 학생은 공부를 잘할 수 없다.

둘째, 계획표는 여유 있게 작성해야 한다. 무슨 일이 일어날지 모르기 때문이다. 계획표에 없던 급한 일이 발생할 경우에는 예정표의 우선순위 목록에 따라 끼워 넣으라, 그러면 계획표도 크게 망가지지 않으면서 예정표에 충실할 수 있다.

예를 들면 청년 사역자의 하루 계획표를 다음과 같이 세워 볼 수 있다.

- 새벽 : 새벽기도, 큐티, 운동
- 오전 : 가족식사, 성경연구, 독서, 강의 및 설교 준비
- 오후 : 심방, 상담, 교제, 전도 사역
- 밤 : 강의, 양육, 가족 시간

그런데 갑자기 새벽에 상담 요청이 들어왔다고 하자. 간략한 내용을 먼저 파악한 후, 계획표에 시간을 끼워 넣을 수 있을 것이다. 당사자에게 양해를 구한 다음, 오후 하교시간이나 퇴근시간에 만나는 것이다. 우리는 이렇게 함으로써 전체적인 예정표의 우선순위가 무너지지 않게 해야 한다.

셋째, 요일별로 계획표에 주요 목록을 더 강조할 수도 있을 것이다. 예를 들면 월요일이나 목요일 반나절을 가족을 위한 시간으로 확보한다든지, 어떤 요일을 연구하는 날로 확보해 두는 것도 좋다.

'담임목사도 아닌데 교회 일이 어떻게 내 계획대로 될 수 있는가' 하고 반문하는 사람도 있을지 모르겠다. 그래서 지혜가 필요한 것이다. 교회의 기본 흐름을 파악하면서 계획표를 작성해 보라. 충돌이 불가피한 경우에는 담임목사와 의논하여 조정을 시도하라. '담임목사와 의논하라' 고? 겁먹지 말라. 계획성 있는 삶을 살려고 의논하는 후배를

일방적으로 매도해 버리는 선배와는 같은 배를 탈 필요가 없지 않겠는가!

3. 시간표를 작성하라

계획표를 한 주 단위로 작성하고 나면 이제 매일의 시간표를 작성할 순서이다. 시간표 작성은 매일 해야 할 일을 예정표의 우선순위에 따라 예정표에 배치하는 작업이다.

숙련된 청년 사역자는 주님과 함께 시간표를 작성하는 것으로 하루를 시작한다. 물론 예상치 못한 일이 시간표에 끼어들 수 있다. 그래도 좋다. 시간표가 있으면 그 '침입자'에 의해 하루 전체가 흔들리지는 않는다. 그러나 시간표가 없으면 모든 질서가 무너지고 만다.

더욱이 계획에 없는 갑작스런 일은 감정의 여운을 더 남기는 법이다. 감정에 의해 하루가 무너지는 소리를 듣고 싶은가? 하루가 시간표대로 되지 않는다고 중간에 다시 작성할 필요는 없다. 시간표보다 중요한 것은 예정표의 우선순위 목록에 충실한가 충실하지 않은가의 문제이다.

만약 충실하다면 그는 시간을 벌고 있는 것이다. 청년 사역자에게 삶의 성패는 시간표에 의해 결정되는 것이 아니라 예정표에 따라 결정된다. 계획표와 시간표는 예정표에 충실하도록 돕는 수단에 불과하다.

시간관리의 실패는 사역의 실패

어느 누가 실패한 사역자가 되고 싶겠는가? 그러나 실패자는 남의 얘기가 아니다. 시간관리에 실패하면 사역에 실패할 뿐 아니라 삶에서도 실패한다. 그러므로 시간관리는 청년 사역자의 영성관리에서 가장 우선적인 자리를 차지한다.

바울은 에베소서 5장 15절부터 17절에서 "그런즉 너희가 어떻게 행할 것을 자세히 주의하여 지혜 없는 자 같이 말고, 오직 지혜 있는 자 같이 하여 세월을 아끼라. 때가 악하니라. 그러므로 어리석은 자가 되지 말고 오직 주의 뜻이 무엇인가 이해하라"고 권면했다.

영성관리를 성령 충만과 영력 증가로만 이해하지 말라. 성령은 지혜의 영이시다. 성령 충만한 사람은 시간을 지혜롭게 확보할 것이고, 그 시간은 섬김의 열매로 가득 찰 것이다. 혼자 영력 있다고 고함쳐 본들 무슨 소용이 있겠는가? 그 영력이 시간을 통하여 사역의 열매로 나타나지 못한다면 그것은 영력이 아니라 정력에 지나지 않는 것이다.

 기도

장봉생

기도는 생활이면서도 훈련이다. 왜냐하면 기도는 자연스럽게 생활화되는 것이 아니기 때문이다. 사탄은 헌신된 청년 사역자의 기도를 가장 무서워한다. 왜냐하면 그 기도는 머지 않아 불타는 청년들의 기도 폭발을 불러일으킬 것이기 때문이다.

사탄은 기도의 위력을 가장 잘 알고 있다. 기도가 영적 전투의 최일선에서 승리를 주도한다는 점에서 기도 훈련의 승자야말로 사역의 승자라고 할 수 있다.

사역자의 체질은 기도 체질

사람마다 체질이 다르다. 그 중에서 가장 좋은 체질이 있다면 '기도 체질'이라고 할 수 있다. 그런데 기도 체질은 아무나 갖는 게 아니다. 내면의 영적 갈증과 외면의 훈련된 자세가 없으면 기도 체질이 형성될 수 없다.

꼭 기도 체질이어야 하는가? 그렇다. 인간 실존은 기도하는 삶이다.

피조물은 창조주에게 기도로 나아가고, 죄인은 심판주에게 기도로 긍휼을 구하며, 용서받은 의인은 구속주에게 기도로 감사를 표현한다. 무엇보다 성령의 임재를 통하여 자신의 삶을 다듬어가는 방법이 기도에 있으며, 사람과 사회를 변화시켜 하나님 나라를 가져오는 힘이 기도에 있다.

따라서 기도 체질은 곧 성경 체질이며, 더 나아가 사역 체질이다. 사역자의 체질이 기도자의 체질이 되지 못한다면 그 사역자는 사역을 하고 있는 것이 아니라 사업을 하고 있는 것인지도 모른다.

통성기도를 훈련하라

통성기도는 소리를 높여 똑똑한 음성으로 부르짖는 기도를 말한다. 무엇보다 청년들을 지도하는 사역자의 기도 소리가 기도 체질을 드러낼 정도는 되어야 한다. 생전 기도 한 번 해 보지 않은 사람처럼 목소리에 힘이 없고 더듬거린다면 실속은 어떨지 몰라도 후한 점수 얻기는 틀렸다.

용달차로 생선이나 채소 파는 사람이나 세탁물을 모으러 다니는 사람의 목소리는 그야말로 자신의 직업을 충분히 드러낸다. 그런 목소리는 듣는 사람에게 더 신뢰를 줄 수 있다. 프로 냄새가 나기 때문이다. 하물며 하나님 교회의 청년 군대를 지휘하는 책임자의 기도 소리라면, 귀신이 겁나서 도망갈 정도로 힘있게 들려야 하지 않겠는가?

기도가 무엇인가? 기도는 아무것도 모르는 하나님을 이해시키는 행위가 아니다. 이미 다 알고 계시는 하나님 앞에서 "오직 하나님만 의지합니다"라고 외치는 선언이다.

그렇다. 기도는 외침이다. 특히 함께 모인 군대는 함성을 질러대야 한다. 그리고 지도자의 통성기도 소리는 청년 군대의 함성기도를 이끌 정도는 되어야 한다. 그러므로 집회나 기도회에서 통성기도 하는 것은 기본일 뿐 아니라, 별도로 개인 통성기도 시간을 확보해야 한다는 데에는 재론의 여지가 없다. 입으로 똑똑하게 시인하며 부르짖는 기도를 시작하자마자 영력이 불붙는 것을 느끼게 될 것이다.

침묵기도를 훈련하라

기도는 부르짖음이기도 하지만 신비한 대화이기도 하다. 그러므로 기도는 영이신 주님과 영적 대화를 나누는 것이다. 침묵기도의 깊이에는 분위기의 깊이는 물론이요 내용의 깊이까지 포함 된다. 사도 바울처럼 내가 몸 안에 있는지 몸 밖에 있는지 모를 정도로 깊은 영적 교제는 한두 시간을 한순간으로 느끼게 한다.

통성기도는 몸에서 영으로 젖어드는 힘을 느끼게 하지만, 침묵기도는 영에서 몸으로 번져나는 힘을 느끼게 한다. 따라서 침묵기도는 주님과 내가 하나로 연합되는 시간이며, 서로가 서로 안에 거하는 시간이다.

그렇다면 이 침묵기도를 어떻게 훈련하면 될까? 먼저 십자가의 중보 현장을 묵상한다. 내가 그리스도와 함께 죽었고 부활과 함께 다시 살았음을 철저히 인정한다. 그 다음, 성령의 인도하심에 집중하기 시작한다. 성령은 우리를 주님과 그 진리의 말씀으로 인도해 가신다. 그래서 우리를 하나님의 보좌 앞에 세운다. 이 시간은 내 영으로 영이신 그분을 만나뵙는 시간이다. 이를 위해서 조용한 기도 장소를 택하라. 사역자는 침실 같은 기도처가 있어야 한다. 그 곳이야말로 신령한 지성소가 아니겠는가?

금식기도를 훈련하라

금식은 식사를 금하는 행위 자체보다 식사를 금하려고 하는 동기가 더 중요하다. 주님께서도 사람에게 보이려고 외식하는 금식은 하지 말라고 하셨다(마 6:16-18). 오히려 금식으로 표현되는 마음의 정리와 말씀으로 돌아가는 것이 더 중요하다(사 58:6-12).

식사를 하면서 맑은 정신으로 살기도 쉽지 않은데 하물며 굶어가면서 몸부림친다고 제대로 살아지는 것은 아니다. 그러나 오죽하면 식욕을 억누르면서까지 기도하겠는가? 우리의 죄성과 세상의 죄악은 우리의 기본 욕구인 식욕을 금해야 할 정도로 심각한 것이다. 결국 사람은 배부르기 때문에, 아니면 배부르기 위하여 죄를 범한다.

금식기도야말로 효과적인 영성훈련의 방법이다. 사실 금식기도 사흘째가 되면 식욕도 정욕도 사라지는 것을 느낄 수 있다. 사역자는 자기관리를 위하여 금식기도를 정기적으로 훈련하는 것이 좋다. 이를 위해서 역시 시간과 장소를 따로 내어야 한다.

사람들 틈에서 일하면서 금식기도를 하기란 쉽지 않다. 금식기도를 제대로만 하면 약속대로 치료의 역사가 일어나기도 한다. 이런 유익이 있기 때문에 중세 수도원의 전공과목에는 반드시 금식이 들어 있었다.

기도 동역자를 확보하라

영적 전쟁은 혼자서 싸우는 것이 아니다. 동지가 있어야 한다. 기도 동역자는 먼저 나의 게으름을 막아준다. 학생이 학교를 다니는 이유가 무엇인가? 강제성이 있기 때문이다. 사람은 무슨 일이건 자발적으로 하기가 쉽지 않은 존재다. 서로 권고하여 게을러지지 않도록 제동을 거는 브레이크 장치가 있어야 한다.

기도 동역자는 나의 교만함도 막아준다. 기도 응답이 있을 때 우리는 마치 그것이 내 수고의 결과인양 착각하고 우쭐해진다. 기도 동역자는 함께 서로를 위해 기도해 줌으로 단독 플레이에 중독된 스타의식을 잠재워 준다. 그리하여 "나의 기도를 들으셨다"고 말하지 않고 "우리의 기도를 불쌍히 여기셨다"고 말하는 겸손한 고백의 장치가 되어준다.

당신의 기도 동역자는 누구인가? 정기적으로 기도 제목을 나누는 기도팀이 있는가? 없다면 지금이라도 만들라. 청년 사역자는 동일한 비전의 동지들과 함께 기도하는 것이 더 좋다. 새로운 기도 모임을 만들든지 아니면 기존에 활동하고 있는 모임에 참여하면 된다.

기도 후원자를 확보하는 일도 중요하다. 일선 사역자를 위한 이선 기도 후원그룹이 필요하다. 이러한 기도 후원자 확보는, 평소 교제하는 성도들에게 정기적으로 기도 제목을 제시하며 기도를 부탁하는 데서부터 시작할 수 있다.

기도 노트를 활용하라

컴퓨터에 기도방을 만들어서 영역별로 기도 제목을 수시로 정리하는 방법이 있다. 아니면 기도 노트를 만들어서 기도처에 비치하거나 가방에 휴대하는 방법도 있다. 사실 정리하는 것도 쉬운 일은 아니다. 어떤 경우엔 기도 노트가 기도의 흐름을 차단하기도 한다.

그러나 불편함에도 불구하고 유익이 많다. 무엇보다 기도 내용을 소홀히 다루지 않게 된다. 기록하는 것은 정리된 생각을 옮긴다는 점에서 기도 내용은 더 무게 있게 다뤄진다. 그리고 기도 응답을 점검할 수 있는 유익이 있다.

기도 노트 사용의 예

구 분	기도 제목	중간 점검	최종 결과	사후 처리
집 회	설교 준비가 미리 이루어질 수 있도록	6/4 나아짐	7/1 월요일 완료 정착	금요일 집중기도

우리는 많은 기도를 하면서도 때가 지나면 무슨 기도를 했는지 기억 조차 못한다. 주님은 기억하시는데 당사자인 우리가 기억하지 못한다 면 주님께 대한 예의가 아니다. 나중에 기도에 응답해 주신 주님께 어떻게 감사할 수 있을 것인가?

기도 시간을 늘리라

일이 많아지면 기도 시간을 줄여야 하는가, 늘려야 하는가? 마틴 루터는 일이 많아지면서 기도 시간을 더 늘리게 되었다고 했다. 청년 사역자도 마찬가지다. 일이 많아지면 기도 시간도 많아져야 한다. 아니 일과 상관 없이 기도 시간을 더 확보하는 것이 사역을 더 효율적으로 하는 지름길이다.

기도 시간이 많아지면 내가 할 일을 성령께서 대신해 주신다. 따라서 기도 시간과 사역의 열매는 비례한다. 기도에 실패하면 사역에 실패하는 것이다. 그러므로 갈수록 기도 시간이 길어지는 것이 정상이다.

영성관리 3 **말씀 연구**

장 봉 생

모든 사역자에게 말씀 연구는 가장 중요한 영성관리 항목이다. 특히 청년 사역자에게는 너무나 중요하다. 왜냐하면 말씀이야말로 청년들의 행실을 깨끗하게 하며 그 미래를 밝히 비춰 주는 등이요 빛이기 때문이다(시 119:9, 105).

여기서 말씀 연구는 성경 연구보다 더 확대된 개념이다. 말씀 연구는 성경 연구와 함께 성경적 삶의 훈련과 전달까지 포함한다고 생각하면 된다.

다독하라

성경은 예순여섯 부분으로 나눠진 한 권의 책이다. 그러나 그 분량은 상당하다. 정독이 중요하긴 하지만, 성경 전체가 늘 머리 속에 파노라마와 같이 펼쳐지려면 많이 읽는 수밖에 없다.

쌀부대에 쌀이 가득 담겨 있으면 어디를 찔러도 쌀이 힘차게 터져 나온다. 성경을 다독한다는 것은 그만큼 성경을 사랑한다는 것이다.

무엇보다 성경 다독은 편식의 위험을 막아 준다. 청년 사역자는 설교와 강의 준비에 늘 시간이 빠듯하다. 따라서 자신이 잘 알고 있거나 좋아하는 본문에만 집중할 소지가 많다. 그런데 성경을 다독하면 성령께서 말씀을 골고루 섭취하게 하심으로써 균형 잡힌 성경 이해와 말씀 사역이 가능해진다.

연구하라

성경을 다독하는 시간과 함께 반드시 확보해야 하는 시간은 성경을 연구하는 시간이다. 성경 연구는 본문과의 깊은 씨름이다. 성경 다독이 균형을 잡아준다면, 성경 연구는 깊이를 더해 준다. 청년들은 지적 욕구가 왕성하다. 지도자가 성경 본문을 깊이 다룬 흔적이 드러나면 드러날수록 그를 향한 청년들의 신뢰는 더욱더 견고해질 것이다.

요즘 신학교의 교과과정에 성경 본문연구가 더 필요하다는 요구가 있다. 사실 지금의 신대원 과정에서는 성경 66권 전체를 다 공부하지 못한다. 신학 연구는 하지만 성경 연구가 충분치 못한 것이다. 오죽하면 신대원 과정을 마치고 나서 사설 성경연구원에 다시 들어가는 사람이 있겠는가? 어차피 평생 걸어가는 사역의 길에 스스로 성경을 연구하는 방법을 개발하지 않으면 안된다.

사역자 개인이 성경을 연구하는 데는, 귀납적 성경연구 등 여러 기존 방법들을 참고하는 것도 좋다. 별도로 성경 연구 노트를 마련하는 것도 필요하다. 노트가 쌓이는 만큼 실력이 향상될 것이다. 결국 우리 사역자들은 성경으로 승부를 걸어야 한다. 전문화 시대에 성경 실력에서 인정받지 못하면 사역은 끝이다.

암송하라

마음 속에 성경 본문이 가득 차 있는 사람은 성경의 사람이다. 성경 묵상은 암송에서부터 시작된다. 다윗은 주의 법을 얼마나 사랑했는지 그것을 종일 묵상했다고 한다(시 119:97). 어떻게 하루 종일 묵상할 수 있는가? 그것은 암송함으로 가능해진다. 할 수 있다면 성경을 다 외워 버리는 것도 좋다. 그러면 성구 사전이 따로 필요 없을 것이다.

영어 잘하는 사람을 '걸어다니는 영어사전'(walking dictionary)이라고 한다. 성경을 암송하는 사람은 '걸어다니는 성구사전'(walking concordance)이라고 불러도 좋을 것이다.

나이가 들수록 인간의 기억력은 감퇴된다. 그러니 젊은 시절에 더 많은 성경구절을 암송해 두는 것이 좋다. 설교와 강의 시간에도 자유롭게 원고 없이 성경 구절을 말한다면 듣는 청중의 감화력은 배나 증가할 것이다. 또 성경 본문을 물어오는 청년들에게 즉시 대답해 줄 수 있다면 사역의 기쁨 또한 배나 증가할 것이다. 주님의 말씀이 담긴 인생은 보화를 담은 그릇이다.

독서계획을 세우라

독서에 대한 강조는 새삼스러울 정도다. 청년 사역자가 책을 읽지 않는다는 것은 말이 안 된다. 브루스 모힌니는 〈목사님, 설교가 아주 신선해졌어요〉에서 '6중 독서'를 강조하고 있다. 6중 독서란 여섯 가지 다른 영역, 즉 소설, 역사, 전기, 일기 또는 저널, 시, 시사성 있는 주제의 책을 동시에 독서하는 방법이다. 앞으로 닥친 설교와 강의를 위해서 준비하는 독서와 일상적 독서를 구별하라.

최소한 두 주에 한 번은 일반 서적과 기독교 서적 코너를 방문하라.

책 구입에는 돈을 아끼지 말라. 그러면 더 많은 책을 구입할 수 있는 돈이 생길 것이다.

로이드 존스는 신학서적을 많이 읽을 것을 권한 바 있다. 특히 교회사, 하나님의 사람들의 전기나 일기, 변증학과 정기 간행물을 권한다. 즉 성경과 역사는 물론 현실 세계에 대한 통찰력을 가지지 않으면 안 된다는 것이다. 다시 말해서 한 손엔 성경, 다른 손엔 신문을 드는 두 지평의 통합이 필요하다는 말이다. 또한 그는 독서의 함정을 경계한다. 결코 설교 아이디어를 위해서 책을 읽지 말라고 경고한다.

사역자의 독서 이유는 '자극'이며, 책의 임무는 사람으로 하여금 생각하게 하는 데 있다. 그렇다면 어떻게 독서해야 하는가? 책의 내용을 되새김질 하여 그 자극과 내용을 자신의 생각으로 다시 정리하라. 그런 다음 완전히 자기 것으로 만들어 버리라.

당신의 독서계획은 어떠한가? 설교라는 요리의 양념만 찾아 다니고 있지는 않은가? 혹은 베스트셀러만 따라가고 있지는 않은가? 그렇다면 당신은 베스트 사역자(best worker)가 될 수 없을 것이다. 도서목록표를 작성하고, 독서 메모 노트를 만들라. 메모 노트는 언제든지 주제별로 정리되도록 하라. 그렇게 함으로써 필요할 때는 언제든지 꺼내들고 다시 가슴 뛰는 자극과 흥분에 젖어들라.

기독교 세계관을 정립하라

누구나 세계관을 갖고 있다. 다만 그것이 얼마나 성경에 기초해 있는지, 또 얼마나 다양한 영역에 관련되어 있는지가 중요하다. 우리는 끊임없이 변화하는 세계를 성경적 관점으로 조망하고 소명에 따라 헌신하는 것이 균형 잡힌 사역자의 본분임을 잘 알고 있다. 그러므로 청년 사역자는 고전적이고 역사적인 주제에서부터 현대 시사적인 영역에까지 끊임없이 성경과 현실 사이를 오가며 고민해야 한다.

청년들은 지금 성숙의 절정에서 기독교 세계관 정립을 위한 피곤함을 감내하고 있다. 그것은 국가관과 교회관에서부터 학교와 직장의 인간관계에 이르기까지 다양하다. 그러므로 이들을 지도하기 위해서는 몇 배 더 노력하지 않으면 안 된다.

말씀 사역의 기회를 만들라

재미있는 농담을 듣고도 잊어버리지 않기 위해 메모는 물론 곧바로 사람들에게 표현함으로써 효과를 확인하는 사람이 있다. 바로 그렇다. 어차피 지식은 표출되기 마련, 우리는 지식을 소유하는 것을 즐기는 사람들이 아니다.

지식은 섬기기 위해 존재한다. 말씀 사역으로 지식의 목적을 수행할 수 있어야 한다. 이런 점에서 사역자는 공식적이든 비공식적이든 말씀을 전할 기회를 많이 가지는 것이 좋다. 직접적으로 설교와 강의 또는 성경공부 시간을 갖기도 하고, 간접적으로 글이나 예술의 형식으로 전달할 수도 있다.

말씀 연구 모임에 참여하라

청년 사역자에게는 말씀 연구 모임이 필요하다. 주관적으로 흐르기 쉬운 홀로서기의 함정을 이런 모임들이 잘 메워 줄 것이기에 더욱 그렇다. 또한 게을러지기 쉬운 연약함도 보강해 줄 것이다. 모임을 찾아보라. 사역자들 주변에 뜻을 같이 하는 모임들이 적잖이 있을 것이다.

같은 교단의 사역자들 모임도 좋겠지만, 여러 교단적 배경을 가진 사역자들의 모임도 유익할 것이다. 만일 적당한 모임을 찾기 어려우면 몇 사람이 기도하면서 모임을 구성해 보는 것도 좋을 것이다. 개인 영성 관리의 차원에서 공동체적 장점을 충분히 활용하는 것이 바람직하기 때문이다.

청년 사역자의 인간관계

장봉생

"목회 사역이란 신학을 인간학에 적용하는 기술이다."

나의 지인(知人) 중에 한 사람이 한 말이다. 이 말은, 하나님께서 사람을 대하시는 섭리의 연장선상에서 동일하게 사역자가 사람을 대하는 '관계'의 중요성을 강조한 표현이라 할 수 있다.

청년 사역자 역시 예외일 수 없다. 탁월한 능력을 가진 사람이 인격적인 관계 형성에 실패한 나머지 사역에 실패하는 경우가 허다하다. 특히 청년 사역자는 교회에서 중간 리더십의 위상을 가지고 있으므로 성숙의 과정에 있는 청년들과 안정된 인간관계를 맺는 한편, 수직적 인간관계에서 지혜롭게 행동하지 않으면 오해를 불러일으킬 소지도 많다. 물론 수평적으로 동역자들과의 관계를 잘 유지함으로써 사역에 큰 유익을 얻을 수 있다. 이런 점에서 '사역이란 곧 인간관계'라고 해도 과언이 아닐 것이다.

청년 사역자는 크게 네 계층의 사람들과 건강한 인간관계를 맺어야 한다. 첫째는 사역의 대상인 청년들이며, 둘째는 지시를 받으며 협력해야 하는 담임목사이고, 셋째는 동일한 청년 사역에 헌신하는 동역자들이며, 마지막으로는 가족들이다.

청년들과의 관계

사역의 대상인 청년들은 청년 사역자에게 가장 중요한 관계 형성의 대상이다. 사역이란 곧 관계 사역이다. 그러므로 모든 교육적인 시도에서부터 개혁성 운동에 이르기까지 관계에서 실패하면 모든 것에 실패하는 것이다. 개인적으로 탁월하며 열정이 있는 사역자도 청년들과 건강한 관계 형성에 실패하여 더 이상 청년 사역을 계속할 수 없게 되는 경우도 있다. 그렇다면 과연 청년 사역자는 청년들과 어떤 인간관계를 맺어야 하는가?

1. 신뢰가 있어야 한다

관계의 생명은 신뢰라고 할 수 있다. 상대방을 믿지 못하면 깊이 있는 교제는 더 이상 불가능하며, 교육적 효과는 물론 동역은 꿈도 꾸지 말아야 한다. 믿지 못하는 사람과 어떻게 한 배를 탈 수 있겠는가? 청년 사역자가 가져야 하는 최상의 이미지는 '믿을 수 있는 사람'이어야 한다. 그러면 어떻게 신뢰의 사람이 될 수 있을까?

첫째, 정직해야 한다. 청년들은 탁월한 사람에게는 감탄의 눈길을 보내지만, 정직한 사람에게는 감동의 눈길을 보낸다. 신뢰는 감탄의 소산이 아니라 감동의 소산이다. 감동케 하는 정직성이야말로 사역의 최우선 조건이다.

청년들은 자신들의 열혈 의지를 정의와 곧잘 연결짓는다. 이들은 기성세대의 무지에는 동정을 표하지만, 부정에는 분노를 참지 못한다.

젊은 세대의 정치적 조소(嘲笑)는, 그 뿌리가 역사와 전통을 자랑하는 '정치적 부정직'에 있다.

정직하고 싶지 않은 사람이 어디 있겠는가? 오래 묵은 죄성과 사람을 두려워하는 마음이 정직의 열망을 짓누르는 것이다. 그럼에도 역할 모델로서 사역자의 이미지는 하나님의 정직성을 드러내어야 한다. 정직하지 못한 청년 사역자는 이미 설 땅을 상실한 것이나 마찬가지다. 그러므로 청년 사역자는 끊임없이 정직을 위하여 노력해야 한다.

둘째, 친밀해야 한다. '잡담의 미학'이라고 들어보았는가? 잡담을 나눌 수 있는 관계에서 신뢰가 싹튼다. 친밀함이란 시간과 자기부정의 결과라고 할 수 있다. 갑자기 친밀해지는 법은 없다. 시간이 필요하다. 그리고 그 시간만큼 자기를 부정하는 노력 위에 친밀함이 세워진다. '미운 정'이란 친밀함이 아니다. 미워하다보니 미워하면서 살아가는 데 익숙해졌다는 말이다. 친밀함은 상대방을 위하여 손해도 보고 속도 상하면서 이루어지는 것이다.

청년 사역자가 근엄하게 강단에서 외치는 한 번의 설교로 사역이 이루어지리라고 착각해서는 안된다. 조별 모임의 첫 계명이 무엇인가? 처음부터 가르치려고 하지 말고 먼저 친밀해지라는 것 아닌가? 친해지면 상대방을 신뢰하기 시작한다. 교육 효과는 그 후에 발생하는 것이다. 청년들과 함께하는 시간을 가급적 많이 확보하라. 그리고 그들의 말을 들어 주라. 함께 웃고 함께 고민하는 진지함을 잊지 말라.

셋째, 사랑해야 한다. "사람들은 자기를 사랑해 주는 지도자를 원한다." 리처드 포스터가 한 말이다. 너무도 평범하지 않은가? 그러나 너무도 지켜지지 않는 말이기도 하다. 사실 청년 사역자는 개인보다 집단을 잘 활용해서 목표지향적인 사역을 감행하고 싶어하는 경향이 있다. 물론 이것은 지도자의 중요한 자질이다. 집단 리더십이 없다면 그는 멘토(mentor)는 될지 몰라도 리더는 될 수 없다. 그러나 청년 사역자들이 조심해야 할 함정이 있는데, 그것은 개인에 대한 애정을 상실하는 것이다. 굳이 원론적으로 말한다면, 개인이 집단을 위해 존재하는 것이 아니라 집단이 개인을 위해 존재하는 것 아닌가?

개인적으로 이런 경험이 있다. 수십 번의 설교를 해도 꿈쩍도 하지 않던 청년들이 있었다. 그런데 그토록 변하지 않던 청년들이 사적으로 짧은 시간을 함께 보내며 말 한마디의 사랑을 표현했더니 적극적인 추종자(?)로 변한 것이다.

늘 사랑에 갈증을 느끼는 존재가 청년들이다. 사랑은 속이지 않는다. 사랑하면 사랑받게 되어 있다. 사실 예수님에 대한 제자들의 신뢰는 계속되는 그분의 사랑에 기초한 것이 아니고 무엇이었겠는가?

넷째, 소신이 있어야 한다. 개인적으로 정직하고 친밀하며 사랑 많은 사람이라는 평가를 받아도 사역자는 결국 지도자임을 잊지 말아야 한다. 그는 한 집단을 어느 한 방향으로 이끌고 가는 리더인 것이다. "그 사람 됨됨이는 그 이상 좋을 수 없는데, 따라가기에는 왠지 불안해"라는 말을 들어본 적이 있는가? 소신과 고집은 다르다. 소신은 객관성 있고 설득력 있는 논리로 합의를 이끌어내기 위해 기꺼이 토론할 수 있는 고집이다. 그래서 결국 모두들 기꺼이 인정하고 따를 수 있는 리더의 철학과 주장이다.

개인적으로 가까이 하면 안도감이 느껴지고 기대고 싶은 언덕 같으면서도, 기꺼이 믿고 따르고 싶은 소신 있는 지도자가 되라. 이를 위해 항상 자신에게 이렇게 물어야 한다. '우리는 지금 어디로 가고 있는가? 그 곳을 향해 제대로 가고 있는가? 우리는 왜 그 곳을 향해 이렇게 가야만 하는가?' 지도자는 이 물음에 대한 대답을 가지고 있어야 한다.

2. 권위가 있어야 한다

사역의 생명은 권위에 있다. 청년 사역자가 청년들에게 권위를 인정받지 못한다는 것은 하나님께서 당신의 백성들에게 권위를 인정받지 못하는 것과 같다. 왜냐하면 사역자의 권위는 자신의 것이 아니라 하나님의 것이기 때문이다. 즉 사역자는 하나님의 대리 권위를 가진다.

여기서 '권위 있다' 는 말과 '권위주의' 는 다르다. 청년 사역자는 권위가 있어야지 권위주의에 빠져서는 안된다. 굳이 설명한다면, 권위 있다는 것은 하나님께로부터 주어진 권위를 확보한 상태를 말하며, 권위주의란 자신을 위하여 인간적으로 권위를 세워 나가는 무리한 상태를 말한다. 그렇다면 어떻게 권위 있는 청년 사역자가 될 것인가?

첫째, 깨끗해야 한다. 진정한 권위는 거룩에서 나온다. 하나님의 절대 권위는 무한한 능력에 있다기보다 우리와 같지 않은 무한한 거룩에 있다. 다니엘이 지닌 리더십의 권위는 털어도 먼지 나지 않는 깨끗한 도덕성에 있었고, 사무엘이 지닌 리더십의 권위는 백성들이 기꺼이 인정하는 깨끗한 삶에 있었다. 그래서 사도 바울은 디모데에게 "누구든지 네 연소함을 업신여기지 못하게 하고 오직 말과 행실과 사랑과 믿음과 정절에 대하여 믿는 자에게 본이 되어"(딤전 4:12)라고 했다.

청년 사역자는 청년들과 연령차가 크지 않다. 인생 경험에서 원로다운 경륜을 가진 것도 아니다. 사실 사회에서는 몇 살 윗사람들과 친구처럼 지내는 일이 허다하다. 그렇다면 무엇으로 영적 리더십을 확보할 것인가? 그 권위의 기초가 성결(聖潔)이다. 하나님 앞에서 늘 거룩한 삶을 추구하는 영적 무게야말로 아무도 침범할 수 없는 권위이다. 깨끗한 사람의 말에는 늘 권위가 있다. 인격적 권위야말로 말의 권위를 보증하는 유일한 조건이다.

청년 사역자는 젊은 감각을 유지해야 할 필요가 있기 때문에 자칫 흐트러지기 쉽다. 이성 문제에서도 자유분방한 분위기에 젖어들기 쉽고, 돈 문제에서도 신중하지 못할 수 있다. 무엇보다 유행어나 은어 등에 익숙해져서 깨끗하지 못한 표현들을 자기도 모르게 사용할 수 있다. 차라리 청년들에게 원시인 취급을 받는 한이 있더라도 언어 사용에 약점을 잡혀서는 안된다.

둘째, 실력이 있어야 한다. 지식에서 뒤지지 말아야 한다. 가장 책을 많이 읽는 연령층이 20대임을 알고 있는가? 지적 호기심이 가장 왕성한 사람들이 청년들이다. 대학생은 대학에서 첨단 정보를 접하고 있으며, 직장인 또한 자기 영역에서 전문적인 지식을 접하고 있다.

물론 청년 사역자가 모든 영역에서 최신 정보를 다 습득할 수는 없다. 그러나 적어도 두 가지 노력은 해야 한다. 하나는 성경에 기초한 영적 지식에서 뒤떨어지지 않는 것이다. 성경 지식은 물론이며, 기독 서적이나 경향에 대해서 늘 앞서가야 한다. 다른 하나는 최근 청년들과 관련된 사회적 흐름을 읽어 내는 일이다. 이는 각론에는 약하더라도 개론에는 강해야 한다는 뜻이다. 이를 위해 일 주일에 한 번은 서점을 방문하든지, 통신을 통한 도서정보를 제공받도록 하라. 구입하지 않더라도 제목과 간략한 내용은 메모하도록 하라.

셋째, 순종의 모범을 보여야 한다. 비극이긴 하지만, 청년들 중에는 청년 사역자에 대해 부여한 '존경하는 지도자' 라는 칭호를, 어느날 '웃기는 친구' 로 바꾸면서 공동체를 떠나가는 경우가 가끔 일어난다.

청년 사역자의 권위는 그렇게 안정적이지 못하다. 청년들은 지도자의 작은 실수에도 등을 돌리는 경우가 많다. 특히 더 견고한 지도력을 발휘하려는 사람에게서 발견되는 약점들은 권위에 치명적이다. 청년 사역자들의 착각이 여기에 있다.

청년 사역자의 권위는 다스림보다는 대표성에 있다. 즉 예수님처럼 섬기는 지도력(servant-leadership)을 가져야 하는 것이다. 청년들에게는 자신이 살고 싶은 그 삶을 멋있게 살아 보이는 영웅이 필요한 것이다. 성경적 삶을 추구하는 청년들이 늘 가지는 부담이자 목표는 '어떻게 하면 주님의 말씀에 순종하는 삶을 살 수 있을까' 이다. 사실 이들은 주님의 다스림을 받길 원하지 지도자의 다스림을 받길 원치 않는다.

사람의 지배에 몸서리치는 세대가 청년세대다. 기성세대의 강압적인 권위주의에 싫증을 느끼는 세대가 청년세대다. "우리에게 말로만 하지 말고 당신들이 먼저 살아 보이라"고 말하는 세대가 청년세대다. 따라서 모범이야말로 최고의 교육방법이다. 철저히 하나님께 순종하는 종 된 삶은 진정한 권위를 확보한다. 이것을 실천적 권위라고 할 수 있다.

담임목사와의 관계

담임목사 또는 사역의 지시를 받는 윗사람과의 관계는 매우 중요하다. 이 관계가 원만하지 못하면 사역에 많은 지장을 받을 수 있기 때문이다.

어떤 지장이 있을까? 먼저 교회나 공동체 전체의 지지를 받지 못할 수 있다. 왜냐하면 전체 책임자의 의지가 갖는 영향력을 무시하지 못하기 때문이다. 무엇보다 사역은 마음과 함께 재정적인 지원을 필요로 한다. 그런데 재정 결재권자의 지지를 받지 못하면 불편한 점이 한두 가지가 아니다.

그리고 청년들로부터도 지지를 받지 못할 수 있다. 모범이 되지 못하기 때문이다. 자신은 권위와 질서를 존중하지 않으면서 청년들에게만 순종을 요구한다면 누가 그를 신뢰할 수 있겠는가?

1. 철저한 협력자가 되라

내가 학교 교목으로 있으면서 주일에만 시간제로 봉사하려 했던 교회가 있었다. 갑자기 사정이 생겨 못하게 되긴 했지만, 그 담임목사님의 말씀이 인상적이었다.

"본인의 목회 철학과 스타일이 있겠지만, 이 교회에서는 다 내려놓고 담임목사의 방침에 무조건 따라 주십시오. 그리고 본인의 것은 나중 단독 목회할 때에 더 빛나게 사용하십시오."

당시엔 조금 심하다는 생각을 하기도 했지만, 지금은 소홀히 지나쳐서는 안 되는 말이라고 생각하고 있다.

사역자 대부분이 담임목사와 자신은 동역자일 뿐이지 결코 상하 계급관계에 있는 것이 아니라고 말하고 싶어한다. 물론 사실이다. 동역자가 틀림없으며 계급적이어서는 결코 안 된다. 그러나 권위와 역할에 관한 한 구별되어야 한다. 아니, '차별' 되어야 한다. 그러므로 이렇게까지 생각해야 한다. '나는 담임목사님의 사역을 돕기 위해 이 곳으로 보냄받았다.'

청년들도 주님의 제자들로서 사역자의 지도를 받는 사람들이지만, 실제로 사역자 자신은 담임목사의 위임을 받아 그의 의도를 따라 청년들을 지도하는 청지기라는 의식이 필요하다. 청년 사역자는 머잖아 떠날 사람이지만, 청년들과 담임목사 사이의 관계는 영구적이다. 무소신도 문제지만, 지나친 소신도 문제다. 나를 위해서 청년들이 존재하는 것이 아니라 청년들과 교회를 위해 내가 존재한다는 것을 잊지 말아야 한다.

2. 멘토링을 요청하라

청년 사역자는 담임목사와 사무적인 사역 관계로만 지내기가 쉽다. 담임목사도 청년 사역자를 언젠가는 떠나갈 일꾼으로 생각하고, 청년 사역자도 담임목사를 언젠가는 헤어질 선배 정도로 생각한다. 마치 서로의 필요에 의해서 어쩔 수 없이 함께하는 '적과의 동침' 같은 분위기일 때도 있다. 이런 현상은 사람을 목적보다는 수단으로 대하는 경향에서 말미암는다.

사람은 존중되어야 하는 목적이다. 사람을 적당히 수단으로 이용하려는 생각은 죄악이다. 그러므로 교회의 본질적인 공동체성에 충실하는 모범을 보여야 하는데, 그 구체적인 방법은 철저히 멘토 관계를 이루는 것이다.

청년 사역자는 협력자로 보통 서너 군데의 교회를 거치게 된다. 이때 모든 담임목사가 100% 배울 만한 탁월성과 인격을 가진 것은 아니다. 그러나 배울 점을 많이 가진 선배임에 틀림없다. 무엇보다 교회를 섬기기 위해 주께서 나를 그분에게 협력자로 보내셨다면, 그분을 통해 나의 인격과 사역에 유익을 주시기 위함이라고 생각해도 틀리지 않을 것이다. 그러므로 먼저 담임목사에게 "저의 좋은 멘토가 되어주십시오. 계속하여 지도받으며 훈련하겠습니다"라고 말하라. 이 순간부터 사무적인 동업자가 아니라 가족 같은 동역자가 될 것이고, 아울러 청년 사역 또한 물질적 심리적 후원을 받게 될 것이다.

3. 충분히 설명하라

청년 사역자들 대부분이 갖는 불만은, 담임목사가 청년 사역을 전혀 이해하지 못한다는 사실이다. 그러나 사실은 그렇지 않다. 담임목사는 청년 사역을 전혀 이해하지 못하는 것이 아니라 나와 다르게 이해하고 있을 따름이다. 이해가 엇갈릴 때에는 대화를 시도해야 한다. 대화의 노력을 포기하면서 이해를 구하는 것은 모순이다. 괜히 선입관을 가지고 대화를 포기한다든지, 주눅들어서 충분하게 설명하지 못한다면 그 책임은 청년 사역자 자신에게 있다.

물론 담임목사가 청년 사역을 해 본 경험자라면 조금 나을 것이다. 그러나 그런 분은 생각보다 많지 않다. 그렇다면 대화를 통해 이해와 조망을 갖도록 계속하여 설명해야 한다. 물론 지혜가 필요하다. 자칫 잘못하면 듣는 이가 무시당하는 듯한 감정을 가질 수도 있기 때문이다.

이 경우, 다음과 같이 몇 가지 실제적인 방법을 고려해 볼 수 있다.

첫째, 연중사역계획서를 자세히 작성하여 충분한 설명의 기회를 갖는 것이다. 그저 목표 몇 가지와 정기집회 시간, 월별 사업계획 정도만 작성해서 내놓으면 담임목사가 관심을 가질 리가 없다. 그런 케케묵은 계획서를 만드는 것은 그들이 더 전문가다. 그러므로 멋있는 계획서에 충분한 설명을 덧붙여야 한다.

둘째, 담임목사와 독대하는 시간을 갖는 것이다. 모든 사역자들이 함께 하는 정례회의는 사무적이 되기 쉽다. 내 사역만을 위해 배려받기에는 적합한 시간이 아니다. 연초에 계획서를 가지고 만나도 좋고,

연중이라도 정기적으로 시간을 확보하면 된다. 대화가 어려울 경우 장문의 편지도 괜찮다. 그러나 전화는 좋은 방법이 아니다. 결코 중간에 누구를 내세우지 말고 직접 만나야 한다.

셋째, 청년 사역과 관련된 자료를 계속 제공하는 것이다. 자주 대하는 자료에 관심이 가는 것은 당연하다. 담임목회자치고 교회에 청년들이 많으면 좋겠다고 생각하지 않는 사람이 어디 있겠는가? 내가 추구하는 방향과 일치하는 자료들을 계속 제공하여 동일한 사역 마인드를 형성할 수 있다.

동역자들과의 관계

청년 사역자에게 지혜가 필요한 인간관계의 영역이 바로 동역자들과의 수평관계라 할 수 있다. 여기서 동역자들이란 내가 속한 교회 공동체 내의 동역자들과, 타 지역 교회와 공동체에서 사역하는 청년 사역자들로 나눌 수 있다.

어떤 경우든지 동역자들, 즉 동료들은 그야말로 전투의 동지일 수도 있고 경쟁하는 적이 될 수도 있다. 가슴아픈 일이다. 혈맹의 동지가 되어도 영적 싸움에서 갈 길이 멀거늘, 마치 항아리에 담긴 게들처럼 서로 올라가지 못하도록 끌어내리는 소모전을 해서야 되겠는가? 그러므로 동역자들과 관계를 잘 유지하는 것은 참으로 중요하다. 겸손하고 의리 있는 동역자 관계를 통하여 얻을 수 있는 영적 유익은 무궁무진하다. 그렇다면 어떻게 해야 할까?

1. 비교의식에서 벗어나라

성경은 "나보다 남을 낫게 여기라"고 했다. 이것은 결코 쉽지 않은 일이다. 객관적으로 평가해 봐도 내가 더 나아 보이는데 어떻게 나보다 그 사람을 낮게 여길 수 있겠는가? 이는 상대방을 존중하라는 뜻이다. 쉽게 판단하다보면 그 사람이 그렇게 사고하며 행동할 수밖에 없게 된 과거와 상황을 고려하지 못할 수도 있고, 실제로 나보다 나은 영역이 상대방에게 있을 수도 있기 때문이다.

비교의식과 경쟁의식은 우리가 가진 본성적 약점이다. 같은 교회 내에서도 실적 경쟁과 충성 경쟁의 유혹을 받는다. 또 다른 곳에서 사역하는 인기 좋은 스타 사역자들에게 불편한 심기를 노출하려는 유혹도 받는다. 이것은 우리를 파멸로 이끄는 함정이다.

이런 함정을 극복하는 방법은 무엇일까? 무엇보다 상대방을 존중의 눈길로 보려는 태도를 가지는 것이 중요하다. 이는 자기와의 싸움이며 경건의 연습이다. 여기서 지면 더 이상 청년 사역은 없다고 생각하라. '비전'과 '야망'이라는 특성을 가진 청년 사역은 인간적인 적극성에 얼마나 쉽게 미혹될 수 있는 분야인가? 그런데 사역자 자신이 비참한 열등감에서 헤어나지 못하고 있다면 청년들의 균형 잡힌 영성 교육은 누가 책임질 것인가? 열등감과 우월감은 동전의 양면과 같다.

청년 사역자들은 못한다는 비난보다 잘한다는 칭찬에 익숙한 사람들이다. 교회에서 청년대학부를 맡길 정도면 후한 점수를 받은 사람이라고 봐야 한다. 그래도 교회에서 가장 까다로우면서도 중요한 부서가 청년대학부이기 때문이다. 그러니 청년 사역자의 자부심과 사역의 공격성이 우월감으로 색칠될 때 패망의 선봉인 교만에 이르게 되는 것은 자명한 일이다. 사실 청년 사역자에게 가장 필요한 덕목이 있다면 패기나 열정보다 겸손과 신중함이 아니겠는가? 청년 사역자치고 패기와 열정 없는 사람이 어디 있는가?

동역자들과의 관계에서 비교의식은 사탄이 파 놓은 함정이다. 따라서 오히려 청년 사역자는 청년들뿐 아니라 동역자들까지 섬기고 세우는 사역의 대상으로 간주하겠다는 스케일 큰 사람이 되어야 한다.

2. 청년 사역자 그룹에 속하라

청년 사역자도 격려가 필요한 사람이다. 그런데 교회 내에서 격려와 상담의 대상을 찾기가 쉽지 않을 것이다. 이 때 사역과 스타일의 동질성을 가진 그룹이 필요하다. 그리고 무엇보다 청년 사역자에게는 자극이 필요하다. 끊임없이 변화의 속도를 더해가는 청년 문화를 따라잡기란 보통 피곤한 일이 아니다. 게다가 성숙한 영성의 요구는 날로 더해간다. 이 치열한 안팎의 요구 앞에서 청년 사역자는 자칫 자신이 정한 틀과 한계에 안주하기 쉽다. 이 때 다른 사역자의 활동과 그 교회 청년 대학부의 현실을 들으면서 도전을 받을 필요가 있다.

아울러 청년 사역자는 다양한 정보를 필요로 한다. 그러므로 청년 사역자들끼리 정보와 자료를 나누는 것은 개인 사역의 진보는 물론 하나님의 교회 전체 관점에서도 유익한 일이다. 하나님께서 현장에서 행하시는 일을 함께 공유하는 것은 지극히 당연한 일이다. 그래서 사역의 방법(know-how)도 중요하지만 사역의 철학(know-why)도 함께 나눌 수 있을 것이다.

나는 지금도 청년 사역자들의 모임에 참여하여 격려와 자극을 받고 정보를 들음으로써 청년 감각을 유지하려고 노력한다. 또한 이런 모임을 통해 청년 사역의 현장에 있을 때뿐 아니라 지속적으로 좋은 인맥을 형성함으로써 평생 사역 동지가 될 수도 있다. 적합한 모임이 없을 때에는 몇 사람이 건전한 모임을 구성하는 것도 좋을 것이다.

가족과의 관계

전임 사역자는 늘 가족보다는 사역을 우선순위에 둘 것을 강요당해 왔다. 청년 사역자 역시 예외가 아니다. 그러나 요즘은 바뀌어서 사역보다는 가족을 우선순위에 두는 경향이 두드러졌다. 바람직한 현상이다. 범사에 지혜가 필요하지만 굳이 가족과 사역의 중요성을 순서대로 놓으라면 가족을 먼저 놓는 것이 좋다.

가족은 사역 이전의 사역이다. 가정 사역에서 실패하면 청년 사역도 없다. 청년 사역을 할 수 있는 기반이 붕괴될 뿐 아니라 청년 사역의 내용도 치명상을 입는다. 이미 앞에서 밝혔듯이 청년 사역자는 다스리는 사역의 측면보다 모범을 보이는 사역이 더 중요하다. 그런데 만일 가정이 붕괴된다면 무엇으로 모범을 보여 줄 수 있겠는가? 이런 점에서 가족과의 관계는 사역자의 인간관계에서 가장 먼저 다루어야 할 내용일 것이다.

1. 사역 일정을 투명하게 노출하라

대다수 청년 사역자들의 자녀들은 아직 청년이 아닐 것이다. 아이들은 부모와 함께하는 시간만 확보될 수 있다면 별다른 불만을 가질 일이 없다. 그러나 배우자는 좀 다르다. 청년 사역자가 밖에서 누구와 어떤 시간을 보내는지 전체 일정이 다 관심사다. 사랑은 상대방의 스케줄에 대한 관심에서부터 출발한다고 하지 않는가! 무엇보다 청년 사역자의 사역 대상인 청년들은 젊은 경쟁자(?)일 수 있다.

대부분의 오해는 무지에서 발생한다. 처음엔 "당신을 믿어요"로 출발하지만, 부부생활은 그렇게 단순하지 않다. '믿음직스러운 당신' 도 좋지만, '투명한 당신' 이 더 신뢰를 얻을 수 있는 것이 현실임을 기억하라. 스케줄을 시시콜콜 다 보고할 수는 없지만, 배우자를 동역자로 여긴다면 함께 확인하고 기도하는 시간을 갖는 것이 좋다. 물론 독신 사역자는 부모님을 비롯한 가족에게 투명성을 실천하는 훈련을 해야 한다. 스케줄을 투명하게 열어보임으로써 함께 정보와 기도제목을 공유하는 것이 청년 사역자의 첫째 되는 가정 사역이다.

2. 가족과 함께하는 시간을 확보하라

복음을 위한 사역자의 활동 시간은 복음의 역설적 성격만큼이나 거꾸로 가는 경향이 있다. 다들 쉬는 주말에 교회는 더 바쁘다. 학생들의 수업이 끝나야 대학생 사역은 비로소 시작되고, 직장 청년들이 퇴근해야 청년 사역은 시작된다. 그런데 가족들 역시 사역의 대상인 청년대학생들과 동일한 주기의 삶을 산다. 정작 사역자 자신만 거꾸로 사는 것이다. 그러니 사역 현장의 요구와 가정의 요구는 사역자를 갈등하게 만들 수밖에 없다. 이 문제를 어떻게 해결할 수 있을까?

우선 가족들을 설득해야 할 때도 있을 것이다. 그러나 동시에 청년들에게도 설명을 해야 한다. 사역자 자신의 가정 사역이 소중함을 충분히 설명하고, 우선적으로 일 주일에 하루나 이틀을 가정 사역의 날로 확보하라. 그리고 만약 저녁 시간을 할애하려면 최소한 이틀을 확보하라.

내가 한창 청년대학생 사역에 몰입했을 때는 그야말로 하숙생 같았다. 깊은 밤중에 들어와서 잠만 자고 새벽에 다시 나가는 생활이 이어졌다. 심지어 아이가 아빠를 몰라보고 가까이 다가오지 않았던 속상한 기억도 있다. 따라서 가족들과 함께하는 시간이 필요하다. 가정이 깨어지고 있는 이 시대의 진정한 사역자의 표상은 행복한 가정을 보여 주는 사역자가 아니겠는가?

3. 가족 동반 모임을 가지라

동병상련이라던가. 청년 사역자의 마음은 같은 청년 사역자가 알고, 그 가족의 마음은 같은 처지의 사람들이 안다. 청년 사역자가 속한 그룹에서 정기적으로 가족 동반 모임을 가지면 가족들의 이해를 구하는 데 큰 도움이 될 것이다. 물론 배우자의 가정 충실도가 비교되므로 약간의 문제가 발생할 소지도 있지만 말이다.

내가 속한 모임에서도 1박 2일로 여름 가족 MT를 가진 적이 있다. 그런데 '청년 사역자는 할 수 없는가 보다' 했다. 가족끼리 어렵사리 모인 자리에서 또 청년 사역에 관한 이야기로 밤을 지새고 싶어했으니 말이다. 아예 밤늦게 라면 끓여 먹으면서 노는 데 이력이 난 사람들이니 두 말해 무엇하겠는가! 그래도 아이들을 맡아 주고 아내들끼리 홀가분하게 온천욕을 다녀오도록 배려하기도 했다. 서로들 조금이라도 격려가 되기를 기도하면서…….

Section 2

기초 다지기

우리 시대의 청년 이해하기 -청년기의 발달 과업을 중심으로

권 영 석

청년들의 성숙을 돕는다고 할 때, 우선되는 것은 두 가지다. 즉 먼저 그들을 어떤 방향으로 도울 것인지, 또 그들이 지금 어떤 상태나 단계에 있는지를 이해하지 않으면 안 된다.

그런데 성장을 염두에 두고 한 사람을 이해하는 데에는 두 가지 접근법이 있을 수 있다. 하나는 한 개인이 나이를 먹으며 성장하는 데 따른 '발달 과업'을 중심으로 이해하는 방법이고, 다른 하나는 그 개인을 구성하고 있는 사회적인 제반 여건의 변화에 따라 각 세대가 지니는 집단적인 특성을 중심으로 이해하는 방법이다. 전자를 개인적 심리적인 이해라고 한다면, 후자는 집단적 사회적인 이해라고 할 수 있겠다.

이 글에서는 주로 청년기의 발달심리학적 과제를 중심으로 청년을 이해함으로써 그들을 어떻게 지도할 수 있을지 시사하는 바를 찾고자 한다.

누가 '청년' 인가?

청년기라는 구분이 애매하긴 하지만, 대체로 인생의 중요한 결정들을 해야 하는 20대(21-30세)에 해당하는 연령층을 청년기에 포함시키는 듯하다. 즉 성별이나 대학 진학 여부, 그리고 결혼 시기에 따라 개인차는 있겠지만, 대체로 이 20대에 인격 형성의 중요한 과업을 마무리하고 그 다음 단계를 준비한다는 점에서 대동소이한 특성을 나타내며, 유사한 발달 과업을 지닌다.

우리 사회의 경우, 대체로 군대 문제가 중간에 끼어드는 남성보다 여성이 좀더 일찍 직장과 결혼의 현실에 직면하게 된다. 또한 대학에 진학한 청년들은 학교에 있는 시간이 연장되면서 전공 공부, 아르바이트, 이성교제 등이 주 관심사로 등장하는 반면, 진학을 하지 않은 청년들에게는 직장과 일, 돈, 결혼 등이 일찍부터 관심사로 떠오르게 된다.

발달심리학자들에 따르면, 사춘기에서 청년기로 넘어 오면서 주요 발달 과제가 '정체감의 확립'에서 '친밀감의 형성'으로 바뀌게 된다고 한다. 그러나 우리 사회의 경우, 입시 위주의 교육과 분단 상황이 강화해 놓은 흑백 대립의 획일적인 사고 구조로 인해 정체감의 확립이라는 사춘기적 과제를 마무리하지 못한 채 청년기로 접어든다. 그로 말미암아 그 다음 단계의 친밀감에 대한 욕구와 맞물려서 혼란이 가중되고 있다. 따라서 우리 사회 청년기의 주요 발달 과업은 정체감 확립을 마무리하는 작업부터 시작하지 않으면 안된다.

한편 레빈슨의 주장처럼 18-23세를 청년기로 넘어가는 전환기로 잡을 경우, 고등학교를 졸업하고 대학에 진학하면서부터 겪는 4, 5년 간을 청년기로 볼 수 있으며, 청년들은 이 시기(초기 청년기)에 사춘기의 발달과업을 마무리하랴 청년기의 발달 과업을 시작하랴 정신 없는 시간을 보내게 된다. 이렇게 본다면 지역 교회의 청년대학부는 바로 이 시기를 보내는 젊은이들의 집단으로서, 단순히 물리적인 연령으로 구획해 놓은 것 이상으로 그 중요성은 지대하다.

이 시기가 지나면 본격적으로 청년기의 발달 과업인 친밀감의 형성에 집중하게 되고, 곧 이어 직장과 결혼 생활로 들어가서 마침내 중년으로 들어갈 준비를 하게 된다. 레빈슨은 29 - 34세를 30대 전환기, 즉 중년기로 전환하는 준비기로 잡고 있는데, 이렇게 29세 이후, 즉 결혼 전후를 청년기 말기로 구분하는 것은 의미 있는 구분이라고 하겠다. 이런 식으로 구분해 본다면 고졸부터 23세까지는 청년기 초기, 24세에서 28세까지는 청년기 중기, 29세부터 결혼 이후는 청년기 말기로 삼등분 해 볼 수 있을 것이다.

청년대학부가 생겨나기 시작한 초창기에는 청년부 또는 대학부가 이 연령층을 통틀어서 하나의 부서로 존재했지만, 요즈음 제1청년부, 제2청년부, 제3청년부 등으로 구분하는 것은 이런 현실 인식을 반영한 것으로 보인다.

이처럼 청년기 안에서도 초기 청년기와 말기 청년기 사이의 과업은 차이가 있게 마련일 텐데, 이 글에서는 주로 초기 청년기의 연령층에 있는 이들에게 초점을 맞추고자 한다.

누군가 말한 것처럼 이 시기는 신나면서도 혼란스러운 경험을 하는 시기이다. 즉 초기 청년기는 사춘기 말기와 청년기 초기의 발달 과업이 동시에 겹쳐지면서 여러 가지로 새롭고 신기한 경험을 하지만, 동시에 혼돈과 시행착오를 겪는 시기이다. 따라서, 특별히 이 중대한 시기를 따로 떼어서 '청년 성인기'(Young Adults)라고 부르기도 한다. 이 말은 성인기를 삼등분하여 청년 성인기(Young Adults: 21-39세), 중년

성인기(Middle Adults: 40-64세), 노년 성인기(Older Adults: 65세 이상)로 구분하는 말로도 쓰이나, 샤론 팍스 등은 초기 청년기를 지칭하는 말로 사용되고 있다.

초기 청년기의 과업 1 : 자아 정체감과 독립

에릭슨은 사춘기의 발달 과업을 한 마디로 요약하여 '정체감의 확립'이라고 했다. 자아 정체감(self-identity)이란, 쉽게 말하자면 '일관성 있는 자기 인식'이란 말로 바꿀 수 있다. 즉 파울러에 따르면, 나 자신이 누구이고 무엇을 할 수 있으며 역할은 무엇인지에 대한 내적 주관적인 인식과, 나와 의미 심장한 관계에 있는 주변 사람들이 나를 인식하는 외적 객관적인 인식이 서로 괴리감 없이 하나의 그림으로 수렴될 때 비로소 자신에 대해 안정감을 느끼며 자아 상실에 대한 두려움에서 벗어나 미래의 삶을 조망할 수 있게 된다는 것이다. 이런 발달 과업은 인격의 한 측면만으로 달성할 수 없으며 인격의 여러 측면이 균형을 맞추어 성숙해야만 가능하다.

그렇다면 인격의 여러 측면에는 어떤 것들이 있을까? 우선적으로 '지적인 측면'을 애기할 수 있을 텐데, 이 전환기의 지적 발달 과업은 자신의 생각을 상대화할 수 있는 단계를 지나서 이제는 제 나름의 판단을 내리는 단계로 접어드는 시기이다. 물론 청년들은 피아제의 지적 발달 단계 중 가장 마지막 단계인 형식적이고 추상적인 사고를 하게 되는 형식적 조작단계에는 훨씬 이전에 도달하게 된다. 그러나 그것을 기초로 하여 단순한 지식이 아닌 의식의 한 부분으로 통합하는 일은 우리 나라 청년들의 경우 고등학교를 졸업하면서 가능해지는 것 같다.

이러한 내면화 작업을 신앙에 적용해 본다면, 지금까지 듣고 배운 성경적 교리적 지식을 기초로 신앙적인 결단을 내리고 확인하도록 하는 것이 바로 이 단계에서 달성해야 할 과제다. 갑자기 물꼬가 터진 여러 가지 회의적인 질문에 적절한 대답을 찾아 주는 건전한 가르침과 토론 분위기 형성이 청년부의 특성이 되게 해야 하며, 지도자들은 인내로 그들을 기다려 줄 수 있어야 할 것이다.

다음으로 '정서적인 측면'을 들 수 있는데, 자신의 감정을 객관화하는 작업 역시 성숙한 인간의 기본적인 자질 중의 하나이다. 특별히 자기 인식은, 타인과의 관계에서 인정받는 자신의 모습에 상당 부분 좌우되게 마련인데, 이러한 인간 관계를 가능하게 하는 것은 어떤 사실에 대한 의견이나 정보의 수용보다는 정서의 수용이나 교감에 달려 있다. 자신의 정서를 상대방에게 강요 또는 폭발하거나 상대방을 위협하지 않으면서도 있는 그대로 전달할 수 있어야 하며, 반대로 상대방의 감정을 읽고 감지할 수 있어야 한다.

정서적인 교류는 유년기 시절의 가정이나 청소년기의 동년배 그룹 등을 통해 오랜 세월을 두고 알게 모르게 습관화되어 왔기에, 의식하지 못하는 사이에 그 나름의 고유한 방식으로 굳어져 있는 경우가 많다. 이런 측면에서 감정의 분화와 감정의 소통은 청년기에 접어들기 전에 짚고 넘어가야 할 중요한 과제이다. 즉 자신의 내면에 생기는 감정을 정확히 인식하고 또 그것을 객관화하여 표현할 수 있도록 해야 한다. 그렇게 되기 위해서는 기도를 통해, 하나님과 인격적인 관계의 문맥에서, 가능한 한 우리 안에 느껴지는 정서도 함께 표현할 필요가 있다. 또한 소그룹을 통해 성경의 진리를 배우고 적용할 뿐 아니라 자유롭게 자신을 있는 그대로 표현하고 서로 받아 주고 즐거워하는 투명한 관계를 연습해야 한다.

관계적인 측면에서 또 한 가지 중요한 발달 과업으로는, 지금까지의 의존적인 대인관계를 벗어나야 한다는 것이다. 즉 부모에게 의존해 오다가 청소년기가 되면서 그 의존 대상을 선생님이나 친구로 대체하여 의존해 오던(counter-dependent) 상태에서 이제는 독립하는 단계가 된다. 독립은 다른 말로 하면 자기 의존, 즉 자신에 대한 신뢰와 그로 인한 주체성을 발휘하는 것이다. 이런 독립의 단계를 거쳐야 우리는 상호의존적인 일대일의 성숙한 인간 관계를 맺을 수 있게 된다.

여기에서 파생하는 것으로 권위의 문제가 있다. 즉 지금까지는 외부의 권위 있는 인물이나 전통 또는 기준을 따랐지만, 이제는 자신의 주체적인 검증이나 판단 과정을 거쳐서 권위를 부여하게 된다. 또한 지금까지는 혈연, 학연, 지연 등으로 소속할 집단이 이미 정해져 있었지만, 이제부터는 청년들이 주체적으로 자신의 이상이나 관심사에 부합하는 전공, 직종, 동호회 등을 스스로 선택한다.

이런 독립의 과제를 신앙의 관점에서 본다면, 우선 자신의 정서나 기호에 끌리는 관계나 소속 집단을 탈피하지 못하는 집단 이기주의 사고에서 벗어나야 한다. 그래서 하나님께서 우리에게 부여하신 은사와 소명을 발견하고 그에 근거하여 공동의 비전을 나누며, 어느 집단에 속하든지 그 곳에서 진정한 공동체를 이루어가는 관계를 형성해 나가야 한다.

초기 청년기의 과업 2 : 친밀감과 사랑

에릭슨은 사춘기 이후 청년기의 발달 과업을 '친밀감'과 '사랑'이란 말로 요약하고 있다. 친밀한 관계의 전형인 남녀간의 성적 연합을 포함하는 결혼 관계에서 볼 수 있듯이, 친밀감이란 타인과 친밀한 관계나 동반자 관계를 맺을 수 있는 역량을 의미하며, 수고나 희생을 기꺼이 감수하더라도 그 관계를 지탱하려는 도덕적인 책임의식을 말한다. 즉 친밀감이란 상호의존적인 관계에 들어가기 위해서 반드시 습득해야 할 역량의 문제이다. 이런 친밀감은 단지 한 사람과 배타적인 결혼 관계에 들어가면 저절로 해결되는 것이 아니다. 일차적으로 폭 넓은 공동체의 맥락에서 이해해야 한다.

사실 지나친 개인주의적 접근을 통해 친밀감의 욕구를 충족하고자 하기 때문에 여러 가지 부작용이 많이 발생한다. 그러한 부작용의 몇 가지 예를 들면 이렇다. 즉 친밀감을 형성하는 과정에서 불필요한 갈등의 늪에 빠지게 되거나, 피해 의식을 줄이기 위한 방어기제의 작동으로 도리어 고립의 벽에 갇히거나, 아니면 불건전한 밀착 관계에 빠져서 독립은커녕 성장을 저해하는 쪽으로 역행하는 경우가 있다.

친밀감이란 사실 사랑의 외연(外延)에 다름 아니다. 사춘기를 지나면서 청년들은 지금까지 체득해 온 사랑을 실습해 볼 단계에 들어 선 것이다. "이는 내 사랑하는 아들이요"라는 하나님의 음성은 예수 그리스도로 말미암아 모든 믿는 이들에게 주시는 하나님의 영원불변한 사랑의 메아리다. 청년기는 그 아가페 사랑을 반영하는 삶을 연습해야 하는 시기이다. 그러므로 친밀감이 느껴지는 어떤 대상이나 상황을 찾기보다 용납과 인정과 사랑의 나눔을 먼저 베푼다면 친밀감은 따라 올 것이며, 그들은 서로 서로 소속감을 느끼게 될 것이다. 따라서 배타적인 이성 교제나 결혼 관계에 들어가기 전에 이러한 공동체적인 친밀감을 먼저 경험할 수 있게 해야 한다.

그러면 어떻게 사랑의 능력을 고양할 수 있을까? 어차피 사랑이 우리 것이 아닌 이상, 우리는 사랑을 받음으로써만 사랑의 능력을 고양할 수 있다. 따라서 먼저는 하나님께서 그리스도 안에서 '부어 주시는' (롬 5:5) 그 사랑을 조용히 확인하고, 간구하고, 의지하는 일이 선행되어야 한다. 사실 우리의 정체감은 일차적으로 지식, 직업, 소유, 경험, 업적, 대인 관계 등의 외적인 것 이전에 하나님의 임재 앞에 홀로 있는 가운데 먼저 내적으로 다져져야 한다.

또 한편으로 사랑의 능력은 하나님의 사랑을 경험한 이들이 서로 그 사랑을 드러내고 나눔으로써 배로 증가한다. 이런 맥락에서 십자가 사건을 전후하여 예수께서 "내가 너희를 사랑한 것같이 너희도 서로 사랑하라"고 명령하신 것은 의미심장하다. 즉 사랑을 함으로써만 사랑을 배울 수 있는 것이다.

친밀감에 대한 욕구가 가장 직접적으로 분출하는 영역은 바로 이성 교제이다. 이 부분과 관련해서도 사역자들은 청년들에게 사랑의 참된 의미를 가르치지 않으면 안 된다. 사랑은 일차적으로 정서적이고 낭만적인 것이 아니며, 친밀감의 기본적인 욕구는 성적인 욕구로 환원할 수 있는 것이 아니다. 청년들에게 친밀감에 대한 욕구가 인격의 본질적인 요소임을 깨우치고, 성적인 친밀감이 차지하는 역할과 그 성격에 관해 가르치고 교정함으로써, 공동체 안에서 서로의 인격적인 교류와 나눔이 깊어지면서 자연스럽게 이성간의 데이트 관계와 결혼 관계로 들어가도록 이끌어 줄 필요가 있다.

레빈슨은 청년기 이후 중년기의 중요한 발달 과업으로 '생산성' (generativity)을 꼽고 있다. 이 말은 자신의 은사와 재능을 활용하여, 가깝게는 자녀 양육에서부터 지역 사회, 나아가서는 우주 속의 일원으로서 의미 있는 창조 사역에 동참하는 것을 의미한다. 신앙적인 관점에서는, 생산성이라는 것이 그저 물량적으로 더 많고 더 큰 그 무엇을 의미하기보다 하나님께서 원하시는 바 즉 피조물을 향하신 그분의 뜻을 좇아 그분의 창조 사역에 공동 창조자로 협력하는 것을 의미한다. 따라서 생산성의 단계인 중년기를 맞이할 준비를 하는 청년들에게 필수적인 부분으로서 '진로 지도'를 빼놓을 수 없다.

진로 지도의 구체적인 방안을 논의하는 것은 이 글의 범위를 벗어나지만, 진로 지도 역시 객관적 집단적인 측면과 주관적 개인적인 측면으로 나누어서 생각해 볼 수 있을 것이다. 즉 객관적 측면에서 우리 사회나 공동체에 가장 필요한 일이 무엇이며 함께 추구해야 할 비전과 이상은 무엇인지를 규명하고 공감하는 작업이 필요하며, 주관적 측면에서는 자신의 취향이나 기호, 은사와 재능이 어디에 있는지를 분별하여 초점을 맞추어 볼 수 있을 것이다.

효과적인 성인 교육, '의식화'

청년기의 발달 과업을 돕는 일은 소위 성인 교육에 해당한다. 성인 교육은 지식을 전수하는 방식이 주가 되는 제도 교육과는 달리, 자발성에 기초한 의식을 일깨우는 교육이다.

의식을 일깨우는 것과 관련하여 콜버그가 말한 '도덕성 발달'의 개념은 시사하는 바가 크다. 그에 따르면 우리의 도덕성이 한 단계 도약하는 것은 '갈등 상황'을 겪으면서 가능해진다고 한다. 즉 갈등 상황에 부딪치면서 다른 관점에서 사물을 보기 시작하고 기존의 관점을 객관화할 수 있게 된다는 것이다. 이런 맥락에서 경험의 중요성을 이야기할 수 있다. 성장과 성숙이란 더 이상 가르치고 배우는 전형적인 틀을 통해서가 아니라 뭔가 실습하고 스스로 시도하는 삶의 현장에서 얻는 것이다.

신앙 안에서 의식이 고양되는 것도 동일한 관점에서 이해할 수 있다. 즉 개인적으로는 자아 정체감을 확립한 각 개인이 주체성 있는 결단과 그 결단대로 살려는 헌신적이고 성실한 삶의 자세를 견지할 때에 그의 의식은 고양된다. 그리고 집단적으로는 균형 잡힌 신앙공동체 안에서 그 세대에 주어진 사명과 과업에 함께 참여할 때 청년들의 의식은 고양된다. 사실 선배들의 모범과 유산은 그 자체가 청년기 인격 형성의 중요한 자원이기도 하다

나아가서 신앙 자체를 가장 핵심적인 의식의 내용으로 볼 수 있다. 즉 하나님을 신앙(信仰)하고, 그분과의 교제를 통해 하나님의 통치 안에서 살아가는 것 자체가 우리를 '의식화' 하도록 해야 한다.

이렇게 볼 때, 청년기 교육의 가장 궁극적인 목표는 다름 아닌 '신앙의 내면화' 이다. 당면한 청년기의 여러 가지 과업이 오히려 신앙 생활에 집중하지 못하게 만든다고 생각할 수도 있지만, 어쩌면 반대로 이런 여러 가지 갈등 상황이 오히려 그들의 신앙을 내면화하지 않고는 넘어갈 수 없도록 자극하는 훌륭한 촉매 역할을 한다고 볼 수 있다.

이런 시각에서 초기 청년기 4, 5년이야말로 인생 전체를 '판가름하는' 시기라고 해도 과언이 아니다. 일차적으로는, 이 시기에 신앙의 내면화와 사랑의 능력을 고양하는 일이 얼마나 효과적으로 진행되는지에 따라 한 개인의 남은 인생의 의미가 달려 있기 때문에 그렇다.

나아가 결국 그 개인들이 모여서 한 세대를 구성하는 만큼, 이 시기에 그들이 신앙 인격을 어떻게 형성하느냐에 따라 새로운 세대의 대물림 효과가 좌우된다. 그러므로 청년기 발달 과업의 성취 여부는, 특히 우리 나라의 경우 단순히 교회 내의 차세대 리더십 육성 차원을 넘어 민족 전체의 운명과 결부되어 있다.

이 과업은 단지 청년 사역자 한두 사람의 지혜와 노력이 아니라, 중장년층의 기성세대가 그간의 경험과 지혜를 총동원하여 끊임없이 물을 주고 가꾸며 돌보아야 할 공동 과업이요, 가히 백년대계에 해당하는 일이라 할 것이다.

목표를 상실한 세대

마지막으로 초기 청년기의 발달 과업을 세대 전체의 집단적인 시각, 즉 우리 민족의 역사적인 흐름에 입각하여 잠시 생각해 보자. 지금 우리 나라는 소위 '광주 이후 세대'를 넘어서서 그 특성을 정형화할 수도 없는 '신세대'라고 하는 극단적인 개인주의 세대가 청년기에 진입해 있는 상황이다.

이전 세대를 가리켜 '문제 의식은 팽배하였지만 뚜렷한 돌파구가 없어서 갈등하고 좌절하던 세대'라고 한다면, 이제는 문제 의식조차 아예 사라지고 모든 것을 개인의 기호에 따라 축소하여 해석하는 경향이 젊은이들 사이에 하나의 이상으로 자리잡게 되었다.

한편으로 보면 자기 몸도 제대로 가누지 못하면서 민족이니 통일이니 역사니 하는 비현실적인 영웅주의에서 벗어나서 각자 자신의 취향에 맞는 한 분야만이라도 전문성을 축적하려는 실속파들을 긍정적으로 볼 수 있는 면도 없진 않다. 그러나 다른 한편, 무엇을 위한 전문성이며 무엇을 위한 현실성인지 그 목표 자체를 상실하고 말았다는 점에서 심각성을 제기하지 않을 수 없다.

어쩌면 끝내 패배주의를 극복하지 못한 채 이데올로기만 무성하게 남겨 놓은 과거의 유산을 강요하기에는 무리겠지만, 또 한편 물질적인 풍요가 유혹하는 대로 견딜 수 없는 가벼움을 타고 비상하는 이 세대가 과연 무엇을 붙잡으려는 것인지 묻지 않을 수 없다. 개 교회 중심의 성장 지향적인 이데올로기가 난무하는 이 세대에 이 부분은 개인적인 발달 과업을 돕는 일보다 훨씬 더 대책 없는 상태에 놓여 있다.

통일이니 복지니 환경이니 선교니 하는 구호가 그저 이 성공주의 이데올로기를 호도하기 위한 것이 아니라, 당면한 역사의 시점에서 초기 청년기를 보내고 있는 이 땅의 젊은 그리스도인들의 진정한 발달 과업이자 성취 과업으로 내면화하기 위한 것인지를 진지하게 물어야 할 것이다. 청년 사역자는 적어도 이러한 질문을 심각하게 자문할 만큼은 청년들의 인격 형성과 이 민족의 장래, 나아가 하나님 나라의 비전에 진정한 관심과 사랑을 가져야 하지 않겠는가?

청년대학부 교육과정의 방향

박 상 진

오늘날 교회학교에 속해 있으면서도 제일 교육적인 관심을 받지 못하고 있는 부서가 있다면 바로 청년대학부일 것이다. 일반적으로 기독교 교육을 교회교육으로 국한하여 생각하는 경우가 많으며, 또 주일학교 교육은 으레 아동 교육, 또는 중고등부 교육까지만을 지칭하는 경우가 대부분인 것 같다.

교회 차원의 관심이나 교육적인 배려도 그러하고, 월간으로 발행되는 기독교 교육 관련 잡지를 보더라도 청년들을 위한 교육 자료는 별로 찾아 볼 수 없는 형편이다. 청년대학부는 성인 교구나 구역에 편성되어 활동하지도 못하고, 그러면서도 아동이나 중고등 학생과 달라서 따뜻한 교육적인 지도도 받지 못하는 교회교육의 사각지대에 위치해 있다고도 볼 수 있다.

그러나 청년대학부는 그런 과도기적 부서이기 때문에 오히려 가장 중요한 부서라고 할 수 있다. 왜냐하면 아동부 및 중고등부와 성인부 사이의 '다리' 역할을 해 주기 때문이다. 아동부와 중고등부가 아무리 활성화되어도 이 다리를 통과하지 않고서는 한국 교회의 계속적인 성장으로 연결되지 못한다. 또한 청년대학부는 교회학교 교사는 물론 교회 각 영역의 일꾼을 양성하고 배출하는 생산 라인이라는 점에서, 청년대학부의 활성화는 전체 교회 활성화를 위한 필수적인 과정이라고 할 수 있다.

이렇듯 청년대학부가 중요한 부서임에도 불구하고 오늘날 대부분의 한국 교회에서 청년대학부는 침체 현상을 극복하지 못한 채 시행착오를 거듭하거나 무관심 속에 방치되어 있는 형편이다. 이 글에서는 이러한 문제의식 위에서 한국 교회의 청년대학부를 활성화하기 위한 교회교육의 방향을 제시하고자 한다.

통합적인 교육과정

한국 교회 청년대학부의 가장 심각한 문제 중 하나는 그 교육과정이 청년들의 필요를 담아내고 있지 못하다는 점일 것이다. 교단 차원에서 확립되어 있는 교육과정을 거의 찾아 볼 수 없을 뿐 아니라, 그나마 개 교회가 시행하고 있는 교육과정이 너무 편향적(예컨대 진보 대 보수)이어서 균형 잡힌 성숙한 그리스도인으로 양육하지 못하고 있는 것이 현실이다. 여기에서는 이런 문제를 극복할 수 있는 통합적인 청년대학부 교육과정을 모색해 보려고 한다.

1. 학교체제와 공동체의 통합

교회교육이 지니는 근본적인 문제점으로 지나치게 학교체제를 따르고 있다는 점을 지적할 수 있다. 사실 학교체제는 수천 년 동안 발전해 온 교육의 한 형태로서 여러 가지 장점을 가지고 있다. 그러나 지식의 전달에는 효과적이며 교사 1인의 통제를 용이하게 해 주고 질서와 규율에 대한 복종을 가르치기에는 유용하지만, 기독교 신앙을 심어 주고 양육하는 데는 과연 효과적인지 의문을 제기하게 된다.

넬슨이나 웨스터호프는 교회를 '공동체'(community)로 보면서, 기독교 교육을 이 공동체로의 사회화 또는 문화화되는 과정으로 보았다. 이런 맥락에서 기독교 교육과정은 공동체성을 강조하고 교회 전체 활동을 교육의 장으로 삼아야 한다.

그렇다고 해서 학교체제를 완전히 무시할 수 없다. 일반 교육이 학교체제를 지속하는 한 교회교육도 그런 방식을 취하는 것이 우선 편리하며, 효과적이고 체계적인 교육을 행할 수 있기 때문이다. 그러므로 이 두 가지가 적절히 통합된 기독교 교육과정을 구성하는 것이 바람직하다.

2. 이성과 영성의 통합

교육은 인간이 인간을 변화시키는 과정이기에 인간이 이해할 수 있는 지식과 정보를 그 매체로 한다. 기독교 교육도 예외가 아니다. 지식의 전달 없이는 기독교 교육이 이루어질 수 없다. 그러므로 '예수는 하나님의 아들이다. 예수가 날 위해 십자가에 못 박히셨다. 예수를 믿으면 구원을 받는다' 는 지식을 분명하고 효과적으로 전달하는 것은 중요한 일이다.

이러한 의사 소통은 이성을 통한 것이며, 좀더 논리적으로 확실하게 의사 소통할 때 그만큼 교육의 효과는 크다고 할 수 있다. 기독교 교육과정이 합리적이고 체계적이어야 할 필요가 여기 있다. 그러나 그러한 지식의 전달은 기독교 교육의 필요조건이기는 하지만 충분조건은 아니다. 왜냐하면 기독교 교육에서는 인간 사이의 수평적인 상호작용뿐 아니라, 수직적인 성령의 개입을 전제로 하고 있기 때문이다.

기독교 교육에는 분명히 우리의 지성적인 사고만이 아닌 영적 영역이 있음을 인정하지 않을 수 없다. 이것이 일반 교육과는 다른 기독교 교육의 특수성일 것이다. 그렇기 때문에 기독교 교육과정은 영성을 중요한 요소로 다루어야 한다. 아울러 이성적인 합리적 과정을 소홀히 해서는 안 되기에 통합성을 지녀야 할 것이다.

3. 개인 구원과 사회 참여의 통합

이것은 신학적으로 보수주의와 진보주의의 통합이라고도 할 수 있는데, 기존의 기독교 교육과정은 어느 한 측면만을 지나치게 강조하는 문제점을 지니고 있었다. 복음적인 전통의 교회들은 개인의 구원과 전도와 교회 성장만을 강조한 반면, 급진적인 교회들은 개인의 영혼구원을 외면한 채 사회 정의와 사회운동을 기독교 교육과정의 중심주제로 삼아왔다.

그러나 이 두 가지는 구별되거나 분리될 수 없는 것으로, 개인의 신앙 성숙은 바로 이웃을 섬기고 사회에 봉사하는 차원으로 나아가는 것을 의미하고, 사회를 변혁시키더라도 각 개인의 변화 없이는 기독교적 의미가 상실됨을 인정해야 할 것이다.

특히 청년대학부 교육과정에서 이 양자 간의 통합이 이루어지지 않는다면 편협한 그리스도인을 양성하는 교육이 되고 말 것이다. 그러므로 기독교 교육과정 안에는 개인 구원과 사회 참여가 통합되어 있어야 한다.

4. 교회와 선교단체의 통합

특히 청년대학부를 위한 교육과정에서 고려해야 할 것은 교회와 선교단체의 통합이다. 이것은 기구 차원의 통합을 말하는 것이 아니라 교리와 복음의 통합을 의미하는 것이다.

한국 교회가 전통과 신학을 강조하며 교리를 내세운 나머지 경직되고 살아 있는 신앙을 상실하고 있을 때, 복음적인 선교단체를 통해 많은 신선한 자극을 받았다. 개인 전도, 구원의 확신, 양육, 제자훈련 등에 대해 선교단체가 한국 교회에 미친 긍정적인 영향은 결코 과소평가할 수 없다. 특히 청년대학부는 이러한 선교단체의 영향을 매우 크게 받았다고 할 수 있다. 성경공부나 일대일 만남, 경건의 시간(QT)에 대한 강조, 세계선교에 대한 비전 등을 그 예로 들 수 있을 것이다. 반면에 선교단체의 부정적 영향으로는, 교회관의 약화, 신학적 깊이의 부재, 교리적 틀의 상실과 성례 및 예전에 대한 상대적 무관심 등을 들 수 있다.

그러므로 선교단체의 교육과정만으로는 편협해질 가능성이 있다. 따라서 성인과 노인, 아동을 포함하는 교회 공동체의 교회사적 전통과 신학을 발전시켜 나가면서 선교단체의 신선한 도전을 수용하는 통합적 기독교 교육과정을 만들어 가야 될 것이다.

그밖에도 청년대학부의 교육과정상 통합되어야 하는 영역으로는, 교육방법에서는 강의와 참여의 통합, 조직에서는 임원과 성경공부 인도자의 통합, 성경공부에서는 학년과 단계의 통합 등을 들 수 있다.

교육 방향과 내용 설정

이제 통합적인 기독교 교육의 관점에 따라 구체적인 청년대학부 교육의 방향과 교육내용을 모색해 보려고 한다.

먼저 CCP(Cooperative Curriculum Project)는 그 나름의 교육목적을 분석하여 다섯 가지의 영역으로 범위를 정하였는데, 그 영역과 소주제들은 다음과 같다.

A. 삶과 삶의 정황 : 실존 의미와 경험
- 스스로를 발견하고 수용하는 인간
- 다른 이들과의 관계 안에서 사는 인간
- 인간과 자연질서의 관계
- 사회적인 세력 안에 개입하는 인간
- 변화에 대처하고 절대자에 대면하는 인간
- 일상생활 속에서 인간의 창조성

B. 계시 : 하나님의 자기 현시의 의미와 경험
- 인간이 자기를 초월하며 의미를 추구하려 할 때 말씀하시는 하나님
- 인간을 찾으시는 살아계신 하나님
- 심판하시고 구속하시는 은혜로우신 하나님
- 인간과 함께하시며 통치하시는 하나님
- 성경을 통해 인간에게 말씀하시는 하나님
- 교회를 통해 활동하시는 하나님
- 자연 질서를 통해 인간에게 말씀하시는 하나님

C. 아들 됨 : 구속의 의미와 경험
- 인간을 향한 하나님의 구속적인 사랑

- 하나님의 구속적인 사랑에 대한 인간의 응답

- 그리스도 안에서 새사람 됨

- 그리스도 안에서 자라남

- 기독교 공동체 안에서 정체성을 발견하는 일

- 그리스도인의 소망은 승리하신 하나님께 있다

D. 소명 : 제자도의 의미와 경험

- 책임 있는 결정을 내리도록 부르시는 하나님

- 이웃을 섬기도록 부름받은 존재

- 삶과 일의 청지기

- 기독교적 삶 안에서 훈련

- 세상 안에서 제자직 수행을 위한 연합

- 하나님 나라를 향하여

E. 교회 : 기독교 공동체의 의미와 경험

- 하나님의 사랑 안에서 함께 연합된 경험

- 하나님의 백성 안에서, 그리고 아들을 통해서 계속 역사하시는 하나님

- 사회에 침투하는 교회

- 화해와 구속을 확대해 나가는 일

- 예배하며 사는 교회

- 선교를 위해 움직이는 기독교 공동체

- 사역을 위해 준비하고 교육하는 일

JED(Join Educational Development)는 기독교 교육의 영역을 네 가지

영역	Knowing the Word	Interpreting the Word	Living the Word	Doing the Word
목표	성서의 내용을 알고 성실한 제자로 응답할 수 있게 한다	성서내용에 응답하고 책임 있는 성서해석자가 될 수 있는 능력을 기른다	기독교 공동체의 삶과 선교에 참여할 수 있게 한다	세상을 향한 하나님의 선교를 수행하고 준비하여 경험할 수 있게 한다
학습 기회	지도형식: 성서의 진리를 가르침. 학습환경: 매주일. 옛날식의 교회학교	지도형식: 성서이야기를 가르침. 해석학 방법으로 지도. 학습환경: 교회학교, 퇴수회(retreat).	지도형식: 예배-학습 공동체 안에서의 지도. 기독교적 진리유산을 가르침 학습환경: 회중 안에서 다양한 집단과 배경형성	지도형식: (집단의 인도) 윤리적 행위와 비관적 사고과정과 학습자로서의 지도자 학습환경: 간세대(inter-generation) 강조

로 분류하고 각각의 목표와 학습기회를 제시하였다.

PREM(Presbyterian and Reformed Educational Ministry)은 장로교 전통을 좀더 강조한 커리큘럼으로서, 성서적 기초, 역사적 신앙고백, 공동체적인 성장, 세계교회연합, 사회적인 관심으로 영역을 나누고, 그 내용과 범위를 다음과 같이 제시하였다.

A. 성경

성경의 기원과 본질 / 구약성경 / 신약성경 / 성경공부와 방법

B. 신앙과 교리

하나님 / 예수 그리스도 / 인간의 본성 / 교회의 의미 / 믿음과 자원으로서의 말씀 / 기독교와 다른 철학들 / 세계에 대한 기독교적 해석

C. 신앙생활의 개인적인 경험

예배 / 정신적 육체적 건강 / 청지기직 / 개인 전도 / 여가선용과 레크리에이션 / 직업과 소명 / 우정 / 교육적 문화적 개발

D. 기독교적 가정

성에 대한 기독교적 해석 / 결혼에 대한 준비 / 기독교적 가정의 건설 / 부모됨 / 가정 안에서의 인간관계 / 가정과 공동체의 관계

E. 교회생활

교회사 / 교회의 본질과 프로그램 / 교회의 구성원 / 교회 안에서 그리고 교회를 위한 봉사 / 선교사 파송

F. 사회 문제

유희 / 사회 범죄자들 / 종족, 집단, 타종교와의 관계 / 경제, 정치, 노동, 정부, 교육, 시민정신, 세계질서에 대한 기독교적 원리

G. 세상과의 관계

기회들 / 세계선교 / 세계시민정신 / 에큐메니컬운동

H. 섬김과 교회 지도력

기회들 / 측정과 준비 / 원리와 목표들 / 기술과 방법들

'말씀과 삶' 청년부 커리큘럼은 그 범위를 하나님, 인간, 세계로 정해 놓고 있다. 그 중 하나님 영역은 하나님, 예수, 성령을 포함시켰고, 인간 영역에는 선택, 타락, 구원, 책임을, 그리고 세계 영역에는 윤리,

교회, 청지기, 사회, 역사, 종말, 일치, 희망 등의 주제들을 포함시켰다.

이러한 교회교육의 커리큘럼은 교리적인 면이 강하고 신학적인 주제들이 균형 있게 포함되어 있다는 장점이 있지만, 한 개인이 불신앙의 상태에서 거듭나 구원의 확신을 갖고 계속 성장하는 구원론적인 측면이 약하다고 볼 수 있다.

이 글에서는 이를 보완하기 위해 한 개인의 구원론적인 측면이 상대적으로 강한 선교단체 중에서 네비게이토의 커리큘럼 자료를 참고하였다.

제자훈련을 강조하는 네비게이토의 리로이 아임스가 쓴 〈제자 삼는 사역의 기술〉(*The Lost Art of Disciple Making*)이라는 책에 제자훈련을 위한 교육주제들이 열거되어 있는데, 그 내용은 다음과 같다.

구원의 확신 / 경건의 시간 / 죄로부터의 승리 / 죄에서 떠남 / 그리스도인의 교제 / 성경 / 말씀듣기 / 성경읽기 / 성경공부 / 성경암송 / 말씀묵상 / 말씀적용 / 기도 / 개인 간증 / 그리스도의 주재권 / 믿음 / 사랑 / 혀 / 시간 사용 / 하나님의 뜻 / 순종 / 성령 / 사탄; 당신의 적을 알라 / 죄를 다룸 / 사죄의 확신 / 그리스도의 재림 / 증거 / 양육 / 헌금 / 세계 비전

이런 내용과 자료를 바탕으로 해서 청년대학부 교육과정의 내용과 범위를 설정하면 다음과 같다.

A. 회심과 구원의 확신
복음 / 하나님 / 인간의 죄 / 예수 그리스도 / 구원의 확신 / 하나님과의

관계 / 말씀 / 기도 / 그리스도의 주재권

B. 인격의 성숙과 성화

죄로부터의 분리 / 성령의 열매 / 인격 계발 / 그리스도인의 성윤리 / 시간사용 / 언어사용 / 시험과 승리 / 하나님의 뜻을 발견함

C. 이웃사랑과 사회적 책임

섬김의 도 / 지체의식(대인관계) / 교회의 공동체 / 물질사용 / 이성교제 / 기독교 가정 / 사회 문제와 기독교 / 기독교 직업윤리와 사회윤리 / 현실인식(민족의 과제) / 하나님 나라 운동

D. 문화적 사명

기독교 세계관 / 학문과 신앙 / 직업과 소명 / 생태계의 공해 / 정치, 경제, 문화, 교육, 예술에 대한 기독교적 비평 / 대중매체와 기독교 / 기독교 놀이문화

E. 전도와 세계선교

증거 / 양육의 원리 / 성경공부 인도법 / 제자훈련 / 해외선교 / 종말과 재림

인생의 가장 중요한 시기를 보내고 있는 청년들은 사회에서 기존 체제와 기성세대의 가치관에 적응하지 못하고 있다. 그런데 교회마저 이들에게 무관심하다면 한국 교회는 물론 이 사회의 미래는 어두울 수밖에 없을 것이다.

청년들을 위해 더욱 알찬 기독교 교육을 실현하기 위해서는, 무계획적인 주먹구구식의 청년대학부 교육을 탈피하고, 지나치게 편향된 교육과정을 수정하여 통합적인 교육과정을 이루어나가야 할 것이다.

청년대학부 조직운영의 원리

공 성 식

청년대학부라는 신앙공동체를 날마다 새롭게 하는 것은 하나님의 교회를 섬기도록 부름받은 우리 사역자들에게 주어진 당위의 명령이다. 물론 이것은 사역자 개인의 힘과 능력으로 할 수 있는 일은 아니지만, 하나님께서는 사역자인 우리의 의지와 성실함을 통해서 교회를 새롭게 하기 원하신다.

청년 사역자는 청빙을 받거나 배정을 받거나 간에, 일반적으로 부교역자의 자격으로 청년부를 지도하게 된다. 그리고 처음 청년부에 부임하게 되면 여러 가지 오리엔테이션을 거치면서 자기 나름의 평가를 내리게 된다.

열정이 있는 사역자들이라면 일차적으로 무엇을 느끼게 될까?

'아, 이 청년부는 여러 가지 장점이 많음에도 불구하고 여러 해 동안 묵혀 두어 잡초만 무성해졌구나!'

아마 대부분 이렇게 느끼지 않을까 한다. 그 결과 부임 후 우선적으로 생각하게 되는 고민은 자연스레 이 한 가지에 집중된다.

'과연, 어떻게 하면 이 묵은 청년부를 기경(起耕)할 수 있을 것인가?'

이 시대적 소명은, 교회는 그리스도의 몸으로서 유기체라는 교회론적인 이해와, 개혁된 교회는 날마다 개혁되어야 한다는 교회사적 금언에 비추어 볼 때 절실하게 필요한 것임을 알 수 있다. 한편 대다수 사역자들이 마주치게 될 굳어 있는 기존 교회 청년부의 현실은 이러한 갱신과 기경을 요청하고 있다.

묵은 청년대학부, 어떻게 기경할까?

그렇다면 정말 어떻게 묵은 청년부를 기경해 나갈 것인가? 그것은 어떤 방법이 아닌 목회의 원리와 원칙을 재발견하고 충실하게 그것을 지켜 나감으로써 가능하다고 본다.

'목회' 하면 방법들을 먼저 생각하는 이들이 있다. 그래서 월요일이면 많은 세미나들을 찾아다니고, 거기서 사역에 당장 적용할 수 있는 방법들을 찾는다. 그러나 목회를 위해서 우리가 늘 명심해야 할 것은 '원칙의 재발견' 이다. 해 아래 새 것이 없으므로 성경적인 원칙에 충실하는 것이 가장 좋은 목회의 비결이라 확신한다. 이를 위해서 다음의 세 가지를 새삼 강조하고자 한다.

첫째는 청년들을 향한 사랑이다. 동물도 자기를 사랑하는 사람을 알고 따른다. 청년들을 향한 사랑 없이 목회한다는 것은 자기 기만이다. 사랑만이 돌같이 굳어진 심령을 꿰뚫을 수 있으며, 사랑만이 길바닥같이 굳어진 채 잡초만 무성한 청년부를 갈아 엎을 수 있다.

둘째는 청년부의 나아갈 방향과 목적 설정이다. 목적이 없는 모든 조직은 키 없이 태평양을 항해하는 배와 같으며, 핸들이 고장난 채 질주하는 자동차와 같다. 청년부의 존재 목적은 교회의 그것과 다를 바

없다. 그것은 교회를 향한 하나님의 뜻과 같은 것이다.

셋째는 인내이다. 인내가 없이 이루어지는 일이란 없다. 나의 고향은 농촌이어서 집에 경운기가 있다. 농사에 여러 모로 유익한 그 경운기를 움직일 때 가장 힘든 것은 처음 시동을 거는 일이다. 내가 가지고 있는 모든 힘을 결집하여 크랭크를 몇 바퀴 돌리고 나서야 겨우 시동이 걸린다. 그러나 한번 시동이 걸리고 나면 자동으로 돌아가 힘든 농사일을 감당하게 된다.

청년부 목회도 마찬가지다. 새로운 방향을 설정하고 그 일에 매진하여 어떤 효과가 나타나기까지는, 사역자들에게 인내가 필요하다. 그리고 그 인내는 우리에게 헌신을 요구한다.

하나님의 뜻을 이루어 나가는 청년대학부의 모습을 구체화하는 것, 즉 그 조직과 운영의 꼴을 갖추는 일은 복잡하고도 어려운 작업이 될 것이다. 그리고 각 주체의 상황과 입장에 따라 매우 다양한 그림이 나타날 것이다.

조직은 행사를 치르기 위한 기구이거나 차트를 채우기 위한 그림이 아니라 그 공동체의 내용이다. 이제 각 청년대학부의 현재의 조직운영을 분석하고 효과적으로 재조직하기 위한 몇 가지 기준을 제시하고자 한다. 이는 미국의 목회자요 기독교 교육학자인 진 게츠가 〈현대 교회 성장학〉(*Sharpening the Focus of the Church*)에서 제시한 다이어그램을 청년대학부의 실정에 맞추어 확대한 것이다.

그는 현대적이면서도 효과적인 전략을 개발하기 위해서 세 가지 렌즈를 통한 관찰 방식을 만들어 냈다. 즉 '성경'을 통해 영원한 원리를 발견하고, 과거의 '역사'를 통해 교훈을 찾으며, 현재의 '문화' 속에서 관계를 맺어 나가는 방식을 개발함으로써 사역의 철학을 발전시켜 나가야 한다고 주장했다.

이 글에서는 성경, 역사, 문화라는 세 렌즈를 프리즘으로 사용하여, 각각 몇 가지 스펙트럼을 관찰해 볼 것이다. 그리고 여호수아 6장의 여리고 성 전투에 나오는 이스라엘 백성들의 조직을 통하여 영적인 전투에서 승리하는 조직의 통합적인 성격을 알아볼 것이다. 또한 후반부에서는 청년부의 재정 사용에 관해 진술하였으며, 결론을 대신하여 건강한 청년대학부의 조직운영을 위한 몇 가지 실제적인 지침을 찾아볼 것이다.

건강한 조직운영을 위한 사전 분석

1. 부(部), 기(期), 조(組)

이 세 가지는 하나님의 3대 명령에 담긴 조직운영적 함의라고 할 수 있는 것들이다. 하나님은 인간에게 중요한 세 가지 명령을 주셨다. 그것은 문화명령, 지상계명, 지상명령이다. 이 세 명령은 개인뿐 아니라, 공동체적으로도 지켜야 한다. 특별히 신앙공동체 안에서 이 세 명령을 지켜 나가기 위한 노력이 조직 구조 안에 담겨 있어야 할 것이다.

첫째, 문화명령이다. 창세기 1장 26절부터 28절을 보면, 하나님은 인간을 만물의 영장으로 창조하시면서 자신을 대신하여 피조계를 다스릴 권한을 부여하셨다.

"생육하고 번성하여 땅에 충만하라. 땅을 정복하라. 모든 생물을 다스리라"는 이 명령은 타락 이후에 왜곡되었지만, 본질적으로 세상을 향하여 하나님의 백성들이 가지는 사역 관계를 함축하고 있다. 이 하나님의 명령을 청년대학부 조직운영으로 수용한다면, '사역 구조로서의 부(部)'에 해당한다고 하겠다. 즉 임원들을 포함하여 대외적인 봉사, 전도, 선교 등 사역을 위한 조직(해외선교부, 사회봉사부, 전도부 등)이 청년대학부에는 필수적이다.

둘째, 지상계명이다. 마태복음 22장 34절에서 40절을 보면, 한 율법사가 예수님을 시험하기 위해 "율법 중에 어느 계명이 크니이까?" 하고 질문을 던지는 장면이 나온다. 이 질문에 대한 답변으로 위대한 지상계명, 즉 "네 마음과 목숨과 뜻을 다하여 하나님을 사랑하고, 네 이웃을 네 몸과 같이 사랑하라"는 말씀이 주어졌다. 자신 이외의 타자를 향한 사랑, 이것은 인간 관계에서 가장 중요한 덕목이라 할 것이다.

이 계명을 청년대학부의 조직으로 수용한다면, '관계 구조로서의 기(期)'에 해당한다고 하겠다. 하나님과의 관계 증진뿐 아니라, 청년부 내부적으로 부원 사이의 관계 증진을 위한 조직 구조가 있어야 할 것이다. 동질성을 중심으로 하는 조직으로 같은 캠퍼스, 같은 직장(신우회), 같은 전공 등이 있겠지만, 무엇보다도 '영생 동지'로서의 동기모임이 가장 효과적이라 하겠다.

셋째, 지상명령이다. 마태복음 28장 16절부터 20절에서 예수님이 승천하시기 전 유언처럼 주신 이 명령은, "삼위일체 하나님의 이름으로 세례를 주면서, 주님께서 분부한 명령을 지킬 때까지 가르치면서 모든 족속으로 제자를 삼으라"는 것이다. '제자 삼기'에 대한 이 명령은 '전도'와 '교육'을 포괄하는 것으로서, 청년대학부 안에 '양육 구조로서의 조(組)'가 포함되어 있어야 함을 의미한다. 이 경우 청년대학부 안에서 양육을 위한 여러 규모의 모임이 가능할 것이다. 그 중에서도 3-12명으로 구성된 소그룹(조)이 청년대학생들에게 가장 효과적이라 할 수 있겠다.

사역 구조로서의 部, 교제 구조로서의 期, 양육 구조로서의 組, 이 세 가지는 청년대학부 안에 항상 있어야 하지만, 그 중에서도 가장 우선적인 것은 '양육 구조로서의 조'이다. 신앙공동체 내의 조직은 모두 영적이어야 하지만, 그 중에서도 청년대학생들의 연령기적 특성상 양육이 우선되어야 한다는 것은 나의 확고한 생각이다.

2. 청년대학부의 5대 사명

교회에는 감당해야 할 사명이 있다. 일반적으로 다섯 가지로 알려져 있는데, 그것은 예배, 전도, 교육, 친교, 봉사이다. 이는 신앙공동체 일반에 해당하는 것이므로 청년대학부에도 어떠한 형태로든지 이 다섯 가지가 모두 나타나 있어야 한다.

첫째, 예배이다. 청년대학부의 정기 모임을 '예배'라고 부르건 '집회'라고 부르건 간에, 청년부 안에서 가장 중요한 시간은 이 예배이다. 그래서 청년부 조직 안에 이 예배를 위한 배려가 반드시 있어야 한다. 여기서 무엇보다 우선되어야 하는 것은, 예배를 위한 기도 모임이다. 조장이나 임원들이 한 자리에 모일 때나 공동체 기도 시간을 통하여 꾸준하게 기도해야 한다. 그리고 앞에 나서서 예배를 섬기는 사람들(찬양팀, 사회자, 기도자, 성가대, 설교자, 헌금 담당자, 안내 등)은 모두 자기가 맡은 사역과 관련하여 전문가로서 철저하게 준비되어 있어야 한다.

둘째, 전도이다. 청년대학부의 존재 이유는 전도와 선교이다. 그러므로 청년대학부는 전도와 선교를 위한 공동체로서 자리매김 되어야 한다. 어느 교회나 청년대학부의 목표, 조직, 프로그램, 재정에 전도 및 선교와 관련된 요소는 항상 포함되어 있게 마련이다.

셋째, 교육이다. 양육과 훈련 전체를 감당하는 조직이 있어서 교역자와의 긴밀한 논의 속에서 청년부를 영적으로 무장시켜 나가야 한다.

전체 양육 구조뿐 아니라 조장모임, 예비조장훈련, 제자반 등을 통해 청년대학생 지도자 양성을 위한 구조를 공동체 나름대로 구축해야 한다.

넷째, 친교이다. 성령 안에서 아름다운 성도의 교제를 나눌 수 있도록 지도하되, 특별히 다윗과 요나단의 관계처럼 신앙공동체 안에서 평생을 같이 할 우정관계를 발전시켜 나가도록 또래모임이나 관심자모임을 활성화해 나간다.

다섯째, 봉사이다. 청년들의 잠재적 에너지를 발현할 수 있는 사역의 장을 열어 주는 것이 중요하다. 지역 사회를 위한 봉사 프로그램이나 보육원, 양로원, 장애 시설 등의 사역과, 성경학교, 전도집회, 농촌 활동을 겸한 농어촌 선교 프로그램 등을 시행하는 것이 좋다.

3. 청년대학부를 구성하는 3대 그룹

일반적으로 신앙공동체에는 대·중·소규모의 세 종류 모임이 있다. 칼 조지는 그의 책 〈메타 교회〉에서, 능력 있는 미래 교회가 되기 위해서는 전통적인 부서 중심의 교회에서 점차 소그룹을 기초 조직으로 하는 공동체를 이루어 나가야 한다고 했다.

청년대학부도 세 가지 그룹으로 나눌 수 있다.

첫째, 대그룹이다. 일반 교회와 마찬가지로, 청년부 전체 예배나 집회를 대그룹이라 할 수 있겠다. 이 모임을 통해서 개인적인 친분을 나누는 교제를 갖기는 어렵지만, 죄사함의 기쁨과 은사 발휘와 함께 모두가 참여하는 축제가 되어야 한다. 이를 위해서 세부 사항까지 기획하고 준비해야 한다.

둘째, 중그룹이다. 지역 교회의 각종 선교회나 주일학교에 해당하는 이 그룹은 서로 어느 정도 아는 사이로 발전한다. 청년부의 또래모임이나 각 부서별 모임이 이에 해당될 것이다.

셋째, 소그룹이다. 각자의 신앙과 삶을 나누는 공동체 안에서 가장 작은 단위 조직이다. 조(組)나 순(筍) 또는 셀(Cell) 등 이름은 다양하지만, 공통점은 양육을 중심으로 교제와 사역을 함께 해 나가는 모임이라는 것이다. 후기산업사회가 되어 개인주의 문화가 심해질수록, 가장 작은 공동체의 중요성이 더해 갈 것으로 보인다. 따라서 청년들은 이 안에서 인정받고 세움을 입으며 자라나게 될 것이다.

조직운영을 위한 역사적 고려사항

1. 전통적인 수직 구조에서 탈피

전통적인 장로교의 조직은 일반적으로 아래에 나오는 그림과 같다. 이러한 조직은 당회로부터 남녀 전도회, 청년회, 주일학교에 이르기까지 광범위하게 구성되어 있다.

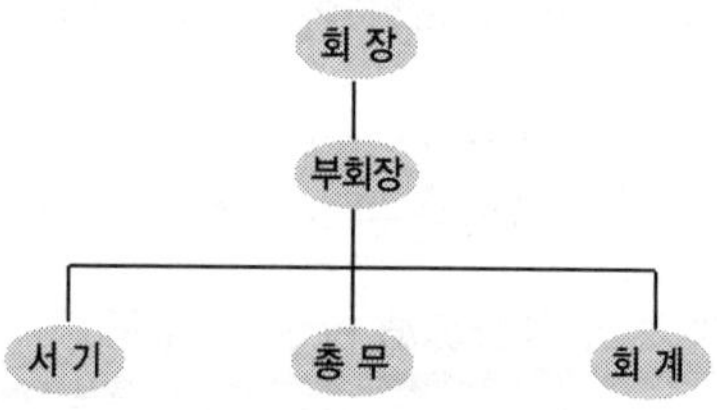

이러한 조직은 21세기를 앞둔 청년부의 조직으로 잘 맞지 않는 것이 사실이다. 그래서 이원화된 조직구조를 갖추기도 한다. 더욱이 위의 조직은 상당히 수직적이어서 청년들에게 적합하지 않다. 그리고 청년들의 모임이 어떤 교회에서는 교육 중심의 '부' (部)이고, 어떤 교회에서는 친교나 사역 중심의 자치적인 '회' (會)로 존재하기도 한다.

그런데 청년들은 수평적인 조직구조에 익숙하다. 그리고 현대 교회의 사역을 담아내려면 다른 구조가 필요하다. 더욱이 작은 교회라면 이러한 수직적인 조직구조는 효율성이 떨어진다. 따라서 기존 조직을 새로이 구성해야 한다. 가급적이면 기존 조직을 살리면서 재정비하는 것도 하나의 전략이다. 서기는 문서부장으로, 회계는 재정부장으로 명칭을 바꾸고, 그 외에 필요한 조직을 부로 편성하면 된다.

회장을 행정부 전체를 총관(總管)하는 행정부장으로 하고, 부회장은 일반적으로 자매 리더십을 세우는데, 재정부장이 그 역할을 대신할 수 있다. 가급적 '부'는 적게 하고, 부 산하에 '팀'을 두어 사역을 감당하게 한다.

2. 청년대학부 규모별 특성 이해

청년대학부의 규모 역시 조직을 구성하는 데 중요한 변수가 된다. 아이가 성장하면서 그 옷의 크기를 달리 하듯이, 청년부도 규모에 따라 조직의 옷을 달리 해야 하는 것이다. 청년대학부의 규모를 편의상 다섯 단계로 나누어 보았다.

첫 단계는 '개척 청년부'(1-15명)이다. 이 때는 가급적 직책이나 부서를 만들지 말고, 사역자의 주도 아래 두세 명의 소그룹 리더를 키우는 데 주력한다.

둘째 단계는 '소형 청년부'(16-45명)이다. 이 시기는 4-5명의 임원, 5-6명의 순장, 2-4명의 순장예비모임 등을 통해 조직을 형성하는 과정이다. 여기에서 가장 중요하고 힘든 것이 각 직분의 개념과 철학을 뿌리 내리게 하는 일이다. 끊임없이 반복적인 교육이 필요하며, 훈련된 자가 아름답게 성숙한 모습을 계속 보여 주는 것이 중요하다.

셋째 단계는 '중형 청년부'(46-120명)이다. 경험상 심리적 성장 한계선인 50명을 돌파하면서 공동체가 한창 성장하는 재미를 맛보는 시기이다. 구성원 전체를 알 수 있는 시기로, 청년부 리더의 성숙보다는 청년 사역자의 역량이 여전히 중요한 역할을 감당한다. 지속적인 성장을 위해서는 교회 전체적인 성장과 함께 청년부에 대한 관심과 배려가 필요하다. 청년부 자체로는 성장의 조직화가 필수적이다. 조장들의 충분한 훈련과 영적인 세대 교체에 성공해야 할 뿐 아니라, 교역자의 역할 부담을 줄이고 엘더(elder)나 간사 등의 선배 리더십을 성공적으로 활용해야 한다.

넷째 단계는 '대형 청년부'(121-320명)이다. 45명까지는 "우리는 안 돼!" 하는 부정적인 심리가 지배적이라면, 120명까지는 "우리끼리 좋사오니" 하는 '변화산 신드롬'이 한계로 나타난다. 소위 '친교 과잉증'(Koinotisis)을 극복하고, 소그룹 중심의 양육구조가 자리를 잡으면 지속적으로 성장하게 된다. 여기서는 교회 전체의 지속적인 성장 역시 중요한데, 이는 부서와 교회가 균형을 맞추어 나가야 하기 때문이다.

다섯째 단계는 '초대형 청년부'(321명 이상)이다. 초대형 청년부는 일반적으로 초대형 교회를 모체로 한다. 다양한 확장 사역이 가능하며, 구조조정 — 가령, 캠퍼스나 직장 등 현장 중심의 분할이나 통합 — 을 통하여 변화를 꾀하면 더욱 성장할 수 있다.

3. 연령기적 특성 이해

인생을 살면서 각 연령기마다 풀어야 될 숙제가 있다. 이름하여 '발달 과업'인데, 20대의 청년시기는 '초기 성인기'로서 신체적 발달, 인지적 발달, 정서적 발달, 사회적 발달, 도덕적 발달, 영적 발달 등을 이루어 나가야 한다. 이러한 각 발달 국면에 불균형이 생길 때 여러 가지 병리 현상이 나타나게 된다. 그 중에 최근 가장 많은 관심을 모으는 것이 '성인아이' 문제이다.

청년들의 발달 과업을 잘 이해하는 것은 청년부의 교육과정(커리큘럼) 편성 및 조직운영에 많은 시사점을 제공해 준다. 사역자들의 일반적인 경험은 '청년들이 너무 어리다' 는 것으로, 헌신을 요구하고 지도하기가 쉽지 않은 상황이다. 그러므로 조직상 예전에 비해서 특정인에게 지나치게 책임이 집중되지 않도록 배려해 주어야 한다.

앞서 말했듯이, 청년들은 아동기에서 청소년기를 거쳐 초기 성인기로 진입한 사람들이다. 신체적으로는 이미 충분히 성숙하였고, 정서적으로도 상당수 사춘기를 겪어 안정을 경험하고 있다. 그러나 교육구조상으로는 고교를 졸업하기까지 '아동교육학' 에 머물다 일시에 '성인교육학' 으로 넘어가게 된다.

대학에 들어간 청년들은 자유와 책임이 함께 주어진 대학생활에 잘 적응하지 못하며, 진학하지 못한 청년들에게는 시행착오를 경험할 틈도 주어지지 않은 채 '사회' 라는 정글 속에서 생존을 위한 투쟁 대열에 참여하게 된다. 더욱이 입시 중심의 파행적인 교육으로 인해 교회의 신앙 교육마저 멍들어 있는 상황에서 청년부에 올라오게 되면 이 모든 책임과 욕구가 한꺼번에 분출된다.

그러므로 청년기에는 수직적인 아동교육학과 함께 수평적인 성인교육학의 개념을 가지고 접근해야 하다. 즉 진리와 삶의 포괄적인 체계를 습득하게 할 뿐 아니라, 순간순간 다가오는 삶의 문제와 위기에 대한 해결을 추구하는 접근 방법이 필요한 것이다.

조직운영을 위한 문화적 고려사항

1. 상부구조로서의 교회 지도력 이해

어차피 청년대학부는 지역 교회 안에서 하나의 하부구조이다. 그러므로 청년대학부를 효과적으로 운영해 나가기 위해서는 소속된 교회를 잘 이해하고, 특별히 교회 상위 리더십들의 스타일을 잘 이해하는 것이 중요하다.

청년대학부 성장에서 가장 중요한 것이 담임목회자의 지도력 유형이다. 부흥하는 청년대학부의 배후에는 언제나 청년대학생들을 끌어안는 담임목회자의 포용력이 있다. 담임목회자와 관련하여 다음과 같은 세 가지 지도력 유형이 청년대학부를 활성화하는 데 대단히 중요하다.

첫째, 개방형이다. 일반적으로 담임목회자의 지도력 유형이 권위주의적이기보다는 개방적일 때 청년대학부는 성장한다. 권위주의와 권위는 같지 않다. 권위주의에서는 폐쇄적인 지도력이 나타나지만, 권위는 지도력 유형이 개방적이냐 폐쇄적이냐 하는 문제와 무관하게 존재한다. 특히 현대의 청년들은 그 어느 때보다 권위주의적인 스타일보다 친구 같은 관계를 선호한다.

둘째, 권한위임형이다. 청년대학부가 성장하는 교회의 담임목회자는 청년대학부 지도교역자와 청년대학생들이 자신들의 잠재력을 발휘할 수 있도록 최대한 권한을 위임한다. 청년들은 자신들이 참여할 수 있는 공간이 주어질 때 최선을 다해 헌신한다.

최근에 '청년 예배'니 '청년 교회'니 하는 개념들이 등장한 것은 상당히 고무적이지만, 책임과 함께 권한을 전적으로 위임하지 않는다면 아무 의미가 없다. 요셉이 젊은 나이에 총리로 성장할 수 있었던 것은 보디발(창 39:6)과 전옥(창 39:22), 그리고 바로(창 41:40)마저 요셉에게 모든 것을 맡기는 '위임'을 통해서 지도력을 훈련했기 때문이다.

청년들에게 실수할 수 있는 기회를 줘 보라. 작은 일의 실수는 큰 일의 실수를 예방할 것이고, 장기적으로 교회와 하나님 나라를 위해 효율적일 것이다.

셋째, 울타리형이다. 담임목회자가 청년대학부의 대내외적인 울타리 역할을 감당할 때 청년대학부는 성장한다. 왜냐하면 결국 청년대학생들은 담임목회자의 목회 영역 안에 있는 양들이므로 그 품 안에서 자라나기 때문이다. 따라서 혹 외부의 어떤 견제나 시기, 위협이 있을 때 보호할 수 있어야 한다.

특히 청년들이 자라날 수 있도록 목회철학적인 소신을 가지고 청년들을 위해 배려할 필요가 있다. 교회 봉사에 당장 필요가 있다고 해서 준비도 안 된 청년들을 쓰기 편한 대로 투입하다 보면, 한두 해 지나 탈진하고 마는 경우들을 너무나 자주 보게 된다. 지금 춥다고 해서 당장 베어다가 군불을 지피기보다는 동량(棟樑)으로 자라도록 조금만 더 기다리는 담임목회자의 넓은 아량과 지도력이 아쉽다.

담임목회자와 함께 청년대학부에 지대한 영향을 미치는 사람이 평신도 지도자들이다. 흔히 좋은 정책을 세우고 일을 추진해 나가는 중에 장로나 권사들의 대책 없는 말 한 마디로 청년들이 고통을 겪는 경우들을 종종 접하게 된다. 이 경우, 특별히 청년대학생 자녀를 둔 교회 중직자들의 지도력 유형과 영향력을 잘 분석하여 적절하게 대처할 필요가 있다. 만날 때마다 청년들의 등을 두드려 주고, 가끔 청년들에게 피자 한 판이나 음료수 하나씩이라도 돌릴 줄 아는 교회의 제직들이 있다는 것은 그 얼마나 복인가! 자식을 사랑하여 모든 것을 아낌없이 주는 부모의 심정으로 믿음의 자녀, 신앙의 차세대들을 격려하고 사랑하는 이들이야말로 진정한 평신도 지도자들이다.

2. 각 교회에 맞는 프로그램 전략

각 교회마다 그리스도의 몸으로서 그 나름대로 독특한 역사와 경험들을 공유하고 있다. 그러므로 지역 교회에서 청년대학부 사역을 튼실하게 뿌리내리기 위해서는 특정한 방법론이나 프로그램을 고집할 것이 아니라 교회의 특성에 맞게 전략을 세우고 프로그램을 개발해야 할 것이다. 특히 전 교회적인 차원에서 시행하는 프로그램과 연결시켜 진행해 나간다면 효과적일 것이다.

이를테면, 교회에 전도 행사가 있을 때 그 시점에 맞추어 청년대학부에서도 전도 행사를 시행하면 교회나 청년들 모두를 위해서 좋을 것이다. 또 교회에서 신년맞이 특별새벽기도회를 갖는데 직장인들을 위해 식사를 제공한다면, 청년대학부는 그 기도회와 식사를 마친 후 성경읽기를 비롯한 다양한 프로그램을 시행할 수 있다.

한편 이른바 '열린예배'나 음악, 악기 등의 사용과 관련해서는 각 교회에서 인정할 수 있는 범위에서 시도하고 적용해 나가야 한다. 물론 어느 정도는 시험적이고 도전적일 필요가 있지만, "도저히 못 참겠다, 용납할 수 없다"는 반응이 나올 정도여서는 안될 것이다.

3. 청년들을 위한 공간과 기자재 구비

청년들에게는 아지트, 즉 청년들만이 마음껏 활용할 수 있는 공간이 필요하다. 이를 위해 교회의 공간 활용을 면밀히 검토하여 청년들의 성경공부, 교제, 기도회에 필요한 공간들을 확보해야 한다. 또한 영상

세대들을 섬기기 위해 필요한 멀티미디어용 기자재들을 구비하는 일에 전 교회적인 관심을 가지고 협력해야 한다.

그러나 '목마른 사람이 우물 판다'는 옛말처럼 꼭 필요한 것이 있다면 청년들이 몸소 헌신할 수 있는 계기를 마련해 주는 것도 좋다. 그리고 기자재 사용시 교회 안에 있는 문화적 심리적 장벽들을 손상하지 않는 지혜가 필요하다. 가끔 청년들은 '우리가 필요해서 우리 돈 주고 사서 마음대로 쓰고자 하는데 (사 주지도 않으면서) 왜 가로막느냐'는 식으로 말하기도 하는데, 이는 전 교회적인 차원에서 아무 이득이 되지 않는 태도이다. 사전에 충분한 분석과 검토를 통해 조율하는 지혜가 필요하다.

4. 공동체 문화 형성

이 시대의 문화 토양은 개인주의, 상대주의, 혼합주의이다. 이는 청년들과 청년대학부 구조 안에서 언제나 볼 수 있는 모습이다. 그러나 인간은 공동체적 존재로 지음 받았다. 아무리 개인주의적인 사람에게도 공동체가 필요하다.

성경적인 관점은 인간의 개인주의와 공동체주의가 시소처럼 균형을 이루어 나가는 것이다. 청년부 안에서 개인주의를 넘어서는 따스한 공동체 문화를 형성할 때 많은 청년들이 몰려올 것이다. 이 경우, 특별히 유학생이나 하숙 및 자취자, 미혼자들에 대한 목회적 돌봄이 필요하다.

5. 리더십 발휘를 위한 목회적 배려

이 시대는 리더십 부재의 시대이자, 역설적으로 리더십 발휘의 기회이다. 더욱이 청년기는 리더십을 배울 수 있는 최고의 기회이다. 따라서 구조적으로 청년들의 자발적인 리더십이 발휘될 수 있도록 판을 짜야 한다. 그러므로 청년 리더들을 키우고자 하는 교회 전체의 목회적 배려가 구체적인 프로그램 가운데 나타나야 한다.

여리고 전투단에서 배우는 조직운영

지금까지는 청년대학부의 조직구성을 위해 어떤 요소들을 중점적으로 고찰해 보아야 할 것인지 살펴보았다. 성경 원리, 역사, 문화의 세 측면에서 드러난 세 가지 요소들을 가지고 각 청년대학부를 분석적으로 검토해 보면, 그 나름대로 적용할 수 있는 아이디어들을 발견할 수 있을 것이다.

그러면 이제 여호수아서 6장에 기록되어 있는 여리고 성 전투를 통하여 이스라엘 백성들의 승전적 조직을 통합적으로 살펴보자.

여호수아서는 구약의 사도행전으로서, 하나님의 백성들이 일치된 마음과 조직으로 영적인 전투에서 지속적인 승리를 쟁취해 나가는 과정을 기록한 멋진 승전보이다.

특히 6장에 기록된 여리고 전투는 정복전쟁의 첫 싸움이라는 의의와 함께, 그 조직과 전투방법까지도 하나님께서 세세하게 일러 주시고 친히 주관하신 전쟁이라는 의미가 있다. 결국 모든 그리스도인들의 삶은 영적인 전쟁으로, "사령관이신 하나님"(수 5:14)과 함께할 때 승리하는 삶을 살 수 있다.

여리고 전투에 나선 이스라엘의 전투 조직이 오늘날 우리의 청년대학부에 시사하는 바는 무엇일까? 다음에 나오는 표를 중심으로 살펴보자.

여리고 전투단과 청년대학부

여리고 전투단	위치	도구	역할	미덕	리더십	청년대학부
무장한 자	선봉	무기	앞장 서기	무장	진취적	임원
제사장	중심	양각나팔, 언약궤	진행, 속도 조절	임재	향도적	조장(리더)
백성(후군)	후미	목소리, 무기(?)	참여	순종	지원적	조원(멤버)
여호수아	기록 없음	기록 없음	비전과 조직	교통	종합적	청년 사역자

1. 여호수아 vs. 청년 사역자

여호수아 5장 13절부터 15절의 기록에서 보는 바와 같이, 하나님께서 여호수아를 쓰시기 위해 먼저 요구하신 것은 '거룩'이었다. 이는 전쟁의 승패가 하나님과 이스라엘 백성 사이의 친밀한 관계에 달려 있었기 때문이다. 즉 하나님께서 이 전쟁에 깊이 관여하실 수 있도록 얼마나 친밀한 교제 가운데 머무는지가 중요한 관건이었던 것이다.

여호수아에게 주신 하나님의 작전명령은 간단명료하면서도 충분한 것이었다. 여호수아는 하나님의 말씀을 받들어 그 명령을 더욱 구체화하고 현실화하기 위한 조직화 작업을 하였다(6:6, 7). 하나님의 계획에 죄악되거나 불필요한 것들을 덧붙이는 것은 잘못이지만, 하나님의 뜻을 더욱 잘 드러내고 실현하기 위해서 이성을 사용하여 세밀하게 기획하는 것은 지도자의 중요한 역할 가운데 하나인 것이다. 그리고 여호수아는 하나님으로부터 받은 바 비전을 모든 백성들에게 전달하였다. 이른바 '비전의 공유'인 것이다.

도표에서 보는 대로 이스라엘 백성들은 각기 서야 할 위치가 분명한데, 여호수아는 특별하게 그 위치가 기록되어 있지 않다. 일차적으로 생각해 볼 수 있는 것은, 주로 제사장 무리와 함께했을 것이라는 점이다. 성을 돌던 엿새 동안도 하나님의 임재의 상징인 법궤와 함께하며 이스라엘의 행군 속도를 조절해 나갔을 것이다. 제 칠일에 온 이스라엘이 성으로 진군하는 "외치라"는 돌격명령을 내릴 때 제사장의 나팔 소리가 그 신호가 된 것을 보면 알 수 있다(6:20). 그러나 또 한 가지 생각해 볼 수 있는 것은, 여호수아는 제사장 곁에만 붙어 있지 않고 전후좌우로 부지런히 움직이면서 그들의 필요를 채워 주며 격려하는 일들을 감당했을 것이라는 점이다.

2. 제사장 vs. 조장(리더)

여리고 전투단의 핵심은 이들 제사장들이었다. 제사장들은 하나님의 임재를 상징하는 언약궤를 메고 있었고, 일곱 제사장은 양각나팔을 불며 전체적인 진행을 주관하였다. 제사장들은 전체 백성들의 향도 역할을 감당했으며, 특히 언약궤를 메는 일이나 나팔을 부는 일은 모두 공동체로서의 분명한 의식과 팀웍이 없으면 힘든 일이었다.

이와 마찬가지로 청년부를 움직이는 것도 다름아닌 조장(리더)들이다. 이들은 청년 사역자의 지도를 받으며, 날마다 약속의 말씀들을 묵상하는 가운데 하나님의 임재를 경험하고, 그것을 여러 회원과 청년부원들에게 전하는 것을 사명으로 한다.

3. 무장한 자 vs. 임원

어느 조직이나 앞장서서 이끄는 자들이 있어야 한다. 여호수아는 백성들 중에서 몇 명을 뽑아서 무장시켜 선봉에 세웠다. 무엇보다도 중요한 것은 무장한 자들을 전면에 세움으로 이들의 행보가 전쟁 그 자체라는 것을 보여 주고 있다는 점이다.

이들은 청년대학부의 임원들에 견줄 수 있을 것이다. 어떤 기준으로 선발했는지는 알 수 없으나 그 나름의 분명한 기준이 있었을 것이다. 그리고 구체적인 선발 방법도 기록되어 있지 않지만, '전시 상황'에서 긴 시간을 들여서 투표하지는 않았을 것이다. 아마도 가장 적절한 사람을 여호수아가 지명하여 세웠을 가능성이 크다. 이들에게 가장 중요한 것은 '무장'이었다. 그들은 어떤 어려움과 적의 공격에도 굴하지 않을 수 있도록 온전히 무장하였다. 무장한 사람만이 상처입거나 사망하지 않는다.

이들에게는 진취적인 지도력 유형이 필요하다. 과거만을 답습하거나 자기 몸을 사리며 움츠르드는 자들은 적합하지 않다. 그러나 한 가지 중요한 것은 그들이 선봉에 서 있다고 해서 공동체의 전반적인 흐름을 주도하거나 이끄는 자들이 되어서는 안 된다는 사실이다. 그것은 제사장들의 몫이다. 영성과 행정은 구분될 필요가 있으며, 이 둘 사이의 차이점을 분명하게 주지시킴으로써 불필요한 갈등과 주도권 다툼이 일어나지 않도록 해야 한다.

4. 백성(후군) vs. 조원(멤버)

이스라엘 모든 백성들은 '군사'였다(6:3). 뒤따르는 백성들 역시 군사였다. 특별히 성경은 이들을 "후군"이라고 했다(6:9,13).

이들은 오늘날 청년부의 일반 회원들이라 할 수 있겠다. 이들에게 중요한 것은 참여이며 순종이다. 침묵해야 할 때 침묵하고, 소리질러야 할 때 소리지르는 것이 이들의 책임이다. 그렇게 함으로써 이들은 하나님의 위대한 역사에 동참하게 된다. 그러하기에 이들을 절도 있는 군사로 훈련하는 것이 중요하다.

청년대학부가 이상과 같은 조직으로 그 꼴을 갖추어 갈 때 승리하는 조직이 될 것이다. 이 땅의 그리스도인들은 승리를 위해 부르심을 받았다. 영적 승리는 언제나 군사령관이신 하나님의 뜻을 충실하게 실행해 나가는 영적 전투단 위에 머물 것이다.

조직운영을 위한 재정 관리

1. 재정 수입 유형

첫째, 교회지원형이다. 일반적으로 청년대학부가 교회의 교육부서로 자리매김되어 있는 경우, 재정 수입은 교회지원형의 성격을 띠게 된다. 청년대학생들이 드리는 헌금은 교회의 전체 재정으로 들어가고, 교회는 청년대학부 앞으로 일정한 예산을 편성하여 그 범위 내에서 매주 필요한 재정을 수령한다.

교회지원형의 장점은 교회가 청년들을 교육의 대상으로 인식하여 전적으로 지원한다는 점과, 게토화 되기 쉬운 청년들로 하여금 교회의 일원이라는 정체성을 갖게 해 준다는 점이다. 그리고 안정적인 재원 확보와, 청년들로 하여금 주어진 예산을 활용하는 방법들을 배우게 한다는 점이다.

둘째, 재정독립형이다. 이 유형은 청년대학부가 하나의 분명한 자치회의 성격을 가지는 경우이다. 청년들은 십일조와 감사헌금을 비롯한 모든 헌금을 청년대학부 앞으로 드리며, 청년대학부 회계는 그 헌금을 자치적으로 관리한다. 재정독립형의 장점은 청년들로 하여금 주인의식과 애착을 가지게 한다는 데 있다. '우리 청년부'라는 의식을 가짐으로써 청년부의 사역에 필요한 것들을 자발적으로 채우려는 열심을 가지게 되고, 따라서 청년 사역이 좀더 역동적이 될 수 있다. 그리하여 청년들에게 예산의 편성 및 집행에 대한 산 교육을 할 수 있다.

셋째, 절충형이다. 이 유형은 교회지원형과 재정독립형의 중간 형태이다. 청년들은 십일조, 감사헌금, 절기헌금 등 기본적인 헌금은 교회 앞에 드리고, 교회는 청년대학부의 일정 예산을 편성한다. 그러나 청년부에서 정한 일정한 회비, 선교나 구제 헌금, 감사헌금 일부, 특별행사나 비품을 구입하기 위한 특별헌금은 청년부 자체적으로 드리고 지출할 수 있도록 한다. 이 유형은 앞에서 말한 두 유형의 장점을 충분히 살려 나갈 수 있는 바, 이미 많은 교회들이 채택하고 있다.

2. 재정 수입원

첫째, 일반헌금을 들 수 있다. 이것은 십일조, 감사헌금, 절기헌금 등으로 재정독립형이 아닌 이상 교회로 귀속시킨다.

둘째, 회비가 있다. 매달 일정액을 정하되, 부담되지 않는 범위 내에서 전 회원이 동참할 수 있도록 한다.

셋째, 감사헌금이다. 특별히 청년대학부 안에서 감사한 경우로 제한한다.

넷째, 특별헌금이 있을 수 있다. 전도집회나 수련회, 연합대회 같은 특별행사나, 비디오 카메라, 컴퓨터 등의 특별비품을 구입하기 위한 헌금이다.

다섯째, 선교헌금이다. 청년대학부 차원에서 해외 및 군 선교 등을 위해서 드리는 선교헌금을 말한다.

여섯째, 구제헌금이다. 청년대학부 대내외적인 나눔을 위한 헌금이다.

일곱째, 찬조금이 있을 수 있다. 큰 행사를 위해 대내외적으로 협조를 구한다.

끝으로 기타 잡수입이 있을 수 있다.

3. 재정 지출

지출 계획은 행사를 기준으로 하기보다 청년대학부의 다섯 가지 사명(예배, 교육, 교제, 전도, 봉사)을 기준으로 세우는 것이 바람직하다. 특별히 규모와 상관 없이 자체적인 지출 절차와 보고서 작성에 대한 기준을 마련하는 것이 필요하다.

조직운영을 위한 몇 가지 실제적 지침

첫째, 간단하고 느슨하게 조직하라. 18명 출석하는 공동체에 12명이 임원이라면 누구라도 웃을 것이다. 사람을 위하여 자리를 만들어도 안 되지만, 자리를 먼저 만들어 놓고 사람을 채우는 것도 바람직하지 않다. 기본적인 조직은 언제나 작고 느슨하게 하고, 특별한 일들을 위해서는 '소위원회'를 만들어 활용하면 좋을 것이다.

둘째, 정기적으로 사역 철학을 점검하여 우선순위를 놓치지 말라. 책으로 쓸 만큼 탁월하지는 못하더라도, 청년 사역자 자신의 사역 철학을 정리하여 문구로 만들어 보라. 그런 다음, 모든 청년들과 함께 이것을 공유하라. 사역 철학에 따라 우선순위를 세우되 정기적으로 사역 철학과 우선순위를 점검하라. 릭 워렌은 '느헤미야 원리'라 하여 적어도 한 달에 한 번은 되새겨야 한다고 했다.

셋째, 신앙공동체 안의 모든 조직은 영적 조직이다. 양육 조직뿐 아니라 사역이나 친교 중심의 모든 조직에도 영적인 요소를 고려해야 한다. 즉 주보를 만들기 위한 모임에서도 서로를 격려하고 세워 주는 일들이 필요하며, 영적으로 성숙하기 위한 경건의 시간이나 소책자 나눔이 필요하다.

넷째, 자격 있는 사람들에게 온전히 위임하라. 일을 많이 맡기는 사람이 가장 큰 일을 하는 사람이다. 자신의 한계를 아는 사람이 일을 맡길 줄 아는 겸손한 사람이다. 그러나 자격 있는 사람에게 일을 맡겨야 한다. 그렇지 않고 조직에 사람을 끼워 맞추는 식으로 일을 맡기다 보면 사람도 잃고 사역에도 실패한다.

다섯째, 문제 발생 시 성령의 인도를 구하며 우선 감정을 해결하라. 문제는 언제나 어디에나 늘 있다. 문제가 발생했을 시에는 사람을 만나기 앞서 성령님의 인도를 구하라. 하나님께서 주시는 참된 지혜가 아니면 제대로 풀리지 않을 것이다. 그런 뒤 사람을 만나 풀어가되, 이성보다는 감정을 우선 해결하라. 머리로는 이해되어도 가슴으로 용납되지 않으면 문제가 풀린 것이 아니다.

여섯째, 인간의 한계를 뛰어넘어 역사하시는 하나님을 기대하라. 청년대학부의 조직운영에서, 인적 물적 자원을 가지고 합리적으로 일하는 것은 중요하고 필요하다. 그러나 이 때, 청년대학생들로 하여금 우리를 사랑하시며 인도하시는 신실하신 하나님을 알아갈 수 있도록 조직운영에도 그 여지를 남겨두는 것이 중요하다.

사역의 목표와 기대를 한 차원 높게 잡으라. 절대로 돈이 사역을 결정짓지 못하게 하라. 사람에 대해 포기하지 말고, 언제나 변화의 가능성을 열어 놓으라. 그리고 '결코' 눈에 보이는 잣대로 성공을 재지 말라.

청년 목회는 가장 쉬운 사역이다. 그러나 가장 복잡하고 손길이 많이 가는 사역이다. 그러나 이 사역을 잘 감당하는 자들에게 주실 생명의 면류관을 바라보자. 하나님께서 주시는 은총과 긍휼, 그리고 동역자들을 통한 위로, 사역의 열매를 바라보는 환희를 주실 것을 확신하자.

Section 3

실전 가이드

우선순위와 지원체계

박 진 석

청년대학부의 정체성

청년대학부 사역에 대한 이해는, 결국 '청년대학부가 무엇인가?' 하는 자기 정체성으로부터 출발해야 한다. 청년대학부의 존재적 정체성(Being)에 대한 질문으로부터 청년대학부 사역(Doing)이 도출되기 때문이다.

따라서 '청년대학부가 무엇인가?' 하는 질문은 매우 중요하고도 본질적인 질문이다. 사실 청년 사역자는 이 질문을 자신의 사역 전 과정에서 계속해서 던져야 한다.

이 질문에 원론적으로 답한다면, 먼저 청년대학부를 그리스도의 몸인 교회로 이해하는 것이 중요하다고 본다. 청년대학부를 선교단체나 교회학교 또는 특활부서 정도가 아닌 유기적인 그리스도의 몸인 교회로 이해한다는 것은 참으로 중요한 의미가 있다.

예를 들어 청년대학부를 '교회학교'로 이해한다면 양육 내지는 교육 사역이 지나치게 강조될 것이고, '선교단체'로만 이해한다면 선교

사역이 주가 될 것이다. 그러나 청년 사역자가 청년대학부를 온전한 교회 유기체로 이해하게 될 때, 사역에 대한 종합적 이해와 함께 균형 감각을 갖게 될 것이다.

그렇다면 교회로서의 청년대학부가 행할 사역의 성격과 특성은 무엇인가? 청년대학부를 그리스도의 몸으로 이해할 때 가장 우선되는 사명은, 머리 되시는 예수 그리스도의 사역을 이어 받고 몸으로 재현하는 일이 될 것이다. 그러므로 예수 그리스도께서 어떠한 사역을 행하셨는지 이해하는 것이 중요하다.

마태복음 4장 23절에 따르면, 그리스도께서는 크게 세 가지 사역, 즉 가르치시고(Didache), 치유하시고(Therapeuo), 복음을 전파하신(Kerygma) 것을 발견할 수 있다. 예수님이 세상에서 행하신 모든 사역은 사실 이 세 가지로 요약할 수 있을 것이다. 그러므로 그리스도의 몸인 청년대학부는 기본적으로 예수님의 이 3대 사역을 온전하게 이어받도록 노력해야 한다.

사역의 우선순위

그런데 지난 몇 년간 청년대학부 사역을 하면서 깨달은 사실은, 이 세 가지 사역에는 바람직한 우선순위가 있다는 것이다. 그것은 '가르침 – 치유 – 전도' 의 순서로 정립할 수 있다.

사도행전의 초기 상황이나 목회의 실제 현장을 언뜻 보면, 이러한 각각의 사역들이 별다른 우선순위 없이 혼재되어 다소 무질서하게 나타나는 것 같다. 그래서 청년 사역자가 사역의 우선순위에 대하여 뚜렷한 문제 의식이 없는 경우가 적지 않은 것 같다. 또한 청년 사역 전반에 대한 전략적 안목이나 질서 없이 이것저것 허둥지둥 일을 벌이는 것을 볼 수 있다.

그러나 청년대학부 사역의 임상 경험과 성서적 근거에 비추어 볼 때, '가르침 – 치유 – 전도'의 순서야말로 분명 근거 있는 바람직한 사역의 우선순위라고 생각하게 되었다.

복음서를 통하여 확인되듯이 예수님께서 공생애 3년 동안 가장 심혈을 기울여 행한 사역이 제자들을 훈련하고 가르치는 일이었다. 이렇게 훈련된 제자들이 사도행전에 이르러 오순절 성령세례의 체험을 통해 신앙의 상처와 연약함을 극복하고 치유를 받게 되었고, 그 결과 능력 있는 복음의 증인으로 세워지게 되었다. 물론 이러한 사역에 대한 이해는 청년대학부 사역의 초점을 주로 예수 그리스도의 제자 개념에 두고 있음을 전제로 하는 것이다.

사도행전에는 여러 교회들이 나타나는데, 특별히 이와 같은 전형적인 사역의 순서를 다 밟았던 교회들, 예를 들면 예루살렘 교회, 안디옥 교회, 에베소 교회, 로마 교회 등은 실제로 그 사역의 열매가 크고 풍성하여 그 지역 교회들의 중심이 되었던 사실을 발견할 수 있다. 이와 같은 순차적 사역 과정과 전략적 배려가 충분히 이루어졌던 교회들과 그렇지 못한 교회들 간에는 분명히 사역의 열매에 많은 차이가 나타나는 것을 알 수 있다.

나도 사역 초기에는 이러한 사역의 우선순위에 대한 전략적 통찰이 부족하였다. 그래서 은혜가 되고 효과가 있다면 닥치는 대로, 그리고 단기간에 도입하여 승부를 내려는 경향이 있었던 게 사실이다. 그러다가 깊은 생각과 고민에 빠지게 되었다. 과연 청년대학부가 무엇인가? 예수님이 행하신 사역의 성격과 특성은 무엇인가?

이처럼 다시 한 번 깊이 생각하고 고민하던 중, 다소 더디더라도 위와 같은 바람직한 사역의 순서를 성실하게 밟아가야 한다는 분명한 소신을 갖게 되었다. 그리고 이러한 과정을 통해 다소나마 장기적 전망과 함께 사역이 점차 안정되는 것을 경험하였다.

청년 사역의 변화와 흐름

그러나 청년대학부 사역에서 간과할 수 없는 것이 있다. 즉 이와 같이 청년대학부에 대한 원론적인 정체성 고찰과 청년 사역에 대한 일반적인 이해에도 불구하고, 사역의 대상이 청년대학생이라는 특수성과 전체 교회의 한 하부 부서라는 조직구조적 특성 때문에 사역의 성격과 강조점들을 유연하게 응용하고 적용해 나가지 않으면 안 된다는 것이다.

무엇보다 청년대학부 사역의 주류를 이루는 '가르침'의 경우, 거의 예외 없이 소그룹 제자훈련 환경을 설정해 놓고 있으며, 귀납법적 성경 이해와 성경공부 접근법을 시도하고 있다. 이것은 사실 1970년대부터 본격적으로 한국의 대학 캠퍼스에 들어온 선교단체 대부분의 전형적인 전략이요 방법이었다.

이러한 선교단체의 접근과 전략들은 군중 또는 대중 사역과 연역법적인 선포식 가르침에 익숙해 있었던 한국의 지역 교회들에게 큰 도전을 주었고, 그 도전을 지역 교회에 용이하게 접목할 만한 접촉점으로 청년대학부가 떠오르게 되었다. 그 결과 선교단체나 지역 교회를 막론하고 청년대학생 사역은 소그룹 제자훈련을 기반으로 하여 선교적 지향성을 추구해 나가는 큰 흐름을 갖게 되었다.

그러나 이러한 사역의 흐름이 주는 참신함에도 불구하고, 해결되지 못하는 영적 공백과 찬양의 욕구들이 결합되어 1980년대에 청년 및 청소년을 중심으로 '경배와 찬양' 운동이 활발하게 일어났다. 그리고 이어서 이러한 흐름들이 '예배 갱신'이라는 좀더 큰 이해 속에서 특성화된 예배, 열린 예배, 청년(연합) 예배 등으로 교회 내에 조심스럽게 정착해 가는 움직임들이 나타나게 되었다.

이렇듯 청년들을 대상으로 한 사역의 점진적이고도 역동적인 변화의 전체적인 방향은, 의식하든 의식하지 못하든 청년대학부가 그리스도의 몸으로서의 교회라는 정체성을 찾는 과정에서 도출된 것으로 평가할 수 있기에 긍정적으로 보고 싶다.

다만 청년 사역자는 이러한 사역의 전체적인 흐름과 경향성들을 잘 통찰하고, 그 각각의 세부적인 사역의 특성을 면밀히 이해하여 자신의 사역 현장에 효과적으로 접목하고 관리하는 지도력과 역량을 배양해야 할 것이다.

아울러 청년대학부 사역자의 사역 철학이 교회의 목회 철학 및 전략과 일치되고 조화되는 것이 중요하다고 본다. 이러한 기반 위에서 청년 사역자의 사역 철학과 전략 및 방법들이 일관성 있게 실행에 옮겨져야 할 것이다.

다중 사역을 보완하는 지원체계

일반적으로 청년 사역자가 청년대학부 사역에만 전임하여 몰두할 수 있는 환경을 찾기란 퍽이나 어렵다고 할 수 있다. 이러한 현상은 선교단체보다는 지역 교회에서 더욱 뚜렷하게 나타난다.

지역 교회 내에서는 대개, 여러 사역 중 하나로서 청년대학부를 맡게 된다. 즉 청년대학생 전문 사역자나 전임 사역자라기보다는 겸임 사역자로서 청년대학생을 대상으로 한 사역을 한다고 할 수 있다.

따라서 사역의 전문성과 체계성이 약화될 소지가 다분하다. 이것은 특히 중·소규모 지역 교회의 청년대학부 사역자일수록 더욱 보편적으로 나타나는 현상일 것이다. 아울러 사역자가 신앙적 영적 문제에는 달란트와 리더십이 충분히 준비되어 있다 하더라도, 경영, 기획, 정보, 행정 관련 마인드와 달란트는 준비가 부족할 수도 있을 것이다.

그러므로 청년 사역자는 자신의 능력과 사역 범위, 리더십의 한계를 겸허히 인정하고 적절한 지원체계를 구축하는 것이 바람직하다고 본다. 그런데 실제로 사역자들이 자신의 역량 부족에 대해 신앙적(?)으로 모호한 해석(다소 타협적이고 관용적인)을 내리거나, 사역 지원체계에 대한 이해 부족으로 인해 이러한 제도를 적극적으로 도입하여 시도하지 못하고 있는 것이 현실이다. 따라서 사역 지원체계를 사역 구조 속에 효과적으로 도입하기 위해서는, 먼저 사역자 자신의 고유한 역할에 대한 분명한 이해와 아울러 약점과 한계를 보완할 수 있는 유연한 발상의 전환이 선행되어야 한다고 본다.

청년 사역자를 위한 5대 지원체계

청년 사역자를 위한 지원체계는 여러 가지로 분류할 수 있겠으나, 사역 경험에 비추어 볼 때 대략 다음의 다섯 가지로 구분하는 것이 일반적이라고 생각된다.

첫째는 '기도 지원팀'이다. 지속적인 중보기도로 사역자를 도울 수 있는 영적인 후원 그룹이 필요하다. 이들은 꼭 청년대학생들이 아니라 교회 내 장년 성도들이나 교회 바깥의 사람들이어도 좋다고 생각한다. 다만 성숙하고 영적으로 안정되어 있는 중보자를 세우는 것이 중요하다. 충분히 신뢰할 수 있는 이들과의 영적 교류와 지원은 사역자에게 정서적 영적인 안정감을 줄 수 있다.

둘째 '정보 지원팀'이다. 넘쳐 나는 다양한 정보와 자료들을 청년 사역의 목적과 방향에 맞게 체계적으로 분류하여 보관하고 분석하는 등의 활동을 하는 그룹이 필요하다. 예를 들어, 정보 지원팀을 통해 청년대학부에 대한 정기적인 설문조사를 시도할 수도 있을 것이다. 사실 이미 다양한 종류의 강의 테이프와 교안과 자료들이 여러 기관에서 제시되고 있고 또 인터넷이나 PC 통신 등을 통하여 필요한 좋은 자료들을 수시로 검색할 수도 있다.

다만, 문제는 시간과 관심이다. 그러나 대부분 시간과 관심의 부족으로 인해 다양한 사역 정보의 활용률이 지극히 낮다는 것이 아쉬울 뿐이다. 그러므로 훈련된 청년 한두 사람에게 정보 관리 및 탐색을 맡김으로써 필요한 자료와 정보들을 적절하게 활용한다면, 사역자 자신뿐 아니라 리더들에게 상당히 요긴한 도움을 줄 수 있을 것이다. 이러한 정보 지원의 필요성은 사역 지원체계 가운데 더욱 증대되는 추세에 있다.

셋째는 '홍보·출판 지원팀'이다. 청년대학부에서 실시하는 모든 행사 및 출판물을 관할하고 지원하는 그룹이 필요하다. 이 그룹은 주보나 월보, 소식지 등 각종 홍보물이나 간행물들을 집중적으로 지원하고 관리하는 팀이라고 할 수 있다. 일반적으로 청년대학부에서 쏟아져 나오는 각종 홍보물이나 간행물들은, 섬세한 관리 체계도 없을 뿐더러 통일성의 부족에다 철학과 소재의 빈곤으로 잡동사니로 전락하는 경우가 대부분이다.

넷째는 '시설·장비 관리팀'이다. 청년대학부에서 사용하는 각종 기자재나 장소 및 시설에 대한 전반적인 유지 관리와 보수 책임을 담당하는 그룹이 필요하다. 이 팀의 역할은 주로 음향기기와 집회시설을 관리하는 일이 대부분을 차지한다고 할 수 있다. 특히 이 팀은 교회 내 타부서나 타기관과의 협조 및 상호 관리에 지혜가 필요하다.

일반적으로 청년대학부는 교회 사무직원이나 관리직원들에게 미운 오리새끼 취급 받을 때가 많이 있는데, 그 이유는 빈번한 시설 및 장비 사용에도 불구하고 사후 관리나 정리 정돈이 잘 안 되기 때문이다. 그런 탓에 시설·장비 관리팀은 각종 기자재와 장비, 시설 등에 대해 철저하고도 섬세한 관리를 하는 것이 중요하다.

다섯째는 '행정·기획팀'이다. 사역자의 사역 철학과 방향에 비추어 각종 행사 기획 및 특별예배 기획 등을 수행하고 아울러 총괄 예산 관리 및 집행, 회원 출결 관리 및 전체 사역회의 등을 진행하고 사회를 담당하기도 한다. 한마디로 청년대학부의 행정 및 일반 관리 업무에 속한 전반적인 일들을 지원하는 그룹이라고 생각하면 될 것이다.

이외에도 더욱 다양한 사역 지원체계를 마련할 수 있겠으나, 부서의 여건과 준비된 인적 자원의 유무와 관련하여 탄력적으로 운용할 수 있을 것이다. 다만 사역자는 이러한 지원체계를 어떠한 조직구성의 원리에 따라 어떻게 조직화하느냐에 더욱 관심을 가져야 할 것이다.

사역 지원체계의 구조

그러면 이러한 사역 지원체계는 어떤 구조가 바람직할까? 우선 청년 사역자를 중심으로 하여 위원회식으로 구성할 수 있을 것이다. 또는 각 지원팀간에 위계를 둠으로써 행정·기획팀이 총괄적으로 사역 지원체계를 관리하면서 각 지원체계를 하부 부서로 두는 방안도 있을 수 있다. 아니면 그 때 그 때 '태스크 포스'(Task Force, 특별전문위원회 또는 프로젝트팀)로 구성하여 사안에 따라 인원을 선발하여 일정기간 활동하다가 해체할 수도 있을 것이다. 아울러 사역 지원팀은 본래의 사명, 즉 사역팀(리더모임, 또래모임, 각종 성경공부모임, 선교팀 등)을 효율적이면서 일관성 있게 지원할 수 있도록 구성되어야 할 것이다.

여기서 주의해야 할 점은 사역팀에 비해 사역 지원팀이 너무 비대하고 방만하면 오히려 사역팀의 사역을 위축시킬 수도 있다는 것이다. 또한 준비된 사람이 없거나 여건이 충분히 조성되지 않았는데도 무리하게 형식적인 조직을 만들어 가동하게 되면 불필요한 소모전을 겪을 수도 있다.

따라서 청년대학부 사역자는 자기 부서에 가장 합당한 사역 지원체계를 설정하여 도입하는 안목이 필요하다. 이 때 가장 중요하게 고려해야 할 사항은, 부서 내에서 지원체계를 필요로 하는 영역과 그 일을 감당할 수 있는 인적 자원에 대한 상황 분석이라고 할 수 있다. 만약 부서의 특정한 필요를 지원할 수 있는 의욕과 실력과 성향을 충분히 갖춘 인력이 존재한다면, 가능한 한 사역팀과 역할이 중복되지 않게 업무 분담과 책임선을 분명히 하여 지속적으로 헌신하게 하는 것이 중요하다.

최근의 청년대학생 사역은 더욱 역동적이고도 창의적인 방향으로 전개되고 있는 듯하다. 따라서 청년 사역자는 사역의 근원적인 원동력과 목표가 훼손되지 않는 범위 내에서 필요에 따라 다양한 사역 지원체계를 활용하는 것이 꼭 필요할 것이다.

신세대와 예배

이상윤

근래에 들어와서 각 교회마다 청년들을 향한 관심이 지극히 높아지고 있다. 청년부만을 전담하는 교역자를 임명하고, 주일예배 때 청년들을 위한 예배를 신설하는 교회들이 많아졌다.

이러한 움직임은 교회의 미래를 생각해 볼 때 아주 고무적이고 다행한 일이라고 생각한다. 이러한 움직임은 그 동안 교회에서 봉사만을 강요당하며 목회적 돌봄에서 소외되어 온 청년들을 새로운 목회의 대상으로 바라보게 되는 인식 전환의 시작이라는 측면에서 아주 긍정적인 평가를 내릴수 있을 것이다.

그런데 정작 문제는, 청년들을 향한 목회적 돌봄과 교회의 관심이 무엇에 중심을 두고 있느냐에 따라서 아주 커다란 차이를 보일 수 있다는 것이다. 다시 말해 청년에 대한 이해 없이 일방적이고 획일적인 시스템으로 교회의 예배와 청년부의 변화를 추구하는 것이라면, 교회가 추구하고 있는 '청년 부흥'은 조직이나 예배 형식만 바뀌는 것으로 끝나고 정작 청년들은 그것을 외면하게 될 것이다.

따라서 청년들을 새로운 목회적 돌봄의 대상으로 보고 교회의 미래를 준비하려는 목적을 가지고 변화를 추구하려고 한다면, 교회는 우선 지금의 청년들이 누구인지를 먼저 알아야 한다. 즉 그들의 특성과 고민, 문제에 대하여 알고 이해하는 것으로부터 시작해야 한다. 그럴 때에 지금 일어나고 있는 청년들에 대한 관심이 교회 안에서 바르게 정착될 것이다.

이 글에서는 우선 이른바 신세대 또는 X세대라고 불리는 90년대 젊은이들의 특징을 살펴보고자 한다. 그리고 교회가 이들을 어떻게 참 예배자로 바르게 훈련시킬 것인지를 경험을 통해 나누고자 한다.

신세대는 누구인가?

90년대에 들어서면서 소위 신세대 내지 X세대라는 새로운 용어가 우리 사회의 젊은이들을 가리키는 상징어로 널리 사용되어 왔다. 그런데 원래 이 말은 미국에서 2차대전 후 태어난 세대를 지칭하는 용어로, 긍정적인 의미보다는 기성세대들이 보기에 '아무것도 하지 않고 아무것도 믿지 않는 세대'라는 부정적인 의미로 쓰이던 말이었다.

이러한 X세대는, 기성세대가 수고와 노력을 통하여 이룩한 사회의 혜택을 누리는 세대로 기성세대와는 다른 몇 가지 분명한 특징을 가지고 있다.

첫째, 그들은 '절대진리는 없다'(No Absolute Truth)고 말한다. 따라서 절대적인 복종을 강요당하는 것을 싫어한다. 그들은 자신이 이해할 수 있는 것만을 받아들이려는 특징을 가지고 있다.

둘째, 그들은 '다른 사람들을 신뢰하지 않는다'(No Trusting Others). 그들의 가치가 절대적인 것을 배제하기 때문에, 자기 외에 다른 사람들의 이야기에 절대적인 신뢰감을 가지지 않는다는 것이다.

셋째, 그들은 '다문화적 자세'(Multicultural Attitude)를 보인다. 그들은 문화에 대한 우월감을 가지기보다는 모든 문화를 수용하려고 한다. 따라서 문화에 대한 적응력이 대단히 높다.

넷째, 그들은 '상이한 가족의 가치'(Different Family Values)를 지닌 세대이다. 그들은 가족에 절대적인 가치를 부여하지 않는다. 기성세대가 가족에 대해 가지고 있는 가치와는 전혀 다른 개념을 가지고 있는 것이다. 예를 들면, 자녀를 위해 자신을 희생해야 한다는 부모의 역할에 반대한다.

다섯째, 그들은 '개인 관계를 강조' 한다(Emphasis on Personal Relationship). 그러므로 개인의 가치를 중요시하고, 공동체의 이익을 위하여 개인의 가치를 무시당해서는 안 된다고 생각한다. 또한 공공의 선(善)보다는 개인을 중요하게 여긴다. 그 결과 개인주의가 만연하고 있다.

여섯째, 그들은 '헌신하지 않는다'(No Commitment). 그들에게 헌신이라고는 있을 수 없다. 개인적인 유익을 위해서는 모임을 하거나 써클에 참여하지만, 자신의 시간을 침해받거나 삶을 방해받는 것을 거부한다. 그들은 많은 모임에 소속되고는 싶어하지만, 헌신적인 사람이 되려고 하지는 않는다.

이런 특징을 가진 세대가 바로 교회 안에 있는 청년들이다. 그러므로 지금 교회는 이러한 젊은이들을 신앙 공동체의 일원으로 교회 안에서 활동하게 할 뿐 아니라, 그리스도의 제자로 세상을 향해 파송해야 하는 고민에 직면해 있는 것이다.

신세대와 예배 살리기

신세대 그리스도인들의 삶 가운데 교회에서 드리는 예배는 어느 정도의 비중을 차지할까? 불행하게도 그들은 예배 참석에 그리 큰 비중을 두고 있지 않다. 그들에게 예배는 절대적인 가치가 있는 것이라기보다는 생활의 한 부분에 지나지 않는 것이다.

사실 그들은 예배에 반드시 참여해야 하는 이유가 무엇인지 알기 이전에 예배에 참여해야 한다는 강요를 당하고 있다. 그러니 그들의 삶에서 예배는 그리 큰 비중을 차지하지 못한다.

실제로 교회에서 드리고 있는 대부분의 예배 형식과 관심이 아이들이나 청소년, 장년들에게 맞추어져 있고 청년들에게 맞추어져 있지 않는 것이 사실이다. 그러한 예배에서는 그들이 공감할 수 있는 영역의 신앙적인 고민이 해결되지 않으며, 심지어 그러한 예배란 그들에게 무의미하게 느껴지는 것일 수 있다. 그렇기 때문에 청년들이 교회의 공예배에서 점점 자취를 감추고 있는 것이다.

그 동안 교회는 이러한 부분에 대하여 거의 무관심해 왔다고 해도 지나친 말이 아니다. 그러나 이제 교회는 예배가 가지고 있는 진정한 의미를 청년들에게 심어 주고, 그들이 개인적으로 하나님을 만날 수 있는 그들만의 예배 공간을 마련해 주어 살아 있는 예배 가운데 참여하는 참 예배자로 이끌어 주어야 한다.

예배에는 고유한 가치가 있다. 예배(禮拜)라는 단어에는 '경배'와 '섬기다'라는 두 가지 의미가 있다. 예배가 변질되지 않아야 하는 것은 하나님은 예배를 받기에 합당한 분이시기 때문이다. 그러므로 그의 백성된 우리는 복종과 헌신으로 나아가야 한다.

그렇다면 지금껏 해 오던 예배의 형식으로 청년들을 예배에 능동적으로 참여하게 할 수 있을까, 하는 의문이 제기된다. 지금까지 예배 시간에 어떠한 느낌도 없었는데 '청년 예배'를 신설했다고 해서 갑자기 그들의 예배 생활이 변화되고 은혜로운 예배를 드릴 수 있게 될까? 그렇지 않다. 오히려 이전과 별다를 게 없는 상태로 예배 시간만 하나 더 늘린 정도에 지나지 않을 것이다.

그러면 어떻게 해야 하는가? 적어도 청년 예배는 그들의 문화를 반영하는 것이어야 한다. 청년들은 예배 형식이 아무리 좋고 훌륭하다 하여도 그것이 자신들에게 느껴지지 않으면 반응하지 않는다. 따라서 그들이 직접 느낄 수 있고 체험할 수 있어야만 한다. 그리고 그들 자신이 직접 참여할 수 없는 것에는 반응을 보이지 않는다.

그들은 또한 소외되는 것을 원하지 않는다. 이전 세대가 단순히 예배에 참여하는 것으로 만족하였다면, 지금의 세대는 자신이 직접 예배하는 자로 참여하기를 원한다. 즉 '능동적인 예배자'로서 예배드리기 원한다는 것이다.

청년 예배의 몇 가지 요소

청년들은 주일예배 때보다 청년부의 모임이나 성경공부 또는 선교단체의 예배에서 은혜를 더 많이 받고 경험한다. 그들이 왜 그 곳에서 은혜를 받을까?

그들은 틀에 박힌 형식을 싫어하는 세대이다. 그런데 선교단체의 예배에는 잘 짜여진 형식이 있기보다는 자연스러움이 있고, 닫혀 있는 느낌보다는 열려 있는 느낌이 있다. 게다가 예배의 구경꾼으로 와 있다는 느낌보다는 예배의 한 구성원으로 참여하고 있다는 감격을 느끼게 된다. 이러한 점들은 교회가 청년 예배를 드리면서 잘 적용해 보아야 하는 것이라고 생각한다.

우선 청년 예배에는 자연스러움이 있어야 한다. 예배의 형식이 그들의 마음을 짓누르지 않도록 자연스러움이 배어 있어야 한다. 형식에서부터 그 동안의 전형적인 예배 스타일에서 벗어나서 순서를 재조정할 필요가 있다. 정해진 예배 시간에 종을 쳐서 예배를 시작하는 것보다 찬양을 하면서 시작하는 것은 그 좋은 예가 될 수 있다. 자연스럽게 사람들이 예배 가운데 들어갈 수 있도록 하는 것이다. 이러한 형식의 변화는 닫혀 있는 듯한 예배를 열어 놓는 역할을 할 수 있다.

또한 청년 예배에는 찬송가만을 고집하는 일이 없어야 한다. 청년들에게 찬송가의 의미를 가르치는 것도 중요하지만, 찬송가는 현재 그들이 좋아하는 음정이나 리듬을 싣고 있지 못하다. 음악이 하나의 문화라면 찬송가도 문화의 한 형태일 것이다. 청년들이 마음으로 느끼지 못하는 찬송가를 은혜롭게 부르라고 강요하기보다는, 그들이 잘 알고 있고 그들의 문화적인 정서가 스며 있는 복음성가를 통해서 하나님을 느낄 수 있고 만날 수 있다면 예배의 찬양을 과감하게 변화시킬 필요가 있다. 사실 청년들은 찬송가나 복음성가를 구분해서 생각하지 않는다.

그리고 자신이 받은 은혜를 예배 가운데 표현하고 표출할 수 있는 기회를 주어야 한다. 이는 예배에 참여한 이들이 자신을 예배자로 발견하는 중요한 기회가 된다. 이러한 것을 통하여 그 동안 일방적인 은혜만을 강요받았던 청년들이 자신이 하나님을 예배하고 있는 예배자라는 사실을 알게 되고 인식하게 된다. 이를 통해 예배가 일부 특정한 사람들이 출연하는 무대가 아니라 모든 사람들이 참여하는 예배가 되는 것이다.

청년 예배를 위한 전제

청년 예배를 드리는 데에는 참예배의 의미와 감격을 잃어버린 청년들에게 예배의 감격과 의미를 되새기려는 중요한 목적이 있다고 생각한다. 그렇다면 우리는 청년 예배를 드리기 이전에 몇 가지 문제를 짚고 넘어가야 한다.

첫째로, 청년 예배는 그동안 청년들이 해 오던 정기집회와는 분명히 구분되어야 한다. 청년부 모임이 아닌 예배라는 공식적인 자리로 자리매김 해야 한다는 것이다. 이것은 그 동안의 대예배가 가지고 있는 예배 형식을 완전히 없애야 한다는 견해에 반대한다는 의미이다. 지금의 예배 순서는 상당한 의미를 가지고 있다. 그런데 청년들이 마치 토요 모임처럼 예배를 드린다면 예배의 참의미를 찾기 힘들 것이고, 예배의 특별한 거룩성에도 문제가 생길 수 있다.

둘째로, 예배를 지도하고 준비하는 청년부 전담 교역자가 있어야 한다. 청년 예배를 드린다는 것은 교회가 청년들을 목회적 돌봄의 대상으로 공식적으로 인정한다는 의미이다. 그런데 청년들을 돌볼 목회자가 없는 가운데 따로 예배를 드린다는 것은 아주 위험한 일이라고 생각한다.

셋째로, 예배 인도자와 찬양 인도자를 훈련해야 한다. 예배 인도자가 청년 예배에 대한 분명한 의식 없이 인도한다면 그 예배는 살아나지 못한다. 그래서 청년 전담 교역자가 필요한 것이다. 또한 청년 예배 때에는 보통 여러 가지 악기를 동원하여 찬양을 하며 그러한 찬양을 인도하는 사람들이 있게 마련이다. 그러므로 찬양 인도자에 대한 훈련을 제대로 하지 못하면 이 예배는 아주 힘들어질 가능성이 크다.

특별히 찬양을 인도하는 리더가 교역자가 아니고 청년일 경우, 청년부 교역자는 그를 잘 훈련하여야 하고 찬양 선곡이나 인도하는 스타일에 대하여 조언과 지도를 해 주어야 한다. 또한 악기를 다루는 사람들과 찬양하는 사람들에게 각별한 관심을 가지고 정기적인 훈련을 받게 하고 예배를 돕는 사람들로 잘 훈련되도록 도와야 한다. 교역자가 찬양에 은사가 있다면 직접 예배 찬양을 인도하고, 찬양팀에 소속된 회원들도 관리하는 것이 가장 좋은 방법이라는 생각이 든다. 이렇게 할 때 준비된 예배를 드릴 수 있다.

넷째로 청년 예배 때 찬송가를 전혀 사용하지 않는 것은 바람직하지 않다. 찬송가는 교회 안에 오랫동안 자리잡은 예배음악의 한 형태이다. 이러한 찬송가를 지나치게 배제하는 것은 청년들에게 찬송가가 가지고 있는 아름다움을 영원히 맛보지 못하게 하는 결과를 낳을 수 있다. 청년 예배 안에 찬송가와 복음성가를 적절히 섞어서 사용하는 것이 좋겠다.

다섯째로, 청년 예배를 청년들만의 예배공간으로 한정하지 말아야 한다. 청년이 가지고 있는 특성은 교회학교와는 다르기 때문에 청년예배는 개방해야 한다. 청년 예배는 적어도 교회에서 말하는 이른바 대예배의 연속선상에서 이루어지는 것이 바람직하다고 생각된다. 구성비율은 청년들이 많아야 하겠지만 장년들의 참여를 제한하고 막는 것은 예배의 정신에 맞지 않는다.

여섯째로, 예배의 시작을 특별한 사인 없이 찬양으로 시작하게 될 때 예배에 늦는 청년들이 늘어날 수 있다. 그러므로 예배가 정확히 언제 시작하는지 청년들에게 분명한 교육을 해야 한다. 예배에 늦는 사람이 많아지면 많아질수록 예배의 분위기가 흐트러지는 것은 자명한 일이며, 아울러 그들은 예배의 관객으로 전락할 가능성이 높다.

이러한 문제는 동안교회 3부 주일예배를 청년 예배로 드리면서 겪은 것들이다. 따라서 청년 예배를 신설하면 청년들이 모인다는 막연한 환상에서 벗어나, 예배를 잃어버린 청년들에게 예배의 감격과 의미를 찾아 주기 위해 철저하게 준비해서 시작해야 할 것이다.

형식의 변화보다 진정성이 먼저다

요한복음 4장을 보면 예수님께서 사마리아 여인과 대화하는 장면이 나온다. 이 두 사람의 대화 내용에서 예배에 대한 아주 중요한 사실을 발견하게 된다.

사마리아 여인은 예수님에게 "우리 조상들은 이 산에서 예배하였는데 당신들의 말은 예배할 곳이 예루살렘에 있다 하더이다"(4:20)라는 말을 던진다. 사마리아 여인은 당시 사람들이 가지고 있던 예배에 대한 보편적인 이해를 말하면서 정말 예배할 곳이 어디인지, 거룩한 장소가 어디인지 질문하고 있는 것이다.

이에 예수님은 "이 산으로도 말고 예루살렘으로도 말라"고 하시며 "아버지께 예배할 때가 온다"고 가르쳐 주신다(4:21). 예배 장소를 중요시하지 않고 예배하는 시간을 중요시하며, 예배 시간에 어떠한 마음 자세로 임해야 하는지 가르쳐 주신 것이다.

예배는 장소보다 신령과 진정으로 예배하는 자세와 태도가 중요하다. 하나님이 찾으시는 예배자는 형식과 절차, 문화적인 여러 가지 방법을 시도하기 이전에 성령과 진리로 예배하려고 하는 사람이다. 참예배를 갈급해하며, 하나님을 경외하고, 은혜를 경험하며, 구원받은 백성으로서의 정체성을 발견하는 것이 다른 무엇보다도 중요한 것이다.

청년 예배를 통해 청년부 살리기를 준비하고 있는 청년 사역자들에게 요한복음 4장에 기록된 예수님의 말씀은 아주 중요한 교훈이 되고도 남는다. 청년 예배를 드릴 때, 자칫 문화적인 접근만으로 참예배가 되었다고 착각할 수 있다. 신령과 진정으로 예배를 드리기보다는 어떠한 형식으로 예배를 드려야만 청년 예배가 살아날 수 있다고 생각한다면 그것은 착각이다. 형식의 변화 이전에 회복해야 할 것은, 예배에 대한 바른 이해와 예배를 살아 있는 하나님과 만나는 공간으로 인식하는 것이다.

예배 형식의 새로운 변화는 참예배에 대한 갈급함으로부터 시작할 때에만 의미가 있다. 그것이 먼저 해결되고 난 후에 방법론에 대한 의견을 나누어야 한다.

이제 우리는 신령과 진정으로 예배하는 공동체와 교회가 되기 위하여 이 산으로도 말고 예루살렘으로도 하지 않는 참된 예배 갱신을 이루어 내야 한다.

소그룹 사역

김경수

한국 교회 청년대학부 안에 소그룹 사역이 자리잡기 시작한 것은 그리 오래되지 않은 일이다. 선교단체에서 선교 전략적인 도구로 사용하던 소그룹 사역이 교회에 이식되기 시작한 것은 1980년대 초반이라고 볼 수 있다. 그러던 것이 이제는 청년대학부를 세우는 데 필수적인 요소로 이해되고 있다.

이 과정에서 귀납적 성경공부, 제자훈련, 경건의 시간(QT) 등이 확산되면서 소그룹 사역은 청년대학부뿐 아니라 한국 교회 전체에 커다란 파급 효과를 가져왔다. 그러나 동시에 소그룹에 대한 몇 가지 잘못된 이해가 생겨나기도 했다.

그것은 첫째, 소그룹을 성경공부 그룹이나 스터디 그룹으로만 생각하고 제한해 버리는 잘못이다. 둘째는 소그룹을 청년대학부를 숫적으로 성장시키는 수단으로 생각하는 것이다. 셋째는 소그룹이 사역자와는 상관 없는 청년대학생들만의 모임으로 이해되고 있는 것이다. 이러한 문제는 청년대학부 지도교역자가 소그룹 사역을 제대로 수행하는

데 중요한 실마리를 제공한다.

소그룹이란?

진정한 의미에서 소그룹은 성경공부모임이 아니다. 또 단순히 교제모임만도 아니며, 행사를 치르기 위한 모임도 아니다. 소그룹이란 '유기적이고 역동성 있는 인격적 관계 속에서 양육, 예배, 교제, 선교의 활동을 함께 하는 소규모(5-8명)의 모임'이라고 정의할 수 있다.

그러면 이 소그룹이 청년대학부에서 어떠한 위치를 차지할까? 무엇보다 소그룹은 일대일 관계나 예배(정기집회)와 더불어 공동체를 구성하는 중요한 축을 이룬다. 따라서 소그룹은 교회의 본질을 살려내기 위한 전략적이고 이상적인 틀로서 이해되어야 한다.

또한 소그룹은 그리스도인들의 삶의 방식이라고 말할 수 있다. 가정과 학교와 직장에서 우리를 둘러싸고 있는 관계는 대부분 소그룹이다. 청년대학부의 운영방식이 이러한 소그룹 사역으로 자리잡는 것은 청년대학생들에게 중요한 의미가 있다.

소그룹 사역의 성경적 이해

소그룹 사역을 제대로 이해하기 위해서는 성경적 원리를 아는 것이 중요하다.

구약에서 다니엘과 그의 세 친구는 세속사회에서 기독 청년들이 어떻게 소그룹으로 살아갈 수 있는지 보여 주는 좋은 모델이다. 그들은 동일한 정체성(단 1:3)을 가지고 동일한 사역 현장(바벨론 왕립대학, 일반사회, 공직사회)에 있었으며, 그들의 소그룹은 예배공동체, 생활공동체, 선교공동체로서 잘 묘사되어 있다.

‘모세와 장인 이드로’ 모델을 통해서도 우리는 소그룹의 성경적 원리를 발견해 낼 수 있다. 이드로와 모세는 업무 과중이라는 문제를 역할 분담과 지도자, 즉 리더를 세움으로써 해결하였다. 이처럼 오늘날 청년대학부 사역에서도 리더 양성은 소그룹 사역의 핵심이라고 볼 수 있다.

신약에서는 무엇보다 예수님과 열두 제자를 통해서 소그룹의 전형을 발견하게 된다. 많은 제자들이 있었지만 소수의 제자들에게 집중하시는 예수님을 통해 우리는 ‘선택의 원리’를 발견할 수 있다. 또한 사도행전에 나타난 초대 교회 공동체를 통해서 소그룹의 네 가지 활동 요소를 발견하게 된다. 즉 사도행전 2장 41절부터 47절에 나타난 초대 교회 공동체의 모습에 따르면, 성경공부, 찬양과 예배, 교제, 선교가 바로 소그룹의 소프트웨어인 것이다.

소그룹 사역의 종류

청년대학부 내에서 가능한 소그룹은 그 사역의 중심을 어디에 두느냐에 따라 몇 가지로 나눌 수 있다.

첫째는 ‘전도 소그룹’(EBS, Evangelistic Bible Study)이다. 전도를 목적으로 하는 전도 소그룹은, 한 명의 리더와 두 명 정도의 핵심 멤버가 새신자 2-3명을 상대로 일정 기간(4-6주)에 걸쳐 복음의 핵심에 대해 공부하는 모임을 가리킨다. 이러한 전도 소그룹은 기독교에 대한 사전 이해가 없는 불신자들도 성경을 부담 없이 공부할 수 있도록 분위기를 형성하는 것이 중요하다. 뒤에 언급할 새신자반과 같은 개념으로 볼 수도 있지만 전혀 다르게 운영할 수 있다.

둘째는 ‘새신자반’이다. 이것은 전도 소그룹을 통해 예수 그리스도를 영접한 사람들을 대상으로 개설하는 기초성경공부 소그룹이다. 새 신자반에서는 구원의 확신과 그리스도인으로서의 새로운 삶에 대한 성경적 가르침을 배우며 신앙생활을 훈련받는다. 또한 하나님과 동행하는 삶을 위해 매일 경건의 시간을 어떻게 갖는지 가르치고 이것을 생활화 할 수 있도록 점검해 주어야 한다.

셋째는 '성장 소그룹'(Action Group)이다. 성장을 목적으로 하는 성장 소그룹은 한 명의 리더와 한 명의 부리더, 그리고 2-3명의 핵심 멤버와 2-3명의 양육 멤버가 활동하는 모임으로, 소그룹의 전형이라고 볼 수 있다. 이 소그룹은 보통 정기집회중이나 청년 예배 후에 이루어지는 모임으로, 단계별 교육과정을 채택하거나 통일된 성경공부 교재를 사용하여 일원화된 교육을 할 수 있다. 어떠한 경우이든 청년대학부 특성에 맞는 전체 교육과정에 따른 운영이 이 소그룹에서 이루어져야 한다. 우리가 보편적으로 이야기하는 소그룹 활동이 바로 이 성장 소그룹에서 이루어진다.

넷째는 '소그룹 리더모임' 즉 조장모임이다. 한 명의 지도교역자와 리더들이 소그룹을 이룬다. 조장모임은 소그룹 사역의 핵심이라고 볼 수 있다. 사역자는 이 모임의 리더로서 소그룹 리더들을 말씀과 기도로 준비시켜야 한다. 또한 소그룹 활동의 네 가지 내용을 고르게, 그러면서 상황에 따라 적절하게 다루어야 한다. 기도가 필요하다고 판단될 때에는 소그룹 리더모임을 기도회 중심으로 이끌어 가는 것이 중요하며, 서로간의 교제가 부족하다고 판단될 때에는 소풍이나 문화행사 등을 갖는 것도 좋은 방법이 된다. 이렇게 상황에 따른 교역자의 판단은 리더들에게 또다른 교육이 된다.

이 외에도 선교헌신자 소그룹, 봉사 소그룹 등을 만들어 꾸려 갈 수 있으며, 이상의 다양한 소그룹 운영이 청년대학부 공동체를 건강하게 만들 수 있다.

소그룹 사역의 주기

소그룹의 주기를 얼마로 하느냐 하는 문제는, 회원 서로간 관계의 친밀성 및 성경공부 커리큘럼 등과 관계가 있다. 회원들의 관계에서 일반적인 선후배 관계가 영적인 관계보다 앞서는 경우, 소그룹을 통해 교정받는 데 1-2회의 주기가 소요된다. 물론 이 경우 리더의 역할이 막중하다.

소그룹 모임의 기간을 놓고 볼 때, 대체로 성경공부의 횟수와 관련하여 소그룹의 주기가 결정된다. 직접 제작한 경우를 제외하고 대부분의 시중에 나와 있는 성경공부 교재는 8-12회가 보통이다. 이 때 성경공부의 횟수는 소그룹 모임 횟수의 2/3가 적당하다. 나머지 모임은 기도회, 평가모임, 문화행사 등으로 채우거나 필요에 따라 한 주 정도는 쉴 수도 있다.

소그룹 사역과 예배

지역 교회에서 제자훈련과 소그룹 사역이 정착되기 위해서는 최소한 2-3년이 소요된다. 사실 일대일 관계와 소그룹, 그리고 예배(정기집회) 이 세 가지는 밀접한 관계가 있다. 공예배의 단점으로 지적되는 회원 서로간 교제의 결핍을 보완해 주기 위해서 소그룹 사역의 필요성이 부각된다는 것은 주지의 사실이다. 또한 성경공부를 포함하여 교육의 효율성 측면에서도 소그룹은 유효하다.

일대일 관계를 통한 교육방식은 선교단체에서 주로 사용하는 방법이다. 이 방식은 집중성과 교육의 강도 면에서는 효과가 뛰어나지만, 리더에 따라 변동이 심하고 획일화될 수 있기 때문에 교회에서 공식적인 청년부 운영방식으로 채택하기는 어렵다.

그렇다면 소그룹 사역과 관련하여 제일 중요한 것은 역시 예배이다. 소그룹 사역의 질은 예배에서 나타난다고 해도 과언이 아니다. 소그룹 사역의 궁극적 목적은 개인의 신앙성숙뿐 아니라 그리스도의 몸을 세우는 데 있기 때문이다.

소그룹 내에서 일대일 관계는 '기도짝' 같은 관계로 만들어 나가는 것이 바람직하다. 청년 사역자 자신이 담당하고 있는 청년대학부의 소그룹 사역이 정착되었다고 판단된다면, 일대일 관계나 예배(정기집회)에 관심을 가질 필요가 있다.

소그룹 리더의 임무

소그룹 리더의 임무를 알고 있는 것은 사역자의 의무이다. 또한 교역자는 리더의 임무를 토대로 한 학기에 한 번 정도 소그룹 리더들을 평가하고 부족한 부분을 지도해 줄 필요가 있다.

소그룹 리더는 크게 네 가지 임무를 가진다. 우선 그 첫번째 임무는 예수의 제자로서 본이 되는 것이다. 이를 위해 소그룹 리더에게는 다음과 같은 자질들이 필요하다.

① 적어도 한 학기 동안 소그룹의 활발한 구성원이었어야 한다.
② 소그룹 리더 훈련에 참가한 경험이 있어야 한다.
③ 청년대학부의 신앙기초와 목적 및 전략에 동의해야 한다.
④ 그리스도와의 관계가 점점 자라가야 한다. 여기서 그리스도와의

관계가 점점 자라가는 것은 다음의 사실들에 의해 입증된다. 즉 경건의 시간, 기도짝, 인간관계의 성숙, 회원들을 향한 사랑, 학업(직업)에 대한 열심, 적극적인 복음전도, 육체적 정서적으로 양호한 건강상태 유지, 충실한 가족 구성원 역할, 교회 봉사 참여, 세계선교에 대한 관심과 참여, 하나님의 일에 소득의 일부를 드림 등이다.

소그룹 리더의 두번째 임무는 다음과 같은 훈련을 받으려고 노력하는 것이다.

① 한달에 한 번 또는 두 번씩 소그룹 리더장이나 사역자, 또는 부장과 만나야 한다.
② 정규적인 수련회와 훈련에 참석해야 한다.
③ 소그룹 역학과 소그룹 인도법에 대한 자료를 연구해야 한다.
④ 청년부와 교회, 타기관을 위해 중보기도해야 한다.
⑤ 더 높은 단계의 훈련을 위한 계획을 수립하기 위해 교역자와 만나 의논한다.

소그룹 리더의 세번째 임무는 소그룹 활동에 관한 한 학기 계획을 세우고 실제로 인도하는 것이다. 여기서 지도교역자는 리더가 계획한 한 학기 일정표를 점검해 줄 필요가 있다.

마지막으로 소그룹 리더는 멤버들이 서로 헌신할 수 있도록 도울 뿐 아니라 그들의 목자 역할을 해야 한다. 한 달에 한 번 정도는 멤버들을 개별적으로 만나 그의 성장을 격려하고 상담하는 시간을 가져야 한다.

또한 그 멤버 중에 한두 명은 부리더로 훈련시켜야 한다.

중요한 것은, 소그룹 리더는 마치 종합적인 아티스트와 같은 역할을 해야 한다는 사실이다. 리더는 소그룹의 성경공부만 인도하는 기술자가 아니다.

청년 사역자의 역할

청년대학부를 맡은 사역자는 자신이 소그룹 사역과는 상관 없다고 생각하는 경향이 있다. 그러나 청년대학부를 맡은 사역자의 첫째 가는 과제는 무엇보다 소그룹 사역에 분명한 비전을 가지는 것이다. 또한 소그룹 사역의 원리와 실제를 알고 청년들을 무장시켜야 한다. 그럼에도 확신과 경험 없이 소그룹 사역을 시도하지는 말아야 한다. 처음 청년부를 맡게 되는 교역자들 대다수는 소그룹에 멤버로 참여해 본다거나 소그룹을 직접 인도해 본 경험이 없다. 따라서 이러한 약점을 보완하는 것이 급선무다.

다음으로 중요한 것은 소그룹 리더들을 훈련시키는 일이다. 집중적인 주말 수련회나 학기초 오리엔테이션이 효과적이지만, 학기 중에 갖는 계속적인 프로그램을 통해 리더들과 교제하고 훈련하는 것이 중요하다. 아울러 청년대학부 교역자는 그룹성경공부 인도법을 터득할 필요가 있으며 귀납적 성경연구에 익숙해 있어야 한다. 마지막으로 효과적인 소그룹 사역을 위한 자료들을 잘 활용하는 것도 중요하다.

새신자 관리

유 영 업

교회는 물론이고 교회에 속한 청년대학부는 '열린 공동체'이다. 청년대학부는 초대 손님이 정해져 있는 모임이거나 회원이 제한되어 있는 집단이 아니다. 누구든지 올 수 있는 열린 곳이다.

그러나 열린 공동체로서 청년대학부가 가지는 어려움이 한 가지 있는데, 그것은 '양육'이다. 누구든지 드나드는 분위기에서는, 정기적인 출석이 기본 조건이 되는 양육을 할 수 없다. 오히려 양육은 고사하고 역동적인 공동체 형성이나 교회 중심의 생활 확립에도 나쁜 영향을 미치는 경우를 볼 수 있다.

새신자 관리의 의미와 중요성

여러 교회의 청년대학부를 살펴보면 대부분 재적인원이 정확하지 못하며, 재적인원 대비 출석률이 50-60% 정도로 매우 낮은 현상을 보게 된다. 그 원인은 여러 가지가 있겠지만, 처음 한두 번 나왔던 사람들이 장기간 결석을 하는 경우가 많기 때문이고, 기존 회원들 중에서도 꾸준히 출석하는 인원이 갈수록 줄어들기 때문이다. 이러한 현상은 회원들의 교회 생활(예배, 교제, 교육, 전도)에 영향을 미쳐 결석하는 것을 흔하게 있을 수 있는 일로 여기거나, 교회에 다니는 것을 개인적 필요에 따라 선택할 수 있는 사항으로 여기는 현상으로 연결되기도 한다.

복음서에서 예수님은 다수의 군중들을 상대로 복음을 전하고 병을 고치고 가르치는 사역을 하셨다. 그것은 '열린 집단'이었다. 그러나 그와는 달리 엄격하고도 분명하게 '닫힌 집단'을 구성하시고 그들을 집중적으로 양육하신 사실을 발견하게 된다. 예수님은 열두 명의 제자를 세워서 함께 사역하셨고(마 10:1-4), 또 다른 곳에서 70인의 제자를 파송하셨다(눅 10:1-16).

여기서 우리는 청년대학부의 양육체계를 세우는 일에서 빚어지는 갈등의 원인을 발견한다. 양육이란 그 특성상 '닫힌 집단'의 성격을 지니는 반면, 교회는 '열린 집단'의 성격을 가지기 때문이다. 분명히 '열린 청년대학부'를 포기할 수는 없는 일이며, 그렇다고 양육을 늘 지지부진한 상태에 머물러 있게 할 수도 없다. 이 글에서는 '열린 청년대학부'에 찾아온 불신자를 어떻게 하면 '닫힌 청년대학부'로 들어오게 할 것인지를 생각해 보고자 한다.

위의 두 개념(열린 청년대학부와 닫힌 청년대학부)의 조화를 위하여 일종의 완충지대를 마련하는 것이 필요하다. 이러한 완충지대로서 '새신자반'을 생각하고자 한다. 우리가 생각하는 '새신자반'은 복음의 구체적인 내용을 배우는 '입문반'과는 다르다. 그가 불신자든 신자이든 처음으로 청년대학부에 온 사람을 양육의 체계로, 청년대학부 공동체로 들어오도록 하는 전략을 '새신자 관리'라고 한다.

새신자의 유형

우선 교회에 처음 오는 사람이 가지는 기대가 무엇인지 생각해보자. 우리가 그들을 교회의 일원으로 이끌고자 한다면 교회에 오게 된 동기를 재빨리 파악하는 것이 무엇보다도 중요하다. 그래야 적절히 대응할 수 있을 것이다.

청년대학부에 처음 오는 사람들의 유형은 대체로 다음과 같다.

첫째, 교회를 옮기려고 찾아온 '철새형'이다. 정말 안타까운 것은 요즘 청년대학부에 오는 사람 중 상당수가 교회를 옮겨보려고 기웃거린다는 사실이다. 그런데 이런 사람이 찾아오면 신앙을 제대로 상담도 해보지 않고 맞아들이는 청년대학부가 많은 것으로 안다. 그러나 이 경우, 초기상담을 통해 가능하면 본 교회에 돌아가도록 권면하는 것이 바람직하다고 본다. 그것이 여의치 않을 때는 본 교회 교역자와 상의한 후 받아들이는 것이 순서일 것이다. 이런 철새형에 관한 청년대학부의 정책과 원칙이 있어야 한다.

둘째, 공부를 따라서 옮겨온 '유학형'이다. 서울에는 지방에서 유학 오는 학생들로 인하여 청년대학부가 저절로 늘어나는 교회들이 제법 있다. 유학 온 학생들을 맞아들여 교회에 정착시키는 것은 교회의 마땅한 책임이다. 다만 기존 정착회원과 담이 생기지 않도록 지도해야 할 것이며, 고향의 본 교회 지도교역자와 연락망을 구축해야 한다.

셋째, 친구의 소개로 찾아온 '호기심형'이다. 청년대학부에 속한 회원들이 친구들을 교회로 초청할 때 무엇이라고 할까? 친구들을 교회에 데리고 오는 것은 결코 쉽지 않은 일이다. 특히 전도를 제대로 배워 보지도 못한 자들의 심정은 얼마나 답답할 것인가? 교회 소개는 첫인상이 중요하다. 친구들을 사귀기 위해서든지, 이성을 만나기 위해서든지 다양한 동기와 호기심을 가지고 청년대학부에 나올 수 있다. 그러나 잘못된 호기심 유발은 오히려 복음에 방해가 될 수 있다. 처음으로 청년대학부에 나온 사람이 어떠한 호기심과 동기를 가지고 왔는지 상담을 통해 점검해 보고 잘못된 것이 있다면 즉시 바로 잡아 줘야 한다.

넷째, 전도를 통하여 신앙을 얻고자 찾아오는 '열심형'이다. 이 열심형에는 복음을 한 번쯤 듣고 오는 사람이나, 복음을 소개받지는 못했지만 신앙을 갖고 싶어서 오는 사람이 있다. 이런 사람이 오면 정말 반가운 일이다. 그들은 복음의 핵심을 전하고 공동체 내에서 잘 적응할 수 있도록 도와 주기만 하면 된다. 건강한 청년대학부는 바로 이런 사람들이 헌신자로 자라갈 때 만들어진다.

이상과 같이 처음으로 청년대학부에 찾아오는 사람들이 무슨 이유로 왔는지 확인하는 것은 무엇보다 중요하다. 어떤 이유로 왔든지 신앙이 있다면 그의 신앙을 점검해야 할 것이고, 불신자라면 복음을 소개하고 청년대학부에서 자라도록 연결하는 것이 중요하다. 이 때 가능하면 신앙의 선배를 일대일 관계로 연결해 주거나 같은 학교, 혹은 고향의 친구를 붙여 주면 좋겠다.

새신자 관리의 내용

먼저, 교회와 청년대학부를 소개한다. 처음 교회에 나오는 사람이라면 교회의 모든 것이 낯설고 어색하다. 신앙생활의 기본적인 사항들을 간략히 소개하고 교회에 대한 안내를 하는 것이 필요하다. 아울러 청년대학부 모임의 내용과 이유, 유익들을 소개할 필요가 있다.

둘째, 신앙을 점검하여 적절한 소그룹으로 연결한다. 새신자의 신앙 상태를 상담하고 점검하는 것은 매우 중요한 작업이다. 대부분 일반적인 신상명세에 대해서는 비교적 상세히 살펴보면서 정작 중요한 그의 신앙 상태나 신앙 경력에 대해서는 거의 무관심한 경우가 많다. 자기 자신의 신앙을 소개할 수 있는 설문지를 만들어서 구체적이고 실제적인 점검을 한 후 그 결과에 따라 적절한 조치를 취하는 것이 필요하다.

셋째, 청년대학부에 적응시킨다. 낯선 분위기를 빠른 시간 내에 해소시키고 청년대학부에서 자기도 어울릴 수 있겠다는 마음을 가지도록 돕는 것이 가장 중요하다. 청년대학부 공동체 안에 별도의 친밀한 그룹이 형성되어 있는 경우 새신자가 정착하는 데 걸림돌로 작용할 때가 가끔 있다. 따라서 이러한 친밀한 그룹이 새신자를 청년대학부 공동체에 적응시키는 데 긍정적 역할을 하도록 지도해야 한다.

새신자 안내 원칙

우선, 최대한 자연스럽게 해 줘야 한다. 어쩌다 새신자 한 사람이 오면 여러 사람이 달려드는 경우가 있는데, 이는 매우 곤란하다. 반대로 새신자를 맞이해 본 경험이 별로 없는 까닭에 전혀 관심도 주지 않는 경우가 있는데, 이것도 피해야 한다. 새신자가 오면 형제는 형제가, 자매는 자매가 자연스럽게 접근하여 먼저 소개하고 친절하게 안내하는 것이 필요하다. 이 때 새신자반이 그에게 무슨 도움을 줄 수 있는지를 간단히 설명해야 할 것이다.

둘째, 교회가 세상과 구별됨을 명백히 말해야 한다. 요즈음 청년대학부를 찾아오는 사람들 중에는 교회에 대한 잘못된 이해를 가지고 있는 경우가 종종 있다. 그들의 잘못된 이해를 수정하고 새롭게 교회와 복음에 대해 기초교육과정을 거치게 할 필요가 있다. 특히 '호기심형'이나 '열심형'인 경우에는 교회가 세상과는 무엇인가 다를 것을 기대하고 찾아온다. 전도의 문이 막히는 것은, 세상과 교회의 구별이 무너지고 있기 때문이며 교회에 사랑과 정의와 거룩이 없기 때문이지, 교회가 세상과 제대로 어울리지 못하기 때문이 결코 아니다. 교회는 세상과 다르다는 것을 새신자에게 간단하지만 온유하고도 분명하게 설명해 줘야 한다.

셋째, 일대일 면담이 좋은 방법이다. 여러 사람을 동시에 상대하는 것보다는 일대일 면담이 훨씬 바람직하다. 그러기 위해서는 조장들이 제법 확보되어야 할 것이다. 만약 청년대학부의 양육단계를 '새신자반 – 입문반 – 성장반 – 제자반'으로 나눈다면, 새신자반은 가장 준비되고 탁월한 리더가 맡아야 한다. 지도교역자와 새신자반 리더들간의 적절한 업무분장(業務分掌)을 통해 새신자들을 섬기는 것은 매우 중요한 작업이다.

넷째, 모든 사람들이 정중하고도 떠들썩하게 새신자를 맞이해야 한다. 어느 정도 청년대학부 분위기에 적응되고 새신자반에서의 접촉이 끝나면 청년대학부의 정기집회 시간에 모든 사람이 관심을 집중하여 그를 성대하게 환영하는 시간을 가져야 한다. 자기소개도 하게 하고 질문도 하고 환영가를 부르는 것은 기본이다. 청년대학부 회원들이 많지 않을 경우 모든 회원들과 인사(악수)하게 하는 것도 좋을 것이다.

새신자반 오리엔테이션 내용
담당 교역자 및 새신자반 조장 소개 교회에 대한 전반적인 소개 예배 순서 안내, 주보를 보는 방법 청년대학부 모임 시간 및 내용 청년대학부에 다니면 얻게 되는 유익과 대가

새신자에 대한 입체적 전략

먼저, 전체 모임(예배)이 중요하다. 새신자들에게 가장 강한 인상을 남기는 것은 전체 모임이다. 전체 모임의 분위기가 그리스도인의 성숙한 의식 — 따뜻한 사랑, 존귀히 여김, 생명력 넘치는 활기 — 으로 가득하다면 새신자는 설명하지 않아도 되는 많은 것을 보고, 알고, 느끼게 될 것이고, 이는 복음에 대한 강한 열망으로 연결될 것이다. 특별히 청년대학부가 새로운 사람을 전도하고 새신자를 통하여 부흥하기 원한다면 전체 모임의 분위기가 성숙되어야 한다.

둘째, 동기별로 묶어 준다. 가장 빨리 친숙해질 수 있는 대상은 나이가 같은 또래들이다. 동기들이 서로에 대한 관심을 가지고 챙기면 새신자들은 빠르게 청년대학부에 적응하게 된다. 이 때 동기 편성 기준은 고등학교 졸업년도를 기준으로 하는 것이 보통이다. 대학의 학번이 청년대학부의 질서를 좌우하지 않게 하는 것이 바람직하다.

셋째, 소그룹을 통해 인격적 관계 형성을 돕는다. 청년대학부의 주인으로 정착하려면 기존 청년대학부 회원과 인격적인 관계를 맺어야 한다. 이러한 관계 형성에 가장 알맞는 공간이 바로 소그룹이다. 여기서 소그룹이란 청년대학부에서 공인된 성경공부 중심의 양육 소그룹을 의미한다.

넷째, 개인적으로 돌보아야 한다. 위의 전략으로도 해결되지 않는 부분이 있다. 새신자들에게는 개인적인 필요와 문제들이 있기 때문이다. 새신자가 성숙한 그리스도인으로 자라가는 데 방해가 되는 장애요인들을 제거하는 일은 중요하다. 상담을 통하여 새신자가 갖고 있는 신앙적 편견과 문제들을 극복하게끔 도와 주어야 한다.

이 외에도 서신, 전화, 선물 등을 통하여 의사소통을 할 수 있다.

필요한 서류들

새신자에게 불쑥 청년대학부 가입원서를 내밀면 거부감이 생긴다. 그래서 '개인 프로필'이라는 부담없이 쓸 수 있는 양식을 사용하는 청년대학부가 많다. 새신자의 중요한 신앙 경력이나 신앙 상태에 관해서는 면담하는 조장이나 간사, 교역자가 직접 새신자 명부에 기록하는 것이 좋다. 그리고 면담 결과 얻은 의견을 기록하는 것도 잊지 말아야 할 일이다.

이렇게 정리된 새신자 명부는 기존 소그룹에 정확히 인수인계될 때까지 신중하게 관리한다. '정확히 인수인계될 때'라는 것은, 새신자가 소그룹에 정착하여 양육받기 시작하는 시점을 의미한다.

새신자를 언제쯤 등반시킬 것인가 하는 문제는 새신자반의 리더들과 교역자가 신중하게 의논하여 결정해야 할 것이다. 3개월이나 6개월 단위의 유예 기간을 두고 정리하는 것이 일반적이다.

새신자 전략의 주의사항

첫째, 사람의 마음을 움직이는 분은 하나님이시다. 그러므로 무엇보다 중요한 것은 기도이다. 기도 없이 새신자들을 청년대학부 공동체에 정착시키거나 우리의 설명으로 그들을 설득할 수는 없다(고전 2:1).

둘째, 인격적인 관계로 만나야 한다. 새신자를 공식적으로 만나되 공식적으로 만난다는 인상을 주지 않는 것이 중요하다. '공식적'이라는 것은 분명한 목표와 계획을 가지고 만난다는 것을 의미한다. 그러나 새신자가 공식적이라는 인상을 받지 않도록 새신자의 처지에서 인격적인 접근 방법을 택하는 것이 중요하다.

셋째, 분명한 자료 제시가 필요하다. 준비된 인쇄물은 새신자 관리에 필수적이다. 이것은 앞의 내용들보다 부차적인 것이기는 하지만 말로 설명하지 못한 내용들을 나중에라도 읽을 수 있도록 하는 배려가 필요하다.

넷째, 다음 그룹으로 인도할 때 주의를 기울여야 한다. 즉 새신자 모임에서 양육 소그룹으로 인도할 때 새신자의 입장을 충분히 이해하고 주의를 기울여야 한다. 그러므로 일대일 관계를 형성한 리더가 직접 소그룹으로 데리고 가서 인도하는 것이 좋은 방법이다.

다섯째, 첫 출석 후 일주일이 중요하다. 교회는 열린 공동체이지만 교회의 교육기관인 청년대학부는 닫힌 공동체의 성격을 가지고 있다. 그 두 공동체의 조화를 이룰 수 있는 완충지대가 새신자 관리부이다. 이러한 새신자 관리부는 좀더 신중하고 세밀하게 운영되어야 한다. 새신자 관리부를 위한 조장훈련도 별도로 할 필요가 있고 여러 가지 문서와 다양한 자료들을 준비하는 것이 필요하다.

청년대학부의 문은 항상 열려 있어야 한다. 더불어 새신자들이 복음에 대한 철저한 안내를 받고 공동체에 들어오게 하는 일은 청년대학부의 핵심적인 전략이 되어야 한다.

전도

송 화 성

청년대학부가 침체되어 있거나 정체되어 있으면 청년들도 힘들고 지도하는 사역자도 마찬가지다. 이럴 때 뭔가 돌파구를 찾고 싶은 것은 당연한 일이다. 문제는 그 '돌파구'가 뭐냐는 것이다. 우선 가장 가까이 있는 확실한 방법 중 하나는 전도다. 전도를 통해 살아나는 것이 확실한 돌파구가 되는 것이다.

그런데 청년대학부를 맡고 있는 사역자들 사이에서, 이제 전도는 청년부의 성장에 구태의연한 방법이라는 생각들이 퍼져 있는 것 같다. 오히려 양육과 프로그램에 더 신경을 써서 청년대학부를 질적으로 성장시키자는 말이 있다. 그뿐 아니라 이미 신앙을 갖고 있는 청년들의 수평이동이 없으면 절대 성장할수 없다는 자조 섞인 말도 가끔씩 들려온다. 하지만 지금도 전도할 수 있고, 전도할 때 청년부는 살아난다.

그러나 많은 이들이 전도에 대해 적잖은 부담감을 갖고 있는 만큼 전도가 활성화되지 않는 것 또한 사실이다. 이 글에서는 쉽게 할 수 있는 전도로부터 시작하여 사역자가 할 수 있는 현장 심방에 대해 알아

보고자 한다. 아울러 유학생, 국제학생 등을 포함하여 공동체가 할 수 있는 캠퍼스 선교와 직장 선교를 모색하고, 조심스럽긴 하지만 다른 교회로 파송하는 것까지를 아우르는 청년대학부의 전도에 대하여 살펴보고자 한다.

교회 안의 잃어버린 양들

교회마다 청년부는 다니지 않고 주일 낮예배만 참석하는 이들이 있다. 아니 어쩌면 저녁예배와 수요예배, 심지어 금요기도회와 새벽기도회까지 참석하는 이들이 있을지도 모르겠다. 그런데 의외로 주일 낮예배만 참석하는 많은 청년들이 청년부의 제안과 초청이 없기에 청년부 모임에 참석하지 못한다고 한다.

그들에게 함께 청년부 모임에 참석하자고 권해 보라. 교회 안의 다른 부서, 예컨대 성가대나 주일학교 등에서 열심히 봉사하고 있는 이들에게까지 곱절로 짐을 지우게 하라는 말이 아니라, 주일 낮예배만 참석하여 성도간의 교제도 없고 양육도 제대로 받지 못하는 청년들에게 다가가 함께 성장해 가자고 초청하자는 것이다.

초신자나 최근 다른 교회에서 옮겨 온 이들, 그리고 내성적인 사람들에게는 특히 강권할 필요가 있다. 주일 낮예배가 끝난 뒤 예배실을 나서는 '낯선' 청년들에게 다가가라. 그리고 청년회 주보나 소식지 혹은 홍보지를 나눠 주며 교제도 하고 청년부로 자연스럽게 이끌면 좋겠다. 예배 후 청년대학부를 안내하는 데스크나 부스를 설치하여 안내하는 방법도 있다.

교회 행정이나 전산망이 잘 갖춰진 교회라면 더욱 수월하다. 이미 등록된 전화번호나 주소를 가지고 전화를 하거나 청년회로 초청하는 편지를 보낼 수 있을 것이다. 매일 편지함에 들어 있는 요금 고지서만 보다가 관심을 담은 편지 한 통을 받았을 때 마음이 움직일 수도 있다.

이렇듯 밖에서 청년들을 모아오는 것이 쉽지 않고 힘들게 느껴진다면 내부에 있는 이들이라도 모아야 한다. 사람을 모으는 한편 청년부의 내실도 함께 다져가야 한다. 새로 청년들이 찾아올 때, 요란하지는 않지만 따뜻한 마음을 가지고 맞을 준비를 해야 하며, 재미있고 유익한 청년부가 되도록 알찬 양육과 활동이 더해져야 된다. 이처럼 새로운 청년 회원을 맞이하는 데에도 개별 교회 상황에 맞는 준비와 실습이 필요하다.

지금까지 보았듯, 전도의 첫 단계는 바로 교회 내에서 소외되어 있는 청년들에게 관심을 갖는 것이다.

또 다른 잃어버린 양들

"요즘 우리 교회가 이상해. 꼭 남의 교회에 온 것 같아!"

이것은 그 교회 고등부 출신들에게서 듣게 되는 말이다. 이 말은 '우리가 이 교회 주인인 것 같은데 오히려 새로 들어온 이들이 주인처럼 우리를 맞이하고 행사도 자기들 마음대로 하는 것 같다'는 의미이다. 마치 누가복음 15장의 탕자 비유에 나오는 두 아들 가운데 첫째 아들과 같은 생각을 갖는 것이다. 청년부 사역자는 청년부 모임 안에 이런 청년들이 없는지 관심을 기울여야 한다. 이들이 느끼는 박탈감이나 소외감은 말할 수 없을 만큼 크다.

또한 가까운 도시나 인근 지방으로 진학하여 한 주에 한 번 교회에 나오는 청년들이 있을 수 있다. 이럴 경우 교회 행사가 주중 저녁시간에 치러지기 때문에 자신은 뭐가 뭔지도 잘 모르고 밀려나는 듯한 느낌, 또 야간대학에 진학하여 청년대학부 행사에 잘 참석하지 못해 뒤처지는 느낌에 사로잡히는 경우가 있다. 이런 경우라도 그들이 소외감을 느끼지 않도록 주말이나 방학을 이용해 하나되는 프로그램을 가지며 더욱 적극적으로 동참을 유도해야 한다.

대학 진학을 하지 않고 바로 직장에 들어간 청년들의 경우도 마찬가지다. 이들은 대다수 대학을 다니고 있는 청년들에 대해 상대적 열등감을 갖기 쉽다. 이들에게도 같은 젊은이라는 동질감을 강조하면서 함께할 수 있는 공간들을 많이 만들 수 있다면 청년대학부에 더 많은 사람이 모이게 될 것이 분명하다.

현장 심방으로 전도하기

심방은 장년 교인들만을 대상으로 하는 것이 아님을 우리는 이미 알고 있다. 청년들도 사역자와의 만남을 원하고 있다. 그런데 정작 청년들이 청년부 지도교역자를 만나기가 쉽지 않다. 만나기 제일 좋은 날이 주일인데, 주일은 교회의 여러 가지 일로 서로 바쁘다. 주중에는 청년들이 늦게 집에 들어와서 만나기도 어렵고, 밤늦게 찾아가는 일이 공연한 오해를 불러 일으킬 수도 있어서 여의치 않다.

이런 경우 현장 심방은 큰 도움을 준다. 캠퍼스나 직장 등지로 청년들을 심방하게 되면 그들을 만나기도 쉬울 뿐 아니라, 그들의 신앙 상태를 가까이에서 더 잘 이해할 수 있다. 직장 방문은 계획을 세워서 점심시간이나 퇴근 직후에 하거나, 야근이 있는 경우 저녁식사 시간에 약속을 한다. 만난 자리에서는 청년의 근황을 듣고 기도제목을 나눈 후 함께 기도한다.

이러한 현장 심방은, 교회 청년부에 나오는 이들뿐 아니라 신앙이 있는 동료, 혹은 그 동안 여러 가지 이유로 교회에 거부감이 있거나 교회 나가지 않고 있는 이들도 함께 만날 수 있는 방법이 된다. 모여서 식사하고 교제를 나누는 동안에 기회를 보아 자연스럽게 복음을 전할 수 있다.

캠퍼스는 더욱 심방하기 좋다. 중간중간에 공강 시간이 있기 때문에 약속만 하면 언제든지 만날 수 있다. 날씨가 좋으면 야외에서 모임을 가져도 되고, 그렇지 않으면 학생 식당이나 빈 강의실에서 만나도 된다. 매주 정기적으로 캠퍼스를 방문할 수 있으면 청년부 회원의 친구들을 초청해서 전도 성경공부를 하는 것도 가능하다.

캠퍼스에서 전도하기

일반적으로 가장 전도하기 좋은 곳은 캠퍼스이다. 캠퍼스는 매년 일정한 인구가 졸업하고 입학한다. 그리고 캠퍼스에서는 누구든지 자유롭게 만날 수 있다.

서울지역 캠퍼스 상황을 보면, 전체 학생 중에서 대체로 2-3% 정도가 선교단체에서 활동하고 있다. 이들은 드러내 놓고 믿는 이들이다. 어떤 이유에서든지 드러나지 않는 이들, 즉 교회만 다니는 이들을 포함할 경우 약 30%가 기독 대학생들이다. 이 가운데는 방학이 되면 집에 내려가 교회에 출석하고, 개학하면 신앙을 방학하는 이들도 상당수 있다.

결국 이들을 빼고 나면 70% 정도의 대학생들이 매년 그리스도와 무관하게 대학문을 나선다는 말이 된다. 그 70%의 대부분은 예수가 누구인지, 교회가 무엇 하는 곳인지, 성경이 무엇인지 모른다. 신앙에 대해서는 성탄절 날 축하공연이나 선물, 부활절 등을 생각해내는 정도이다. 우리가 타종교와 경전, 집회장소 등에 대해 잘 모르는 것을 생각하면 이해가 될 것이다.

게다가 이제 캠퍼스 선교 상황도 빠른 속도로 바뀌고 있다. 지금까지 캠퍼스는 입학을 하면 4년 간 같이 학교에 다니다가 같이 졸업하는 곳이었다. 그러나 이제는 일반 입학생, 편입생, 학사 편입생, 외국대학 편입생, 시간제 학생이 섞여 있고, 잦은 휴학과 복학으로 복잡한 양상을 띠고 있어서 캠퍼스 선교 상황을 좀더 다양하게 연구할 필요가 있다.

또 캠퍼스에는 이단이 판을 친다. 이단들은 자신들이 인정받기 위해 상아탑을 노린다. 일반인들은 대학생들이 믿는다고 하면, 지성인들이 믿는 것이니까 틀림이 없으리라고 단정한다. 바로 이 점을 이단은 전략적으로 이용한다.

이단은 처음 접근할 때부터 다짜고짜 성경을 들이대지 않는다. 시골에서 온 사람처럼 보이거나, 외로운 모습이 눈에 띄면 접근해서 함께 농구하고 라면도 사 주고 커피도 마시며 틈나는 대로 공부하는 법, 컴퓨터 등을 가르쳐 주며 인간적으로 친하게 지낸다. 그러다가 자연스럽게 그들의 교리를 가지고 함께 공부하고 회원으로 등록시킨다.

이에 비해 우리는 어떠한가? 만나자마자 사영리를 들이대며 "사영리에 대해 들어 보셨습니까? 같이 성경을 공부해보고 싶지 않으십니까? 예수 믿으세요? 교회 다니세요?"라고 쉴새없이 질문한다. 이런 질문은 신앙인들에게는 동지를 만나게 되는 반가움을 줄 수 있지만, 믿지 않는 일반인에게는 거부감을 줄 수도 있다. 따라서 특히 기독 청년들은 캠퍼스에서 먼저 믿지 않는 학우들과 우정을 쌓고 친하게 지내는 것이 중요하다.

요즘은 학과에서 성실하게 생활하고 주위를 돌아볼 줄 알며 다른 사람들을 섬기는 이들이 더더욱 절실한 때이다. 동료들은 물론이고 후배들에게도 좋은 선배가 되어야 한다. 전에는 대학에 입학하자마자 선배가 있었지만, 지금은 학부제로 바뀌어 학과 선배가 사라져 가는 추세다. 그 결과, 대학생활을 어떻게 해야 할지 모르는 신입생들이 늘어나고 있다. 이들에게 다가가 모르는 것을 하나하나 설명해 주며 친하게 지낼 '선배'가 필요한데, 기독 청년대학생들이야말로 그 역할을 가장 잘 감당할 적임자가 아니겠는가!

청년대학부 전도 훈련

선후배들과 친해지다보면 이런저런 애기가 오갈 것은 자연스런 이치다. 그러다 보면 그들 중에는 우리 안에 있는 소망을 묻는 자들이 있을 텐데, 이 때 그들에게 대답할 말을 항상 예비하고 있어야 한다(벧전 3:15). 이 준비는 개인별로도 해야겠지만 청년대학부 안에서 공동체적으로도 반드시 해야 한다.

공동체적으로 하는 전도 훈련은 여러 가지로 유익하다. 전도 훈련을 통해서 청년들은 복음의 내용, 즉 자신이 믿는 바를 확인할 수 있다. 오랫동안 신앙 생활을 해 왔어도 자신이 무엇을 믿고 있는지 잘 모르고 있는 이들이 의외로 많이 있으며, 또 안다고 하더라도 그것이 체계적으로 정리가 안된 사람은 더 많다. 그러므로 전도 훈련을 통하여 신앙에 대해 강한 확신의 사람이 될 수 있다.

우선, 전도 훈련은 '전도지'나 '전도 성경공부 교재'를 가지고 할 수 있다. 현재 나와 있는 전도지로는 '사영리'가 대표적인데, 이것은 한 시간 이상의 훈련을 요한다. 또 전도 성경공부 교재로는 '원투원'이 있는데, 한 주 정도의 훈련을 요한다.

전도 훈련 기관에서 실시하는 훈련 프로그램에 참가하는 방법도 있다. 이를테면 '전도폭발훈련' 같은 것인데, 이는 한 학기 정도의 훈련을 요한다.

청년부에서 직접 전도 훈련을 할 경우, 집회 중에 모든 회원을 대상으로 훈련을 실시한다. 한 달 정도 전도에 대해 집중적인 투자를 하는데, 그 달의 중점 목표를 전도에 두고 기도로 계속 준비한다. 설교와 성경공부도 복음의 내용을 체계적으로 전달하고 배우는 데 초점을 맞춰 한 주에 한 주제씩을 다룬다.

조별활동 시간에는 청년부에서 정한 전도지를 가지고 내용 숙지, 성구 및 내용 암기, 반복 숙달하는 과정이 필요하다. 내용을 숙달하는 훈련이 어느 정도 진행이 되면 두 명이 한 조가 되어 한 명은 전도자, 한 명은 피전도자의 입장에서 전도 실습을 한다.

훈련이 웬만큼 진행되었다면, 이제 전도할 대상을 구체적으로 정한다. 각각 정한 사람을 위해 집중적으로 기도하고 기회를 찾아 복음을 전한다. 청년부에서도 '전도의 날'을 정하고, 그 날 불신자들을 초청해서 전도 집회를 갖는다. 이렇게 해서 전도된 이들이 생기면, 그 수가 한 명일지라도 청년부는 훨씬 활기가 넘치는 공동체로 바뀐다. 새로 온 회원이 그리스도의 좋은 제자로 나아가도록 모든 회원이 애쓰는 가운데 점차 더 좋은 그리스도의 공동체가 되어간다. 바로 청년회가 살아나는 순간이다.

유학생 선교

유학생 선교에는 우선, 해외로 나간 유학생을 대상으로 하는 사역이 있을 수 있겠다. 이와 관련하여 교회와 청년대학부는 공부하러 해외에 나가는 청년들에게 좀더 많은 관심을 가져야 한다. 흔히 신학을 공부하러 떠나는 이들은 기도와 재정으로 후원해 주는 반면, 일반 학문을 공부하러 나가는 이들은 기도로 후원하기는 해도 재정 후원을 한다거나 계속 교류하며 기도 정보를 교환하고 격려하는 일은 드문 현실이다. 하지만 신학을 공부하건 일반 학문을 공부하건, 이들에게 '선교사'란 칭호와 함께 다방면의 후원이 물심양면으로 요구된다. 신앙을 가지고 유학을 떠난 이들은 공부와 함께 선교도 하기 때문이다.

해외로 공부하러 나간 청년들은 위기를 맞았을 때 가치관이 더욱 심각하게 흔들리며, 보는 이가 적으므로 좀더 쉽게 살고자 하는 유혹이 찾아 온다. 그렇기 때문에 이들을 위한 기도가 더욱 필요한 것이다. 그리고 가능하다면 이들이 '해외유학생수양회'(KOSTA)에 연결될 수 있도록 배려하는 것도 사역자의 할 일이다.

그 다음으로 해외에서 들어온 외국인 학생과 청년들을 대상으로 하는 사역이 있을 수 있다. 그 동안 우리는 많은 선교사를 배출했다. 각 교단과 선교단체마다 최단 시기에 최고의 인원을 보낸 것 같다. 그러나 IMF 구제금융 사태를 맞고 난 이후, 그 전처럼 많은 이들을 계속 내보낸다는 것은 현실적으로 어려운 상황이 되었다. 그러면 선교를 중단해야 하는가? 결코 그럴 수 없으며, 그리해서도 안된다. 해외로 내보내거나 나가기 어려운 상황 가운데도 기회는 있는 법이기 때문이다. 바로 한국에 온 많은 외국인 유학생과 청년들이 있지 않은가?

우리가 선교지로 나가면 제약이 따르고, 오랜 시간 동안 복음을 전한다고 해도 열매를 거두기가 쉽지 않다. 하지만 우리 나라에 들어와 있는 외국인의 경우는 사정이 사뭇 다르다. 우선 재정적인 면을 보면,

같은 선교비로 훨씬 많은 일을 할 수 있다. 또 우리가 조금만 관심을 가져 주면 그들은 쉽게 마음을 연다. 한끼 식사 초대 등 시간을 내고 가까이 다가가면 갈수록 그들도 우리와 우리가 믿는 복음에 더 가까이 다가온다.

물론 복음을 받아들이게 되면 더할 나위없이 기쁘고 좋은 일이지만, 설령 믿지 않는다 하더라도 좋은 관계만 맺는 것만으로도 선교에 큰 진전이 있게 되는 셈이다. 그들은 한국의 그리스도인들에게 호감을 갖고 본국으로 돌아가서 우리와 우리의 신앙을 얘기할 것이다. 그리하여 뒷날 우리 선교사가 그들 나라에 갈 때, 아무도 모르고 가는 것과는 비교조차 안 될 훌륭한 조력자를 얻게 되어 교두보, 즉 선교 전초로 삼을 수 있게 된다. 이 사역은 각 교회 혹은 청년회가 해도 좋으며, 이미 하고 있는 교회나 단체 등과 협력하면 더욱 좋을 것이다.

직장 선교

캠퍼스 전도가 유동적인 이들에게 접근하는 측면이 강하다면, 직장 선교는 고정적인 측면이 강하다고 할 수 있다. 직장에 가면 부서가 정해져 있고 부원들은 1년 내내, 혹은 그 직장에 있는 동안 매일 만날 수 있다. 이러한 상황은 전도에 쉬울 수도 있고 더 어려울 수도 있는 양면성이 있다.

우선 접근할 때 낯선 사람에게는 경계심을 갖고 대하는데 비해, 같은 사내에서는 그다지 어렵지 않게 다가갈 수 있다는 점에서 전도하기 쉽다. 그뿐 아니라 하루 시간의 대부분을 같이 보내기에 서로 친해질 수 있는 기회가 많다. 같이 일하고 같이 먹고 생활하는 가운데 자연스레 복음을 전할 수 있다. 그러나 다른 한편 기독 직장인이 불성실하거나 부정직한 면들이 드러나고 회사와 동료들에게 도움이 되지 않는다면, 오히려 선교에 걸림돌이 될 수도 있다. 평소 청년대학부에서의 기독교 윤리 훈련이 중요한 이유가 바로 여기에 있는 것이다.

직장에 들어간 기독 청년들은 자신이 '선교사'라는 의식을 가지는 것이 중요하다. 그러기에 기독 청년들은 직장 안에서 자신의 모든 일에 더욱 충실해야 하며, 직장일을 등한히 하면 곤란하다. 또 회사와 동료들에게 도움이 되어야 한다. 남보다 한 발 앞서 출근하고 열심히 일하며 궂은 일도 마다하지 않는 정신이 필요하다. 그래서 회사와 동료들에게 꼭 필요한 사람, 일할 맛을 내는 사람이 되어야 한다. 이것이 직장 선교의 중요한 출발점이다. 그런 다음 때로 동료들을 교회로 초청도 하고, 기회를 보아 복음을 들려 주는 것을 잊지 말아야 한다.

리더를 다른 교회로 파송

이 말은 정말이지 조심스럽게 꺼내고 싶다. 오해를 불러일으킬 수 있는 일이어서 더욱 그렇다. 어떤 교회 청년대학부가 전도와 선교가 잘 이루어져서 회원이 어느 정도 되고 양육도 충실히 되었다면, 리더나 엘더 가운데 몇 명을 연약한 교회 청년부로 파송하는 문제를 진지하게 고려해보면 어떨까?

지역 교회 청년부 가운데는 일어서 보려고 애를 쓰지만 힘이 모이지 않아 제자리 걸음만 반복하는 경우가 적지 않다. 이런 경우 누군가 한 명만이라도 호흡을 맞추면 그리 어렵지 않게 청년대학부 공동체를 세울 수 있을 것이다. 보내는 이들도 선교사를 위해 기도하는 것과 마찬가지로 파송된 리더를 물심양면으로 지원하면서 함께 주님의 나라를 이루자는 목적으로 파송할 것을 고려해 보자는 것이다.

고인 물은 흘려 보내라

교회가 성장하는 방법에는 전도를 통한 방법과 교회가 빛으로 드러나 사람들이 그 교회로 찾아오는 방법이 있다. 두 가지 다 중요하며, 어느 것 하나를 버리면 안 된다. 이제 이 두 가지 일을 함께 시작하자.

아무 일도 하지 않으면 실패는 단 1%도 있을 수 없다. 그러나 그것으로 그만이다. 생동하는 젊음이 있는 공동체는 다르다. '전도를 해도 저들이 거절하면 어떻게 하나?' 하며 고민만 하지 않는다. 직접 복음을 가지고 현장에서 부딪힌다. 그래서 복음의 능력을 맛본다.

청년부가 아무리 질적으로 성장한다고 해도 새로운 지체가 생겨나지 않으면 생명의 역사는 이어지지 않는다. 전도하기로 작정하고, 전도하기 위해 모이고 훈련하고 기도하는 것은 청년부를 살리는 첫 걸음이다.

부서내 갈등과 부서간 갈등

공 성 식

갈등은 인간 사회 어디에나 존재한다. 저질의 '인간 쓰레기들' 이 모여 있는 곳에도 갈등은 일어나고, 아름다운 사랑을 성취한 부부 사이에도 갈등은 있게 마련이다.

우리가 경험하는 바대로, 교회 역시 그리스도의 보혈로 말미암아 구원받았다고는 하지만 여전히 불완전한 인간들이 모여 있기에 많은 갈등이 늘상 일어난다. 그러므로 우리 중에 아무도 갈등이 있기를 바라지는 않겠지만, 언제라도 갈등은 일어날 수 있음을 인정해야 한다. 그리고 이 갈등을 어떻게 처리해 나가는 것이 좋을지 준비해야 한다.

갈등이 반드시 나쁜 것만은 아니다. 갈등이 잘 처리되면 서로를 더 잘 이해하게 되어 더욱 견고하고 아름다운 인간관계를 형성할 수 있다. 그리고 또 다른 사람과 갈등을 빚게 될 때 그 갈등을 더 잘 풀어갈 능력이 생길 뿐더러, 갈등을 겪고 있는 다른 사람들을 진정으로 이해하며 잘 도와 줄 수도 있다.

이 글에서는 청년대학부 안팎에서 겪을 수 있는 갈등의 유형과 원인을 살펴보고, 그 대책을 찾아보고자 한다.

부서내 갈등

1. 유형과 원인

우선, 다양한 성장 배경과 인간의 불완전성 및 미성숙함으로 말미암아 빚어지는 일반적인 유형의 갈등이 있을 수 있다. 이 때 서로간에 쌓인 오해와 불신으로 서로를 찌르게 된다. 그러나 이러한 갈등의 시간을 지내고 나면 각자 자신의 모난 부분을 발견하게 되고, 서로가 좀더 성숙하기 위한 발걸음을 내딛을 수 있게 된다.

그 다음엔 이성교제로 인한 갈등을 들 수 있다. 청년기의 최고 관심사는 이성에 관한 것이다. 특히 신앙 있는 사람과의 만남을 강조하다 보니, 가장 가까이에 있는 신앙공동체인 청년부 내에서 짝을 찾게 된다. 그러나 이성에 대한 기준은 거의 비슷하고, 그래서 어떤 청년에게 호감을 주는 이성은 다른 청년들도 호감을 느끼게 마련이다. 그러다 보니 청년부 안을 들여다 보면 이성간의 관계가 짝사랑, 삼각관계, 사각관계 등으로 온통 얽혀 있음을 알게 된다. 특별히 이 문제는 청년들이 여간해서 드러내지 않으려 하기 때문에, 안에서만 타오르는 불꽃과 같아서 더욱 다루기가 쉽지 않다.

그리고 임원 선출로 인한 갈등이 있다. 아직까지도 일부 교회에서는 섬기는 직분이 일종의 계급이요, 자랑할 만한 명예로 인식되고 있는 것이 사실이다. 청년들 또한 한편으로는 직분을 맡는 것을 굉장히 부담스러워 하면서도, 다른 한편으로는 이 문제와 관련해 미묘한 긴장과 갈등에 빠지곤 한다.

이러한 갈등은 무엇보다 개개인의 미성숙한 신앙 인격으로 인해 대다수 생겨난다. 인간 내부의 뿌리 깊은 욕심이나 시기, 질투, 그리고 복음 안에서 철저하게 훈련되지 않은 거친 인격으로 인해 갈등을 빚게 되는 것이다. 이와 관련하여 특히 청년 사역자들은 청년들에게서 겉으로 드러나 보이는 신앙의 정도와 참다운 신앙 인격이 반드시 비례하는 것은 아니라는 사실을 잊지 말아야 한다.

또한 교회에 관한 성경적인 가르침을 제대로 알지 못하면 많은 오해와 갈등이 생길 수 있다. 특별히 직분에 대해서는 바른 이해가 필요한데, 여전히 직분을 위계적 구조로 이해하고 있어 문제가 된다. 즉 뽑힌 사람은 더 나은 사람이고 특별히 선발된 사람이라는 의식 때문에 임원들에게는 우월감을, 선출되지 못한 사람들은 열등감을 가지도록 잘못 이끈다. 이는 직분에 대한 올바른 교육이 이루어지지 않았기 때문이기도 하므로, 직분의 개념을 바로 가르치고 교육할 필요가 있다.

2. 해소 방안

먼저, 철저한 신앙 훈련이 요구된다. 청년 사역은 한 영혼 한 영혼을 하나님 앞에서 온전한 자로 세우는 데 힘쓰는 목회가 되어야 한다. 그러기 위해서는 청년들에게 더욱 철저한 신앙 훈련을 실시하여 그들이 책임 있는 자아로 설 수 있도록 해야 한다. 신앙 훈련은 특히 성령의 열매를 맺는 신앙 인격의 성숙에 초점을 두어야 한다.

이러한 신앙 훈련은 공동체를 통해서만 가능하다. 그런 점에서 공동체 내의 갈등과 그로 말미암는 아픔은 서로의 성숙을 위한 하나님의 훈련 계획 안에 포함되어 있는지도 모를 일이다. 따라서 위기를 기회로 삼는 지혜가 필요하다.

거제도에 가면 학동해수욕장이라는 곳이 있다. 거기를 가 보면 흰

모래 대신 '몽돌' 이라고 불리는 자갈이 해변을 뒤덮고 있다. 거친 돌들이 수많은 세월이 흐르는 동안 밀려오는 파도에 깎이고 깎여 맨발로 다녀도 전혀 아프지 않은 둥글둥글하고 예쁜 몽돌이 된 것이다. "철이 철을 날카롭게 하는 것같이 사람이 그 친구의 얼굴을 빛나게 하느니라"(잠 27:17)는 성경 말씀은 오늘날 공동체 내의 갈등 관계에 거듭 적용되는 진리이다.

다음으로, 청년기 발달 과업에 대한 해결책을 제시함으로써 갈등을 풀어갈 수 있다. 즉 청년들의 성장과정에 따라 풀어야 할 여러 가지 과제들에 대해 지침과 해답을 제공해 주는 것이다. 청년기의 발달 과업 가운데 특히 사회성 발달과 관련하여 대인관계나 친구 사귀기, 이성교제와 결혼 등에 관한 교육과 지침을 제공해 주어야 한다.

끝으로, 합리적인 조직 운영이 갈등을 풀 수 있는 방안이 된다. 직분에 대하여 성경적인 견해를 갖도록 도와 주어야 하며, 합리적인 조직 체계를 구축해가야 한다. 임원 세우기와 관련해서는 투명성과 합리성이 뒷받침되어야 한다. 직무기술서(job description)를 통하여 명확한 업무분장이 이루어져야 하며, 직분자들에게는 분명한 헌신과 충성을 요구할 수 있어야 한다.

부서간 갈등

1. 유형과 원인

교회의 각 부서 사이에 일어나는 갈등은 몇 가지 외형적 양상을 띠는데, 그것은 다음과 같다.

첫째, '인적 자원 쟁탈전' 의 양상을 보인다. 이는 많은 교회들이 갈등을 겪고 있는 일반적인 문제이다. 교회 내의 타 부서(성가대, 주일학교, 중고등부 등)에서는 청년들을 '봉사 자원'으로 바라보지만, 청년부 교역자들에게 그들은 연약하기 짝이 없는 한 마리 '어린 양'일 따름이다. 그래서 청년부 사역자와 타부서 사역자 및 부장들 사이에 종종 청년 쟁탈전이 벌어지곤 한다. 특히 중·소규모의 교회일수록 이 현상은 더욱 심각하다.

둘째, '비품 사용 신경전'의 양상을 띠기도 한다. 일반적으로 청년부는 교회가 지원하는 재정 외에 별도의 회비를 걷게 된다. 그리고 아무래도 경제활동인구들이 많기 때문에 비교적 재정에 대한 어려움 없이 활동하며 꼭 필요한 기자재(신디사이저, 캠코더, 컴퓨터, 드럼 등)는 특별 헌금을 통해 자체적으로 구입하기도 한다.

반면에 선진적인 기자재에 대한 개념이 없거나 활용할 재정이 빈약한 부서에서는 청년부의 기자재를 빌어 쓰게 된다. 여기에서 손망실을 비롯한 관리의 문제나 사용할 시간대가 겹치는 등의 문제가 발생하여 갈등이 빚어지기도 한다. 또한 교회 내 공동 사용 비품 중에서 컴퓨터나 멀티미디어와 연관된 것들은 주로 청년들이 다루게 된다. 이 때 허락 없이 가져가거나 약속을 지키지 않고 임의로 사용기간을 연장하는 경우 타부서에서 정작 쓰고자 할 때 사용할 수 없게 되어 갈등을 빚기도 한다.

셋째, '예의 부재 논쟁전'을 벌이기도 한다. 우리가 잘 아는 대로 역사가 시작된 이래 기성세대들의 공통적인 말 가운데는, "요사이 젊은 것들 버릇이 없어. 적어도 우리 때는 안 그랬는데……"라는 표현이 가장 대표적일 것이다. 교회 내 어른들에게는 청년들의 옷차림새나 머리 모양새도 마음에 들지 않을 뿐더러, 인사도 제대로 하지 않는다는 평가가 늘 마음속에 내재되어 있어 결정적인 순간에 갈등으로 비화되기도 한다.

이처럼 교회 내 각 부서간에 갈등이 빚어지는 데는 다음과 같은 몇 가지 원인이 있을 수 있다.

첫째, '청년들의 사회성 미숙'이다. 인사 잘하기, 예배 시간 지키기 등 기본적인 예절과 교육이 부족하여 갈등을 빚게 된다. 이 경우는 대체적으로 청년들의 사회성 발달에 문제가 있기 때문이다.

둘째, '청년들에 대한 이해 부족'이다. 청년들에 대한 기성세대들의 폭좁은 이해는 갈등을 일으키는 요인 가운데 하나가 된다.

셋째, '교회 내 청년들의 위치에 대한 교회적 합의 부족'이다. 즉 청년들을 우선적으로 '봉사자'로 볼 것인지 아니면 '피교육생'으로 볼 것인지, 교회 내의 여러 가지 장치들에 의해서 명시적이건 암묵적이건 간에 합의가 되어 있지 않을 때 갈등은 불가피한 일이 된다.

넷째, '지도교역자의 협소한 목회 개념'이다. 당장 자신이 맡은 부서의 운영과 유익을 위해서라면 무엇이라도 할 수 있다고 생각할 때, 갈등은 빚어지게 마련이다. 이는 목회에 대한 사역자의 협소한 이해와 이기적인 욕심 때문에 일어나는 것이다.

다섯째, '부서 이기주의'이다. 청년부건 타부서건 간에 부서 이기주의에 빠지면 다른 부서들의 상황과 필요를 잘 보지 못하게 된다. 이럴 때 갈등은 필연적으로 일어난다.

2. 해소 방안

청년부와 타부서 간에 일어나는 갈등을 해소해 나가려면 다음과 같은 노력들이 뒷받침되어야 한다.

우선, 교회 내 청년들의 위치에 대한 상위 리더십의 목회철학적 합의가 이루어져야 한다. 이를 위해서는 담임목회자와 당회 차원의 결정이 중요하다. 이러한 합의가 특히 담임목회자의 목회철학에서 나오기 때문이다. 나의 견해로는, 청년들을 필요하면 언제든지 빼내어 쓸 수 있는 '교회 봉사 예비군'으로 바라보기보다, 더 훈련받고 양육받아 민족과 교회를 책임지는 일꾼으로 서 나가도록 배려해 주어야 할 대상으로 바라보았으면 한다. 그러한 배려는 무엇보다 입시 위주의 파행적인 학교교육으로 인한 교회교육의 부재를 회복하는 차원뿐 아니라 평생교육 차원에서도 절실히 요구된다.

따라서 이제는 청년들을 마구잡이로 봉사의 자리로 내몰고, 그러다 지쳐 쓰러지면 책임지지도 못하며, 그러다 보니 청년들은 '익명의 섬'을 찾아 큰 교회로 찾아드는 악순환의 고리를 끊어야 한다. 오히려 우선 청년들이 잘 훈련받도록 배려해 준 다음, 비전과 은사를 따라 '두고두고 써먹는'(?) 것이 더 효과적일 것이다.

둘째, 청년 사역자가 청년부를 넘어서는 목회를 펼쳐야 한다. 청년부 사역자라고 해서 청년부 입장에서만 모든 것을 생각해서는 안 된다. 청년들이 청년부 안에서 양육과 훈련을 거치는 것이 원칙이지만, 청년부를 넘어서서 교회 전체를 아우르는 안목으로 청년들을 바라보아야 할 때도 있기 때문이다.

셋째, 성숙한 청년 육성을 위한 강력한 제자훈련이 필요하다. 교회 안에서 청년들이 주일학교 교사로 사역하는 것을 보면서, 가끔씩 소경이 소경을 인도하는 것 같은 불안감을 느끼게 될 때가 있다. 그들의 주일학교 봉사가 실제로 소경이 소경을 인도하는 격이라면, 이는 그 청년뿐 아니라 주일학교 아이들을 위해서도 불행한 일이다.

때로는 청년부에 잘 적응하지 못하는 청년들이 바르지 못한 동기 —

이를테면, 성가대나 주일학교 봉사를 통해서 사람들 앞에 인정받고 싶다거나 마음에 드는 이성 곁에 가까이 있고 싶어하는 마음 등 — 에 의해 봉사하는 경우도 있다. 이들에게는 영성과 실력을 갖춘 성숙한 청년으로 성장하고자 하는 소망을 갖도록 자극하고 도전하며, 청년부 안에서 더욱 강력한 제자훈련을 실시하여 하나님 앞에서 신실한 일꾼으로 성장하도록 도와야 하겠다.

넷째, 예절 교육을 포함한 사회성 발달 교육을 해 나가야 한다. 교회 내의 어른들이나 교역자들에게 깍듯하게 인사하도록 가르쳐야 하며, 약속 및 시간 지키기 등에 대한 강조가 필요하다. 특별히 교사나 성가대로 봉사하는 청년들에게는 맡은 자로서의 성실성과 충성을 갖추도록 지도해야 할 것이다.

다섯째, 행사 때 앞선 기획과 빈틈 없는 준비가 필요하다. 아직도 일부 교회에서는 행사를 치를 때 철저한 준비없이 그저 은혜(?)에 의지하여 진행하는 경우가 있다. 그러나 행사를 진행함으로 얻는 유익을 극대화하고, 인원 및 기자재의 활용을 원활하게 하여 불필요한 갈등을 피하기 위해서는 타부서보다 앞선 기획과 빈틈 없는 준비가 필수적이다.

여섯째, 청년들이 지닌 은사의 다양성을 인정하고 계발하는 것도 중요하다. 청년들 중에는 청년부에서 제공해 줄 수 없는 영역에 특별한 은사나 재능을 가지고 있는 이들이 있다. 가령, 어린이들을 사랑하고 그들과 잘 지낸다거나 찬양에 특별한 재능을 가지고 있는 청년이 있다. 그러한 때에는 청년부 내에서만 아니라, 교회 내의 타부서에서 그 은사를 활용하고 다듬어 갈 수 있도록 기회를 열어 주어야 한다.

일곱째, 봉사를 통해 성장을 준비하고 성장 기회로 활용하게 한다.

교회 내의 모든 조직은 본질상 영적이어서 그것이 봉사를 위한 자리라 할지라도 그 일을 통해 영적으로 성장하게 된다. 그러나 봉사의 자리는 자신의 유익을 위한 것이 아니라, 타인의 유익을 위한 것이니만큼 봉사자로서 부족함이 없도록 철저한 자기 준비가 되어 있어야 한다.

그런데 청년들 중에는 자신의 준비와는 상관 없이 쉽사리 인정받으며 지도력을 행사할 수 있다는 이점 때문에 다양한 봉사의 자리로 나아가는 것을 보게 된다. 물론 봉사는 일평생 하도록 지도해야 한다. 그러나 봉사자로서 기본적인 자기 훈련을 할 수 있는 기회들을 상실해서는 안 된다. 고등부 시절까지 신앙 훈련을 제대로 하지 못한 청년들은 청년의 시기가 자기에게 주어진 훈련의 마지막 기회라는 사실을 깨닫고 여러 기회들을 활용해야 할 것이다.

교회 내에서 훈련의 기회들을 충분히 제공할 여건이 되지 못한다면, 선교한국이나 학원복음화협의회 등 여러 기관에서 실시하는 연합 훈련 프로그램을 활용하는 것도 좋은 방법이다.

연합과 협력

김경수

청년대학부가 어느 정도 성장하게 되면 청년들이나 지도교역자는 눈을 공동체 바깥으로 돌리게 된다. 이는 공동체 내부의 축적된 역량을 다른 교회나 단체 등과 협력함으로써 효과적으로 활용할 수 있는 단계에 들어섰다는 의미가 된다. 이러한 역량의 교류에는 세 가지 차원의 연합이 가능하다.

우선 소속 교단 차원의 연합이 있다. 이러한 교단 차원의 연합은 광범위하게 이루어지는 것처럼 보인다. 그러나 실제로는 명목상의 연합으로만 그치고 있고, 1년에 한 번 정도 갖는 연합수련회나 노회별로 갖는 특별 프로그램 등의 활동 정도에 머물고 있는 실정이다.

다음으로 교파를 초월한 인근 지역 교회 청년대학부 중심의 연합이 있다. 이처럼 지역 교회를 중심으로 하는 초교파적인 청년대학부 연합은, 체육대회나 복음성가경연대회 등 교제를 목적으로 하는 내용이 주류를 이루고 있다. 경배와 찬양, 기도합주회 운동 등을 통해 영적 각성을 목적으로 하는 연합이 지역 교회 중심으로 일어난 것은 최근의 경향이다.

끝으로 선교단체나 특수한 목적의 기독교 단체와의 연합이 있을 수 있다. 선교단체나 특수 목적의 기독교 단체와 긴밀하게 연합하는 일은 아직까지 몇몇 교회에서 일어나고 있는 현상이긴 하지만, 그 영향력은 크다고 볼 수 있다.

연합과 협력의 원리

청년대학부에서는, 복음이 개인의 구원과 성장뿐 아니라 더 폭넓은 관계들에 대해 강조하고 있다는 점을 가르쳐야 한다.

우선 교회의 연합에 대해서는 신약에 가서 나타나고 있다. 즉 예수께서 교회 연합을 위한 중보기도(요 17장)를 드렸고, 사도 바울 역시 유대교적 기독교와 이방인 기독교 사이의 연합(엡 4:2-6)을 위해 절규하였으며, 특히 사도행전 15장은 교회 연합을 위한 사도들의 공의회에 대해서 언급하고 있다.

위에서 언급한 성경 본문이 말하는 연합의 첫번째 원리는, 세상으로 하여금 그리스도를 믿게 하는 연합이다. 그것은 교회의 미완성 과업을 완성케 하는 연합이다. 그러므로 가시적인 결과를 낳는 가시적인 연합이어야 한다. 두번째는 성령과 진리 안에서의 연합이며, 세번째는 그리스도 안에서의 연합이고, 마지막으로는 다양성 안에서의 연합이다.

협력은 연합보다 더 실제적인 차원으로 이해될 수 있다. 따라서 협력은 교회와 교회 사이에도 이루어지지만, 교회와 선교단체 간에 이루어지는 것이 보통이다. 교회는 협력하는 가운데 가시적인 연합을 이룰 수 있고, 협력하는 가운데 서로가 성장할 수 있도록 도울 수 있다. 이때 협력은 재정과 기도 지원을 수반한다.

바울과 빌립보 교인들의 관계는 선교에서 협력이 어떻게 이루어져야 하는지 잘 보여 준다. 빌립보서 2장에서 우리는 건강한 협력 정신의 성경적 원리를 찾을 수 있는데, 그것은 다음과 같다.

첫째, 자신이 성취하기 원하는 관심사뿐 아니라 파트너의 관심사도 살펴보아야 한다(2:4).

둘째, 섬기는 종의 태도를 가져야 한다(2:5-9).

셋째, 파트너의 진정한 필요를 위해 자신을 희생해야 한다(2:8).

넷째, 자신을 파트너와 동일시해야 한다(2:7).

다섯째, 때로 자신의 권리를 포기해야만 한다(2:8).

연합은 선교와 불가분의 관계가 있으며, 이 문제는 청년대학부 안에서도 나타난다. 교회 안에서의 연합은 불신자들에게 깊은 인상을 주지만, 교회의 분열은 복음전도에 장애가 되기 때문이다.

청년대학부 연합운동의 단계

만약 청년대학부가 인근 지역 교회와 연합하고자 한다면 보통 다음의 4단계를 거쳐야 할 것이다.

제1단계는 '모색기'이다. 이 시기는 각 교회의 청년 사역자 및 임원, 리더들이 모여서 간담회를 갖고 연합의 가능성을 타진해 보는 단계이다. 이 과정에서 가장 중요한 것은, 모여서 함께 기도하는 일이다. 특별히 연합하고자 하는 교회들이 위치한 지역의 복음화 현황을 조사하여 기도제목으로 삼고 기도하는 것은 연합의 좋은 시발점이다. 이를 위해 뜻 있는 사역자 한두 사람의 헌신이 절대적으로 필요하다.

제2단계는 '접촉기'이다. 이 시기에는 제1단계의 확장으로 모든 청년들에게 열려 있는 연합기도회를 갖는 것이 중요하다. 또한 한 달에 한 번 정도 갖는 연합중보기도회를 통해 연합의 필요성과 공동의 목표를 설정하는 것이 중요하다. 이 일에 1-2년 정도의 시간이 소요된다.

제3단계는 '협력기'이다. 여름이나 겨울에 연합수련회, 혹은 봄이나 가을 학기에 연합리더훈련학교를 개최함으로써 연합의 단계를 한 단계 끌어올릴 수 있다. 이러한 활동은 각 교회 청년대학부 회원들의 소속감을 더욱 공고히 해 줄 뿐 아니라, 새로운 만남을 통해 공동체를 더욱 건강하게 만든다.

마지막 제4단계는 '동역기'이다. 이 시기에는 공동으로 지역 사회를 섬기는 프로그램을 개발하여 시행할 수 있다. 지역 사회의 소외된 이웃을 위한 사업을 비롯하여 각 교회 청년부가 하기 어려운 대사회 사업들을 연합을 통해 시행해 나갈 수 있다. 자선 바자회, 지역 사회를 위한 환경정화사업 등 창조적인 프로그램을 통해 복음전도의 접촉점을 찾을 수도 있을 것이다.

연합의 5대 필수요소와 4대 위험요소

연합 사역에 참여하는 청년 사역자는 극소수에 불과하다. 그 이유는 연합이라는 당연시되는 일 때문에 치르는 희생이 연합을 통해서 얻을 수 있는 유익보다 크기 때문이다. 따라서 청년 사역자는 연합이라는 당위성을 강조하기보다는 연합을 위해 필요한 것과 피해야 할 것을 숙지하고 있는 것이 오히려 중요하다.

우선 연합 사역에 꼭 필요한 다섯 가지 필수요소를 살펴보면 다음과 같다.

첫째, 공동의 목표를 설정하고 공유해야 한다. 아울러 그 목표의 범위를 분명히 설정해야 한다.

둘째, 평등의 자세를 견지하고 확립할 필요가 있다. 교회의 크기나 규모에 따라 차등을 두어서는 안 된다. 또한 한두 교회가 주도하고자 하는 패권주의적 자세나 동기는 지양해야 한다.

셋째, 재정이나 의사결정 과정에서는 공개적이고 투명한 의사소통이 필요하다. 따라서 일정기간 간격을 두고 보고서를 만드는 것은 필수적이다.

넷째, 기초적인 교리와 윤리강령에 동의하는 과정이 필요하다. 왜냐하면 불필요한 갈등을 불러일으킬 수 있기 때문이다. 또한 사이비나 이단 집단을 연합 사역에서 사전에 차단할 수 있는 방법이기도 하다.

마지막으로, 중보기도에 진력해야 한다. 이는 아무리 강조해도 지나치지 않다. 서로의 기도제목을 나누고 기도해 줄 뿐 아니라 지역 사회를 위한 기도제목을 가지고 중보할 필요가 있다.

한편, 연합 사역에서 피해야 할 네 가지 위험요소는 다음과 같다.

첫째, 공동체간 문화적 차이이다. 연합이 성공적으로 이루어지려면 문화적 차이를 인정해야 한다. 사소한 문화적 차이 때문에 연합이 깨어지는 경우가 종종 있기 때문이다.

둘째, 절대적인 시간 부족이다. 연합 사역에서 시간이 부족하다면 그 연합은 성사되기 어렵다.

셋째, 동상이몽의 동기와 의사소통 방법이다. 이는 연합을 어렵게 만드는 주요인이 된다.

넷째, 관객 심리이다. 이는 연합 사역에서 피해야 할 요소 중 가장 위험한 것이다. 또한 적절한 역할 분담이 이루어지지 않기 때문에 생길 수 있는 중앙진공화 내지 중앙집권화 현상도 위험하다.

청년 사역자의 역할

청년대학부 연합운동의 주체는 누구인가? 그야 물론 성령 하나님이시다. 실제로 사역자는 중개자로서의 역할을 하게 될 따름이다. 그렇다면 그 중개자로서 어떤 일을 감당해야 할 것인가?

먼저, 청년 사역자는 연합운동에 대해서 담임목회자 및 교회 리더십들을 이해하고 설득하는 역할을 해 주어야 한다. 이러한 토양이 준비되지 못한 경우 연합운동은 실패하고 만다.

둘째, 청년 사역자는 연합 사역의 방향을 제시해 주어야 한다. 청년대학생들의 시야는 좁은 편이다. 그러므로 사역자가 현재 청년대학생 리더들의 역량에 맞는 연합 사역의 방향을 잡아 주어야 한다.

셋째, 청년 사역자 자신부터 먼저 교회 내에서 다른 부서나 다른 교역자와 협력하는 모습을 보여 주어야 한다. 교회 내에서 협력하지 못하면서 다른 교회나 단체와의 연합과 협력을 이야기할 수는 없다.

선교단체와의 협력 사역

과거 한국 교회는 선교단체에 대해 부정적인 태도를 보여 왔다. 특히 대학 캠퍼스의 학생선교단체는 교회의 청년대학생들을 뺏어가는 곳으로 인식되어 옴으로써, 그 동안 교회로부터 적대시되어 온 것이 주지의 사실이다. 그러나 선교단체가 교회의 '선교적 팔'(mission's arm)로서 그 역할을 감당하고 있다는 현실을 인식하고 있다면, 청년대학부가 선교단체와 협력할 수 있는 가능성은 열려 있다.

사실 지금까지는, 청년 사역자보다는 오히려 청년대학생들이 선교단체에서 훈련받은 내용들을 청년대학부에 이식하는 일들이 일반적이었다. 그러나 이제 그 흐름을 바로 잡아야 할 때가 왔다. 청년 사역자가 청년대학부 공동체 차원에서 선교단체와 협력 사역을 계획하고 추진할 때, 건강한 교회관과 협력 선교의 유익을 얻게 될 것이다.

선교단체와의 협력 유형은 매우 다양하다. 우선, 선교단체의 중견 간사를 청년대학부의 간사나 교사로 초빙하는 예를 들 수 있다. 특별히 새신자 양육, 수련회, 단기선교와 같은 특별프로그램 운영이나 리더훈련 등은 그 중요성에 비해 지도교역자 혼자서 감당하기는 어렵다. 이러한 사역들은 선교단체 간사들에게는 익숙한 일이므로 역할을 분담하기에는 더할 나위 없이 적합한 분야다.

다음으로는, 인근 지역의 캠퍼스 선교단체나 직장 신우회와 연결하여 전도 프로그램을 갖는 것이다. 이것은 실제로 청년들에게 훈련 효과가 있을 뿐 아니라, 캠퍼스와 직장 복음화 전략의 한 방법으로도 사용할 수 있다.

끝으로는, 해외선교단체와의 협력을 통한 미전도종족 입양이나 단기선교 프로그램을 지속적으로 가질 수 있다. 청년대학부는 해외선교와 관련하여 전문성이 부족하기 때문에 전문적인 해외선교단체와의 협력이 필요하다.

청년대학부 관련 단체 안내

관련 단체와의 관계는 청년대학부 목회의 활성화에 윤활유 역할을 한다. 지나친 관계는 오히려 공동체를 어렵게 할 수 있지만, 적절하고 균형 잡힌 관계는 꼭 필요하다. 따라서 몇 가지 원칙을 세워 놓고 접근하는 것이 유익할 것이다.

우선 사역자 개인의 필요보다 청년대학부의 필요를 먼저 생각하는 것이 순서이다. 다음으로 그 필요에 맞는 단체나 사람과 접촉하고 정보를 수집한다. 이러한 과정 후에 공식적인 관계를 맺고 계속적인 관계를 유지하는 것이 일반적이다.

청년대학부의 대외적인 관계와 관련한 정책은 선교 정책과 아울러 아주 중요한 정책이라고 할 수 있다. 이제 청년대학부와 직접 관련된 주요단체를 간략하게 소개하고자 한다.(연락처는 '정보마당' 참조.)

1. 학생선교단체들

대부분의 학생선교단체들이 교회와 관련된 프로그램들을 갖추고 있지만, 그 내용이 한국 교회에 잘 알려져 있지 않은 것은 무척 아쉬운 일이다.

CCC만 해도 GCTC라는 부서를 통해 개별 지역 교회와 연결하여 전도에 초점을 맞춘 '리더훈련과정'을 교회별로 시행하고 있으며, JOY선교회는 본부에 '제자훈련학교'를 개설하여 오랫동안 시행해 오고 있다. 사역자를 위한 선교단체의 프로그램으로는 예수전도단이 매주 월요일마다 일정기간 '목회자 DTS 과정'을 갖고 있으며, 네비게이토에서도 '목회자를 위한 제자훈련과정'을 갖고 있다.

이처럼 선교단체에서 교회를 위한 프로그램을 개설하는 경우, 대체로 청년부 리더와 목회자를 대상으로 하는 두 종류의 코스가 있다.

청년대학부 사역자는 특별히 선교단체 간사들과 주기적인 의사소통을 함으로써 청년 목회에 도움을 얻을 수 있다. 아울러 각 학생선교단체들의 특징을 파악하고 있으면 청년들을 지도하는 데 커다란 도움이 된다. 학생선교단체 프로그램에 청년대학부가 참여할 수도 있고, 자체적으로 갖기 어려운 프로그램의 경우 청년들을 보내어 훈련받게 하는 것도 지혜로운 방법이다.

2. 선교한국대회 조직위원회

88년부터 시작된 선교한국대회는 그 규모면에서 국내 최대의 청년 대학생 선교대회라고 할 수 있다. 2년마다 개최되는 이 대회에는 원칙적으로 선교 헌신자들을 보내는 것이 좋다. 그러나 소규모의 청년부들이 수련회를 대체해서 참석하는 경우도 많이 생겨나고 있다. 청년 사역자들도 이 대회에 직접 참여해 보는 것이 유익하며, 특별히 선교단체 전시장을 통해 많은 선교정보를 수집할 수 있다.

대회 후속 프로그램으로 선교훈련학교를 개최하고 있으며, 각종 선교자료들을 발간하고 있어 도움을 얻을 수 있다. 아울러 해외선교단체들에 대한 정보를 얻을 수 있어서 단기선교 계획이나 각종 선교프로그램을 계획하는 데 도움이 된다.

3. 젊은이선교정보연구센터

1995년에 사랑의교회 부설로 문을 열게 된 '젊은이선교정보연구센터' 는 청년대학부 사역과 관련된 자료들을 구할 수 있는 전문자료실을 두고 있을 뿐 아니라, 사랑의교회 청년대학부 사역 자료들을 포함하여 각종 청년 사역 관련 문서 자료들을 발간하고 있다.

최근에는 팩스나 이메일을 통해 청년 사역 자료를 제공하는 통신 서비스를 시행하고 있기도 하다. 이용하고자 하는 사역자들에게 열려 있는 공간으로서 청년 목회와 관련된 특정한 주제로 정보를 찾을 수도 있다.

4. 학원복음화협의회(학복협)

1989년 설립이후 지금까지 지역 교회 청년대학부와 선교단체 사역의 노하우들을 접목시키는 역할을 해 왔으며, 각종 청년대학부 활성화 프로그램들을 실시하고 있다.

각 지역마다 지역 학원복음화협의회를 두어 리더훈련학교와 청년대학부 지도교역자 세미나, 주보 만들기 웍샵, 청년 사역자 월례모임 등 지방별 사역이 이루어지고 있어서 지방간 균형 있는 청년대학생 사역을 돕고 있다. 대부분 회원으로 가입된 교회 중심으로 활동이 이루어지지만, 관심 있는 교역자들은 개인적으로도 참여할 수 있다.

5. 기독교윤리실천운동본부(기윤실)

1987년 창립되어 성경의 원리를 실생활에 적용하여 가능한 검소하고 정직하게 살며, 그러한 삶을 바탕으로 하여 사회와 국가 속에서 빛과 소금의 역할을 수행하려는 기독시민운동이다.

최근 기윤실 안에서도 청년대학생들에 대한 관심이 생겨나서 기윤실 대학생위원회와 청년 사역자 모임을 갖고 있다. 각 지역 기윤실 모임에 연락하면 도움을 얻을 수 있다.

무엇보다 기윤실을 통해서는 기독시민의식에 대한 전문적인 훈련과 강사진의 도움을 얻을 수 있을 것이다

6. 직장사역연구소

청년 사역자들에게 가장 큰 고민은 직장청년들을 어떻게 섬기느냐 하는 것이다. 이러한 고민들을 상담할 수 있는 곳이 직장사역연구소이다. 규모가 있는 교회라면 이 곳의 사역자들과 협력하여 '직장선교훈련학교'를 개설할 수 있다. 개별 교회 차원이 어렵다면 몇몇 교회들이 연합하여 개설할 수도 있을 것이다. 기타 직장 사역과 관련된 정보와

자료들을 얻을 수 있다.

7. 평화통일을 위한 남북나눔운동본부(남북나눔운동)

'평화통일을 위한 남북나눔운동본부'는 기독교에서는 유일한 북한 동포돕기 전문기관이다. 이 기관을 통하면 정확하게 북한을 돕는 사역을 할 수 있다. 그뿐 아니라 소속 연구위원들이 통일문제 전문가들로 구성되어 있어 통일 관련 특강이나 세미나를 개최할 경우 큰 도움을 얻을 수 있다. 매년 청년대학생들을 위한 '통일학교'를 개설하며, 각 교회별로 가입할 수 있다.

8. 국제전도폭발 한국본부

전도훈련 전문단체로서 최근 청년대학생들을 대상으로 하는 전도폭발훈련을 준비중에 있다. 상설 지도자 훈련과정에는 청년 사역자가 직접 참여할 수 있으며, 청년들을 대상으로 사역자가 직접 하는 것도 좋다.

이상에서 살펴보았듯이 청년 사역자 개인적으로 참여할 수 있는 협력 사역들이 있고, 청년대학부가 공동체적으로 참여할 수 있는 협력 사역들이 있다. 사전에 협력하고자 하는 단체의 사역이 우리 교회 청년대학부의 방향이나 정책과 얼마나 관련이 있는지 면밀히 검토한 후 참여하는 것이 바람직할 것이다.

단기선교

이 상 윤

한국의 웬만한 규모 있는 교회 청년대학부는 휴가와 방학 때마다 단기선교로 열병을 앓고 있다고 해도 과언이 아니다. 많은 교회의 청년대학부와 학생선교단체들이 해외의 선교지를 방문하고 있으며, 젊은 이들은 이런 기회를 통하여 선교지의 현실을 이해하고 타문화권 선교에 대한 비전을 품게 된다.

그러나 여러 가지 긍정적인 면이 많음에도 불구하고 비판적인 시각도 적지 않은데, 그것은 무엇보다 많은 비용이 들기 때문이다. 실제로 한 해 동안 한 교회에서 단기선교를 위해 사용하는 비용을 선교지에 보낸다면 훨씬 더 효과적인 선교를 할 수 있으리라는 산술적인 통계도 나와 있다. 더 많은 교회를 세우고 더 많은 선교사를 보낼 수 있으며, 고통 당하는 이웃을 더 많이 도울 수 있다는 것이다.

이런 단기선교의 긍정적인 면과 부정적인 면을 비교해 볼 때, 어떻게 효과적으로 단기선교를 준비하고 지도할 수 있을지 고민하는 것은 당연한 일이다.

이 글에서는 몇 차례 단기선교에 참가했던 경험과 선교단체에서 일하면서 배운 것, 그리고 교회 청년들을 인솔하여 아프리카 단기선교를 다녀온 경험을 토대로 단기선교의 실질적인 면을 다루고자 한다.

목표와 목적 세우기

단기선교를 준비하는 과정에서 가장 중요한 것은, 선교지 선정과 아울러 단기선교의 목표 및 목적을 세우는 일이다. 목표와 목적에 따라서 단순히 여행을 하느냐 아니면 사역을 하느냐가 결정된다.

단기선교의 목표와 목적은, 포괄적으로 '배움'과 '섬김'에 있어야 한다. 그 이유는 첫째, 단기선교는 철저하게 장기선교를 위한 사전 포석이어야 하기 때문이다. 둘째, 단기선교는 현지 선교사를 돕는 사역이어야 하기 때문이다. 셋째, 단기선교는 단기사역이기 때문이다. 넷째, 지나친 업적 위주의 선교를 지양하기 위해서이다. 단기선교를 하면서 세계선교를 다 하는 것처럼 생각하는 것은 착각이다.

단기선교에 참가한 청년대학생들이 세계를 배우고 하나님이 지으신 열방과 족속들을 이해하고 그들에게 주신 하나님의 지혜를 배우는 것은, 앞으로 올바른 선교교육을 하는 데 도움이 된다.

몇 사람을 전도하고 참석 인원이 많은 대형집회를 여는 게 중요한 것은 아니다. 그 곳 현지 선교사의 사역과 선교지의 입장에서 목표와 목적을 세우는 것이 우선이며, 청년대학부 자체의 목표와 목적은 부차적이어야 한다. 그러므로 철저하게 자기 중심적인 자세를 벗어야 한다.

기간

대부분 단기선교는 2주에서 4주 정도의 기간에 걸쳐 이루어지는 것이 일반적이며, 짧게는 1주에서 2주 정도에 걸쳐 선교지에 다녀오게 된다. '선교여행'을 하는 것이라면 이 정도 기간이면 나름대로 충분한 시간이라고 여겨진다.

그러나 '단기선교'라고 할 때는, 보통 8주에서 길게는 3년 정도의 기간을 말한다. 물론 한국 교회의 형편상 단체로 가는 사람들이 그렇게 많은 시간을 할애할 수는 없을 것이다. 그렇지만 단기 사역을 하려고 한다면 4주 이상은 그 나라에 머물러 있어야 한다. 문화를 익히고 환경에 적응하며 그 나라를 이해하려면 4주 정도는 필수적으로 필요하다. 가능하다면 단기선교의 기간을 조금 길게 잡는 것이 좋다. 기간 문제는 아마도 가는 거리에 비례하리라 생각된다.

선교지 선정과 선교사

선교지를 선정하는 데는 분명한 기준이 있어야 한다. 선교여행이 목적이라면 선정기준이 별도로 필요하지는 않을 것이다. 그런데 단기 사역을 생각하고 있다면 세심한 준비가 필요하다.

우선 선교지에 많은 사람들이 함께 거처할 베이스 캠프가 있는지 확인하여야 한다. 그리고 그 베이스 캠프가 사역할 장소에 있는지 여부도 확인하여야 한다. 베이스 캠프가 없을 경우에는 사전에 준비하여 적절히 대비해야 한다.

산악인들이 산을 정복할 때 베이스 캠프를 먼저 개척하고 베이스 캠프가 없으면 정상 도전을 포기하듯이, 선교에서도 베이스 캠프가 있으면 사역을 효과적으로 도울 수 있으므로 상당히 중요하다. 여기서 베이스 캠프란 '교회'만을 의미하는 것이 아니라 교회를 포함한 '선교센터' 같은 것을 말한다. 물론 베이스 캠프가 없다고 사역이 안 되는 것은 아니다.

선교사를 만나는 것도 단기선교에서는 중요하다. 선교지에 가 있는 선교사들은 누구나 그리스도를 향한 열정을 가지고 있지만, 처음으로 단기선교를 계획하고 준비하는 경우라면 단기선교팀을 운영해 본 경험이 있는 선교사에게 위탁하는 것이 좋다. 선교지에서 우리가 믿을 수 있는 존재는 선교사이기 때문이다.

정보수집과 연락

선교지에 대해 충분히 이해할 수 있도록 미리 정보를 수집해야 한다. 그리고 사전에 선교사와 긴밀하게 연락해서 사역을 어떻게 진행할 것이며 어느 곳을 여행할 것인지 지도를 받아야 한다. 아무런 정보나 계획 없이 교회(단체)가 준비한 프로그램을 사용하면 되리라고 생각하는 것은 큰 착각이다.

각 지역마다 필요한 것이 다르고, 사전에 알아두어야 할 내용이 다르다. 어느 한 지역에서 효과적이었던 프로그램이라도 다른 지역에서는 아무런 효과도 거두지 못할 수도 있기 때문이다. 그렇기 때문에 사역지의 상황이 어떤지 알고난 뒤 거기에 맞추어서 사역을 준비하고 여행을 계획해야 한다.

훈련 기간

보통 한국에서는 단기선교를 위해 훈련받고 준비하는 기간이 몇 개월 되지 않는다. 그러나 단기선교를 성공적으로 하려면 준비기간이 길어야 한다. 내가 알고 있는 미국의 어느 팀은 1년을 준비하여 선교지에 왔는데, 준비한 만큼 주목할 만한 결과를 얻었다.

우리는 단기선교를 위해 적어도 6개월 이상 준비하고 기도해야 한다. 이것은 팀 구성원들이 함께 사역하는 동역자로서 공동체 의식을 가지기 위해서도 꼭 필요한 기간이다. 6개월 이전에 훈련 프로그램을 준비하여 6개월 동안 훈련하고 준비하면, 선교지에서 놀라운 경험을 하게 될 것이다. 그러나 훈련되지 않은 사람은 선교지에서 '짐'이 된다는 사실을 잊지 말아야 한다.

훈련 프로그램

6개월간의 훈련 과정에서는 다음과 같은 몇 가지 사항에 훈련의 초점을 맞추는 것이 좋다.

첫째, 한국인이 선교하는 데 가장 큰 장애물은 언어이다. 짧은 기간이지만 단기선교를 통해 우리는 언어에 대한 도전을 받아야 한다. 그러므로 훈련 프로그램에서 언어 훈련을 빼지 않도록 주의해야 한다. 학력에 관계 없이 이 훈련은 필수적이다. 영어는 기본이고, 기본적인 인사와 기타 상식적인 수준의 현지어를 습득하도록 해야 한다.

둘째, 공동체성 훈련이다. 참여하는 모든 사람들이 그리스도 안에서 하나임을 느끼고, 서로를 위해 중보기도하고 섬기는 훈련을 선교지에 가기 전부터 철저하게 해야 한다. 그래야만 선교지에서 발생하는 여러 어려움을 극복할 수 있다. 이 훈련을 위해 출발하기 전에 3박 4일 정도의 수련회를 가지면 좋다.

셋째, 개인 영성 훈련이다. 기도하지 않는 선교는 죽은 선교이다. 또한 기도하지 않는 사람은 단기선교에 짐이 된다. 자신을 위해, 선교지를 위해, 하나님의 뜻을 알기 위해 기도하여야 한다. 그리고 아침마다 말씀을 읽고 묵상하는 훈련을 해야 한다. 이것은 철저하게 점검해야 하는 부분이다.

위에 언급한 세 가지 항목은 기본적인 것이다. 이외에도 꼭 해야 할 준비로는 현지의 문화, 관습, 정치, 경제, 사회, 종교에 대한 사전 공부, 그리고 체력훈련 등이 있다.

재정 훈련과 기도후원자 모집

선교 비용을 마련하는 것은 신중히 생각해야 하는 부분이다. 교회에서 일방적으로 모든 비용을 지원해 주는 것은 별로 바람직하지 않다. 참가자 자신의 투자로 가는 훈련이 되도록 도전하고 비용을 스스로 해결하도록 지도하는 것이 필수적이다.

또 재정적인 후원을 직접 모으게 하는 것도 좋지만, 모든 비용을 다른 사람의 후원으로 충당하는 것은 그다지 좋지 않다. 따라서 일정 비율을 정하여, 전체 비용 중 후원금은 몇 퍼센트, 개인이 준비할 비용은 몇 퍼센트 하는 식으로 준비하게 하면 매우 좋은 훈련이 된다. 그뿐 아니라 준비하는 청년에게 자신이 단기선교사라는 인식을 가지게 할 수 있다.

또 한편으로는 기도후원자를 꼭 만들도록 해서 기도후원자들에게 선교지와 사역을 소개하고 함께 기도하는 시간을 가지도록 한다. 그리고 돌아온 후 감사와 보고의 편지를 보내도록 해야 한다.

한국에서 단기선교가 본격적으로 시작된 지 어느덧 10년이 되어가고 있다. 우리는 이제 단기선교 사역을 유행의 차원에서 다룰 것이 아니라 현대에 꼭 필요한 선교전략으로 격상시켜야 한다. 교회의 필요에 따른 단기선교가 아니라 하나님의 필요에 따른 단기선교, 프로그램으로서의 단기선교가 아니라 사역으로의 단기선교를 계획하고 준비하여야 한다.

단기선교는 그 준비부터 겸손과 섬김을 배우는 기회가 되어야 한다. 그리고 청년들에게 세계를 향한 시야를 열어 주는 기회가 되게 해야 한다. 이제는 지역 교회 중심적인 단기선교에서 벗어나서 선교지 중심적이고 선교사 중심적인 단기선교가 되었으면 한다.

틈새 전략

진로 지도

이승섭

군입대

대한민국 남자라면 누구나 한 번쯤 고민하는 문제가 군대 문제일 것이다. 한창 인생의 즐거움을 만끽할 인생의 황금기에 26개월(또는 그 이상)의 시간을 군대라는 울타리에 묶여 있어야 한다는 사실은, 개인은 물론 공동체로 봐서도 커다란 손해가 아닐 수 없다. 그래서 기를 써서 군대를 면제받을 길이 없는지 모색하게 되고, 가더라도 좀더 편한 곳으로 갈 수 없을까 하고 고민하는 것은 군입대를 앞둔 모든 대한민국 남자들의 공통된 마음일 것이다.

지난 16대 대통령선거에서 시빗거리가 된 어느 후보의 아들 병역 문제나 이른바 '원 준위 사건'만 보더라도 이것이 얼마나 심각한 문제인지를 쉽게 알 수 있을 것이다. 그러나 기독 청년들은 군대를 시간 썩히는 곳, 어쩔 수 없이 끌려 가는 곳으로 인식하는 세상 사람들의 인식을 넘어, 오히려 자신의 육체와 마음을 연마하는 곳일 뿐 아니라 군선교의 장으로 활용하고자 하는 적극적인 사고가 필요하다.

2. 복무 형태 결정

흔히 군대라고 하면 육군만 생각하기 십상이다. 그러나 찾아보면 의외로 다양한 형태의 군생활이 있다는 것을 알 수 있다.

기간이 조금 길어서 그렇지, 해군이나 공군은 상대적으로 군생활중에도 시간이나 기술을 잘 활용할 수 있다. 전경이나 의경은 상대적으로 근무가 조금 쉽고 사회와 접촉이 쉽다는 장점이 있지만, 오히려 장점이 단점이 될 수 있다는 사실도 알려 주어야 할 것이다. 영어에 조금 자신이 있는 사람들은 카투사나 군입대를 대신할 수 있는 각종 시험에 응시해 보는 것도 필요할 것이다. 전공이 확실하다면 PKO(유엔평화유지군)나 해외 파견 근무 제도를 알아보는 것도 괜찮을 듯하다.

특히 해외 파견 근무 제도는 한국국제협력단(KOICA)에서 시행하는 '국제협력봉사요원'이 대표적인데, 병역미필자를 대상으로 서류전형–영어–면접 및 신체검사를 거쳐 선발한 뒤 소정의 국내 훈련과정을 거쳐 해외 현지로 파견하고 있다. 이공계 전공자의 경우엔 산업체 근무도 군생활을 대신할 수 있는 좋은 방법일 것이다.

그러나 어느 곳으로 가든지 그 나름의 장단점을 다 가지고 있다는 점을 주지시켜 무조건 편한 곳으로 가야 한다는 생각을 버리게 하는 것이 중요하다. 따라서 근무지가 어디든, 있는 그 곳에서 군선교사로서의 임무를 충실히 감당할 수 있도록 교육해 나가야 할 것이다.

3. 입대전 준비

사실 언제 어디로 가느냐 하는 것보다 더 중요한 문제가 준비를 하고 가느냐, 하지 않고 가느냐의 문제다. 준비 없이 무조건 때가 되었다고 가는 사람들은 십중팔구 실패하기 쉽다. 우리 나라의 교육 여건상

고교 때까지의 신앙은 부모님이나 선생님의 신앙이라고 해도 틀리지 않을 것이다. 그러기에 성인이 된 후 신앙적인 점검 없이 무조건 군대에 갔다가 제대 후 하나님을 부인하는 사례가 많은 것도 놀랄 일이 못된다.

그러므로 무엇보다 철저한 신앙의 준비가 있어야 할 것이다. 매일 경건의 시간을 갖도록 권유하고, 인격적인 하나님을 만나게 하는 것이 필수적이다. 또한 군생활에 대한 예비지식을 갖도록 여러 기회를 마련해 주어야 할 것이다.

이를 위해 청년부 자체적으로 연중 행사의 하나로 취미별, 필요별 모임을 열어 그 중 한 소그룹을 군대라는 주제로 묶어 줌으로써 군생활에 대해 다양하게 이야기해 주는 것도 필요할 것이다. 청년 회원 중에 육군 외에 다른 형태의 군복무를 마친 사람이 있으면 좋겠지만, 없을 경우라도 간접 경험을 소개하여 군에 대한 막연한 두려움을 없애는 것이 필요하다.

4. 입대자 관리

군에 입대한 형제가 입대 전에 속해 있던 청년부 공동체에 계속 적응할 수 있느냐 없느냐의 여부는, 입대 이후에도 계속적인 교제가 이어지느냐 마느냐에 달려 있다. 청년부의 회보나 동기들의 편지를 통한 지속적인 교제가 있다면 제대 후에도 계속 그 공동체에 남아 적응할 수 있겠지만 그렇지 않을 경우엔 아웃사이더로 떨어져 나갈 수 있다.

나의 경험으로 볼 때, 입대한 형제들에 대한 관리는 동기들이 하는 것이 가장 효과적이라고 생각한다. 아무래도 또래의 고민을 함께 나눌 수 있고, 오랫동안 떨어져 있어도 쉽게 다시 한 마음이 될 수 있기 때문이다.

군선교를 위한 소그룹을 조직하는 것도 필요할 것이다. 이 경우 군선교 소그룹을 통해 지속적인 회보 발송이나 연락을 함으로써 입대한 형제와 청년부가 교제의 끈을 지속할 수 있는 장점이 있다. 또한 찬양단이나 군선교단이 있다면 그 형제가 소속된 부대를 방문하여 찬양집회나 공연을 갖는 것도 형제와 교제를 지속하는 좋은 방법일 것이다.

무엇보다 중요한 것은 휴가 나왔을 때이다. 대부분 휴가 나오는 군인들은 사회가 온통 자신을 환영해 주리라고 기대하며, 자신이 그 동안 지내왔던 일들을 마음 놓고 이야기하고 싶어한다. 그러나 대다수 사람들은 그런 이야기에 이미 지쳐 있고, "또 나왔느냐"는 반응을 보이기 쉽다. 그럴 경우 휴가 나온 형제는 씻을 수 없는 상처를 입을 수도 있다. 이 때 '백수' 들로 구성된 '휴가병 환영위원회' 를 만들 수 있다면 가장 좋다.

설령 그럴 수 없을지라도 휴가병에 대한 공동체의 사랑이 지극하다는 것을 어떤 형태로건 반드시 보여 주는 것이 좋다. 이를 위해 휴가병들을 청년부 집회 시간 때 모든 사람 앞에서 인사시키는 것은 필수적이다.

학업

1. 유학 · 연수

IMF 구제금융 한파로 한 풀 꺾이긴 했지만, 해외 유학이나 어학연수의 바람은 쉽게 사라지지는 않을 것이다. 아니 오히려 기독 청년들에게는 형편이 된다면 한 번쯤은 연수를 꼭 경험해보라고 권하고 싶다. 유학의 경우는 자신의 전공을 살리고 좀더 깊이 있는 공부를 하기 위해 해야겠지만, 연수는 그 나라의 문화를 경험하고 배울 수 있는 기회가 된다. 따라서 청년들이 '세계를 품은 그리스도인'으로 성장해갈 수 있게끔 목적 있는 연수를 다녀오도록 권면하는 게 좋다고 생각한다.

실제로 유학이나 연수를 다녀온 청년들의 경우, 인생관이나 세상을 바라보는 눈이 크게 바뀌는 경우가 허다하다. 특히 우리 나라처럼 반도국가인 경우 우물 안 개구리가 되기 쉬운데, 세상 경험을 통하여 하나님이 주신 세계는 우리의 생각보다 훨씬 넓다는 사실을 깨닫게 하고 더 넓은 세계에서 자신을 향한 하나님의 뜻을 발견하게 돕는 일은 중요하지 않을 수 없다.

가능하다면 해외에 있는 자매 교회나 현지 선교사님과 연결하여 연수를 보내거나, 라브리(L' Abri)나 예수전도단의 열방대학 같은 기독교 유관 단체에서 일하며 배우는 기회를 갖는다면 훨씬 의미 있는 연수가 될 수 있을 것이다.

2. 만학(晚學)

사실 공부는 나이가 들면서 그 필요성을 더 느낀다고 할 수 있다. 고교시절 마지못해 하던 공부에서 해방되고 나서 더 이상 공부에 대한 의무감이 없어져 그저 소비적인 시간을 보내고 난 뒤, 다시 시작하려고 맘 먹을 때면 이미 늦었다는 생각을 하게 되는 것이 일반적이다. 가끔 나이 예순에 대입검정고시에 합격했다는 소리를 들으면 달나라 이야기만 같이 느껴지고, 부럽기는 하지만 감히 엄두를 내지 못한 채 그저 시간을 흘려 보내는 경우가 허다하다.

하지만 공부해야겠다고 느끼는 그 때가 가장 적합한 때라고 할 수 있다. 나이가 스물이든 서른이든 공부의 필요성을 느끼고 자신의 미래를 위하여 진학이 필요하다고 느낀다면 그 때가 가장 공부하기에 적합한 때라는 것이다. 그 때야말로 자신이 가장 열정을 바쳐 공부할 수 있는 시간이기 때문이다.

또한 앞으로는 평생교육이라는 교육개념 아래 점점 더 공부할 수 있는 기회들이 늘어날 것이다. 그전부터 있어 왔던 방송통신대학이나 직장인을 위한 산업체 특별전형, 전산연구원과 같은 기회뿐 아니라 시간제 학생, 학점은행제, 사회교육원 등 맘만 먹으면 얼마든지 공부할 수 있는 기회들이 계속 부여될 것이다. 아울러 곧 대학도 수시모집이니 특성별 모집이니 하여 단순히 성적만으로 대학에 들어가는 시대는 끝나고 다양한 특성을 가진 사람들, 그 전공에 꼭 필요한 재능을 가진 사람들이 대학에 쉽게 들어가는 시대가 올 것이다.

'늦었다고 하는 그 때가 가장 빠른 때이다' 라는 속담은 진학을 준비하는 사람들에게도 여전히 유효할 것이다. 중요한 것은 왜, 무엇 때문에 공부해야 하는지 분명한 진단을 거쳐 시작할 수 있어야 한다는 것이다.

직업

1. 선택의 원리

직업에 대하여 예전에 우리가 가졌던 가장 큰 잘못 중 하나는, 직업을 성속(聖俗)으로 이원화한 것이었다. 예를 들어 목사나 선교사는 거룩한 직업으로, 장사나 월급쟁이는 세속적인 직업으로 간주하여 우리의 삶을 이원화한 것이었다.

그러다 보니 일반 직업에 속한 사람들은 6일을 세상 속에서 마지못해 살다가 하루 동안 거룩한 교회에서 안식과 위로를 얻고 그 힘으로 또다시 6일을 견디는 악순환을 계속하게 된 것이다.

그러나 성경은 분명히 '부르심'에 대하여 이원론적으로 접근하지 않는다. 모든 사람은 부르심을 받은 사람이고, 단지 그 부르심의 종류가 다를 뿐이라고 말한다. 즉 목사로 부름받든, 회사원으로 부름받든 모든 사람은 각자가 속한 영역에서 하나님 나라의 확장을 위해 최선을 다해야 하는 것이다. 성직자는 하나님의 말씀을 직접적으로 가르치며 교훈한다면, 직장인은 그들의 삶으로 하나님의 말씀을 전하며 실천해야 하는 것이다. 이러한 전제 아래 직장에 대한 자신의 부르심이 어떠한지를 살펴볼 수 있을 것이다.

J. A. 베른바움과 S. M. 스티어가 편집한 〈왜 일해야 하는가?〉(Why work?)란 책을 보면, 직업 선택에 대한 하나님의 부르심을 확인하는 몇 가지 기준을 제시하고 있다. 그들이 제시하는 직업 선택에 관한 주관적 기준과 객관적 기준은 다음과 같다.

A. 주관적 기준
① 나는 내가 소명을 받았다고 생각하는가?
② 나는 이 사역을 열망하는가?
③ 나는 이 사역에 참여해야 한다고 느끼는가?

B. 객관적 기준
① 나는 이 일에 적절한 자격이 구비되어 있는가?
② 나는 다른 신자들로부터 확인을 얻었는가?
③ 나는 이 일에 필수적인 영적 은사들이 있는가?
④ 나는 다른 이들에 대한 순수한 관심이 있는가?

2. 선택의 실제

그러나 사실 기독 청년들이 직장을 선택하는 데 중요한 기준이 되는 것은, 위에서 언급한 몇 가지 기준보다는 급여, 안정성, 발전성 등 세상적인 가치인 경우가 대부분이다. 자신의 적성을 고려하거나 하나님 나라 확장을 위해 직장을 선택하기보다 세상적인 기준에 따라 소위 인기 있는 직장을 찾아가게 되고, 결국 그 직장에 얽매여 하나님의 부르심을 따라 살기는커녕 자신의 신앙조차 유지하기에 급급한 삶을 사는 경우가 허다하다.

사실 인기 있는 직업이라고 해봤자 허울만 좋을 뿐 역시 그 나름의 단점과 어려움이 뒤따르는 게 사실이다. 그러나 다른 한편으로는 이러한 선택을 하는 이유 중의 하나로 선택의 폭이 너무 좁다는 점을 들 수 있다. 기독 청년들 대부분이 대기업처럼 일반적으로 알려진 회사나 직종을 선택하게 되고, 그나마 이마저도 정확한 사정을 알지 못한 채 지원하는 경우가 허다하다. 우리 주위에는 너무도 다양한 직업이 있음에도 불구하고 세속적인 기준에 따라 아무 의식 없이 흘러가는 경우가 비일비재한 것이다.

예를 들어 공무원, 일반 기업, 언론인 같은 직업뿐 아니라, 전문기관, 특수기관, 국제기구, 기독교 유관기관 등 기독 청년들이 정복해야 할 땅이 우리 주위엔 너무도 많이 있다. 따라서 청년들이 직장을 선택할 때, 이러한 직업선택 기준과 다양한 직업세계에 대한 정보를 습득한 뒤 직업을 선택하는 지혜를 갖도록 배려해야 한다.

3. 사전 준비

이를 위해서는 개인적으로도 정보를 수집하는 것이 필요하겠지만 교회적으로도 이러한 일을 돕는 것이 필요하다. 우선 개인의 적성을 검사하여 적합한 직업군을 소개하고, 그에 대한 선배들의 체험담이나 유관기관의 도움을 구할 수 있다. 특별히 어느 하루를 '진로의 날'로 정하여 각 직업군별로 선배들을 초청하여, 각자가 관심 있는 분야의 소그룹으로 가서 선배들과 그 직종에 대해 깊은 대화를 나누는 시간을 갖는 것도 필요할 것이다.

어느 교회의 경우, 2-3일에 걸쳐 현장에 있는 사람들을 초청하여 강의를 듣고 그에 대한 구체적인 질문과 토의를 하는 시간을 갖기도 한다. 물론 개별 교회에서 하기 힘들다면 인근의 여러 교회가 연합하여 이런 행사를 가질 수도 있을 것이다.

또한 '청소년 대화의 광장' 같은 기관에서 나오는 직업 선택에 대한 다양한 정보나 정부발행 간행물들을 참조하면 다양하고 유익한 정보를 얻을 수 있을 것이다. 좀더 많은 직종 속에서 좀더 좋은 직업을 선택할 수 있다는 것은 당연한 이치이다.

그러나 무엇보다 분명한 것은 직업에 대해 성경적인 접근을 해야 한다는 것이다. 목사와 선교사만 거룩한 직업이 아니라, 모든 직업이 거룩한 부르심이라는 것을 기억하고 그들에게 열려 있는 땅을 정복해 나갈 수 있도록 용기와 지혜를 북돋워 주어야 한다.

이성교제

이 승 섭

이성교제는 청년 사역에서 판도라의 상자라고 할 수 있다. 그냥 둘 수도, 섣불리 간여할 수도 없는 부분이기 때문이다.

청년부 평일 모임으로는 월요 취미모임(세계관, PBS, 미디어 연구 등), 화요 리더훈련, 수요 정기기도회, 목요 제자훈련, 금요 QT훈련학교, 토요 리더모임 등이 있다. 더구나 행정팀, 찬양팀, 편집부 모임 등의 청년부 모임 외에도 교사나 성가대 등 조금 열심 있는 청년부 회원인 경우 한 주에 4-6일은 거의 교회에서 시간을 보내게 된다. 이러다 보니 데이트는 고사하고 전공 공부나 직장일조차 제대로 감당하기가 힘든 것이 일반적인 청년들의 현주소이다.

오늘날 교회에 큰 문제로 대두된 '노처녀 노총각 문제'(?)는 사실 열심 있는 교역자들이 만들어 놓았다고 해도 과장이 아닐 것이다. 그렇다고 무작정 풀어 놓다보면 교회가 '연애당'이라는 예전의 오명을 듣게 됨은 물론, 깨어진 커플로 인해 공동체 자체가 커다란 위험에 봉착할 수도 있다. 그렇다면 이 문제를 어떻게 풀어가야 할 것인가?

이성교제 지도의 원리

가장 중요한 것은, 공동체가 이성교제에 대하여 어떤 자세를 갖고 있는가 하는 문제이다. 이는 대부분 사역자의 이성관에 따라 결정되는데, 일반적으로 전통적이고 훈련이 엄격한 단체나 교회일수록 이성교제를 금기시하는 풍토가 있다. 1,2학년 때는 절대금지, 리더는 사역 기간 동안 절대금지, 사귐이 시작되었을 때에는 지도자에게 반드시 보고할 것, 불신자와는 눈길도 주지 말 것 등 갖가지 금기원칙이 있다.

반면에 교제를 강조하는 공동체나 역사가 오래지 않은 공동체는 상대적으로 이성교제에 대하여 관대한 분위기인 경우가 많다. 이는 이성교제로 인하여 심각한 문제를 겪어보지 않았기 때문이기도 할 것이다.

이성교제는 기본적으로 사역자의 관점에 따라 크게 달라진다. 자신의 공동체가 추구해야 할 목표가 시급하고 중요하다면 이성교제 문제는 자연히 뒷전으로 물러나게 된다. 또한 청년대학부 공동체가 이를 어떻게 받아들이고 있는지도 지도 방향에 중요한 영향을 끼칠 수 있다. 그러나 공동체가 어느 정도 안정되어 있는 경우나, 반대로 적령기를 놓친 청년들의 문제로 인하여 심각한 위험에 처해 있는 경우라면 이성교제를 사역의 우선순위에 두어야 할 것이다.

개인적인 경험으로는, 공동체의 목표 추구만큼이나 중요한 것이 청년들의 이성교제라고 생각한다. 왜냐하면 청년들은 공동체의 목표 달성을 위한 소모품이 아니기 때문이다. 수많은 훈련과 치러야 할 행사들로 인하여 그들의 시간과 정력을 빼앗았으면, 당연히 그들의 미래도 책임질 줄 알아야 하지 않겠는가?

청년 사역은 청년의 때에 끝나는 것이 아니라 청년 이후의 삶의 모습으로 평가받는다. 진정한 공동체의 목표 달성은 온전한 인격을 갖춘 개인에 의해 이루어지기 때문이다. 청년의 때에 잠깐 충성하였다가 결혼 후에는 교회를 그저 출석만 하거나 아니면 떠나버리는 것은 결코 바람직한 모습이 아닐 것이다. 온전한 인격이란 청년기에 국한되는 것이 아니라, 청년 이후의 삶으로 드러나게 마련이다. 또한 온전한 인격은 가정 안에서 가장 잘 드러난다는 사실은 말할 필요도 없을 것이다. 하지만 그렇다고 해서 무작정 권장할 수도, 말릴 수도 없는 것이 이성 관계이다. 그렇다면 어떤 경우는 말려야 하고, 어떤 경우는 권장해야 하는가?

내가 아는 어느 공동체의 경우, 이성간의 사귐에 대해 극히 부정적인 시각을 가졌던 때가 있었다. 사귀는 당사자들이 교제에만 신경을 쓸 뿐 공동체에 관심을 갖지 않았던 잘못도 있었지만, 그들의 교제에 대한 주위의 시기심과 멋진 형제(또는 자매)를 빼앗겼다는 상대적인 박탈감(?)으로 인한 질투도 있었을 것이다. 결국 사귀던 두 사람은 죄인 아닌 죄인이 되어 교회 주변을 맴도는 신세가 되어 버렸다. 만약 그 교회에 혈연적인 끈만 없었다면, 이들은 쉽게 다른 교회나 단체로 떠났을 것이다.

'만남의 장'을 만들라

나는 청년 사역을 하면서, 처음에는 의도적으로 몇 커플을 만들어내는 작업을 하였다. 물론 그들은 모두 신앙적으로 성실하고 모든 면에서 모범을 보이는 청년들이었다. 나는 이 일을 통해 신앙생활을 잘하는 사람은 결혼도 잘 한다는 사실을 청년들에게 보여 주고 싶었다. 아니 좀더 솔직히 말한다면 '내 말 잘 들으면 시집, 장가도 잘 간다'는 사실을 보여 주고 싶었던 것이다.

사실 신앙 좋은 선배들이 직장도 잘 들어가고 결혼도 잘 하는 모습을 보이게 되면, 그 공동체에 미치는 영향은 눈에 보이지 않지만 결코 작지 않다. 하나님을 잘 믿으면 복 받는다는 설교 백 편보다 믿음 좋은 한 쌍의 부부가 미치는 영향력이 훨씬 크다고 할 수 있다. 하지만 그렇다고 무조건 커플을 만들어낼 수는 없는 노릇이다.

무엇보다 중요한 것은 공동체 안에 자연스러운 교제의 분위기를 형성하는 일이다. 즉 믿음 있는 사람들이 만나 사귀고 교제하는 것이 지극히 당연하다는 분위기를 형성하는 것이 중요하다. 물론 이를 통해 사귀다가 헤어질 수도 있고 다시 만날 수도 있다는 사실을, 사귀는 당사자뿐 아니라 다른 사람들도 받아들이게 해야 한다.

교제를 하는 사람들에게 나는 이런 말을 개인적으로 자주 한다.

"그래봤자 니들 사랑은 연습이야. 그러니까 헤어질 준비를 하고 만나. 그리고 만날 동안은 헤어질 때 서로에게 부끄럽지 않게 만나야 돼! 그러다 결혼하면 더욱 좋은 것이고……."

그러나 공동체 내에서 이루어지는 이성교제는 아무래도 한계가 있게 마련이다. 앞에서 언급했듯이 열심 있는 청년들의 경우 대부분의 시간을 교회에서 보내기 때문에 다른 사람을 만날 확률이 그만큼 적고, 그나마 있는 사람마저 시시콜콜 다 알기 때문에 신선감을 가지고 교제하기란 그리 쉽지 않다. 그러다보면 자연히 관심이 줄어들게 되거나, 아니면 정반대로 교회 일에 소홀해진다.

그러므로 '만남의 장'을 열어 주는 것이 필수적이다. 연합수련회나 연합체육대회 등 다른 교회와의 교제를 통하여 장을 열어 주고, 학복협과 같은 연합기관을 통해 만남을 갖는 것도 필요하다고 생각된다. 기윤실에서는 아예 노처녀와 노총각들의 만남을 위한 이벤트도 시행하고 있으니 이를 이용해 보는 것도 괜찮을 듯하다.

경계해야 할 몇 가지 사례

1. 몰래 데이트

'몰래 데이트'는 그 자체가 건전하지 않은 이성교제인 경우가 많다. 지도자가 교제에 대해 웬만큼 부정적이지 않는 이상, 교제는 공개적이어야 함을 원칙으로 해야 한다. 물론 그 공개의 범위를 어느 정도로 해야 하는지 논란의 여지는 있으나 적어도 지도자에게는 반드시 알려야 할 것이다. 어느 교회의 경우 리더들이 몰래 데이트를 하다가 적발되는 경우, 몽둥이로 얻어맞기까지 한다고 한다.

어쨌든 몰래 데이트는 반드시 금지시켜야 한다. 내가 겪어본 바로는, 몰래 데이트 하는 사람들은 대개가 건전치 못한 사귐을 하고 있었으며, 결혼으로 연결되는 사례가 극히 드물었다.

여기서 한걸음 더 나아가 공개적인 데이트를 하는 사람에게도 교제의 투명성을 계속 교육해야 한다. 어느 정도 신뢰감이 있다면 신체적인 접촉에 대해서도 지적해야 할 것이다. 이 경우 지도자는 일정한 한계를 염두에 둔 채 그 선을 넘지 말도록 지도해야 한다.

2. 저학년 이성교제

사실 데이트에서 문제가 생기는 것은 대부분 저학년이나 초보의 경우이다. 데이트에 경험이 없다보니 한 사람에게 집중하게 되고, 그러다보니 공동체보다는 자신들의 교제에 우선순위를 두게 마련이다. 그리고 이로 인해 공동체에서 따돌림을 받게 되어 그 공동체를 떠나게 되는 경우가 많이 있다. 그래서 대부분의 선교단체에서는 저학년의 이성교제를 금하고 있다. 내 주변을 보아도 저학년생들의 데이트는 실패로 끝나는 경우가 거의 대부분이다.

그러나 그럼에도 나는 저학년의 데이트를 권장하는 편이다. 물론 이 경우 철저하게 지도자에게 보고하고 지시를 받는다는 전제 조건이 뒤따른다. 저학년 때 데이트의 실패를 경험하지 않으면 결혼 적령기에 이르러 더 큰 위험을 가지고 데이트를 시작할 수 있으므로, 저학년의 데이트는 위험하지만 할 필요가 있다고 생각한다. 물론 이들은 청년 사역자가 특별 관리 해야 할 대상임을 기억해야 한다.

3. 결혼 적령기를 넘긴 청년들

진짜 문제는 데이트를 너무 많이 하는 사람보다 전혀 하지 않은 사람들이라고 할 수 있다. 수많은 열심 있는 청년들이 교회 일을 하고 후배들을 돌보느라 정작 자신을 돌보지 못하는 경우가 많다. 더구나 대부분의 노처녀 노총각들은 제대로 데이트 한 번 해보지 못했거나, 잘못된 만남으로 인하여 상처를 받은 경우가 많다. 이럴 경우 데이트에 대한 환상이나 잘못된 선입견으로 인해 사람을 만나기가 더욱 어려워진다. 데이트 경험이 없는 사람들은 흔히 말하는 '눈이 너무 높다' 는 다른 이들의 평가를 전혀 이해하지 못하는 것이다.

이런 청년들의 경우는, 눈높이를 맞추는 훈련과 함께 결혼에 대한 실제를 가르쳐 줄 필요가 있다. 반대로 사귐에 대한 상처가 있는 사람들은 끊임없이 용기를 북돋아 주어야 한다. 아름다운 커플의 삶을 보여 주고 그에게도 이런 가정을 가질 수 있다고 지속적으로 격려하라.

무엇보다 이들이 서로 만날 수 있는 장을 만드는 것이 필요하다. 청년 사역자는 지극히 자연스런 만남의 장을 만드는 수고를 아끼지 말아야 할 것이다. 앞에서 언급한 기윤실 모임이나 각 노회나 연합기관에서 주관하는 결혼추진위에 정보를 요청하는 것도 한 방법일 것이다.

이성교제 지도의 실제

한 쌍의 부부가 탄생한다는 것은, 더구나 한 교회에서 커플이 탄생한다는 것은 분명 그 공동체의 축복이다. 청년들은 그 결혼을 보면서 자신들의 미래를 꿈꾸게 되고, 그리스도인의 가정이 어떠해야 하는지를 배우게 된다. 그러나 이러한 결실이 있기까지는 눈에 보이지 않는 사역자의 수고가 필수적임을 알아야 한다.

1. 데이트 지도

가장 기본적인 것은 '수시 확인'이다. 일주일에 몇 번 만나는지, 만나서 무얼하는지, 공동체 내에서 이들의 관계는 어떠한지, 관계는 어느 정도 진척되었는지 지속적인 관심을 가지고 물어보아야 할 것이다.

그리고 두 사람을 '집으로 초대'하라. 이미 교제에 들어간 이들을 지도하는 가장 효과적인 방법은 무엇보다 지도자의 집으로 초대하는 것이다. 내 경우 어느날 갑자기 두 사람이 집으로 찾아오면 이들이 교제를 시작한다는 신고식을 하러 온 것으로 인정한다. 지도자의 집에서 같이 식사를 했다는 사실은, 지도자의 인정을 받았음과 아울러 공식적인 교제가 시작되었음을 의미한다. 그러므로 사귀는 당사자도, 지켜보는 공동체도 안심하면서 사귐을 지속할 수 있다.

끝으로, '공개적인 세워 주기'가 필요하다. 두 사람의 관계가 어느 정도 견고해졌으면 이제는 모든 사람들에게 공표하는 시간을 가져야 한다. 물론 사귐이 깊어갈수록 눈치채는 사람들도 늘어나겠지만, 더 이상 뒤에서 수군거리지 않도록 공개적으로 밝히게 해야 할 것이다. 어떤 공동체에서는 생일축하 시간이나 대중 앞에 서는 시간에 기도제목을 말하라고 할 때 자연스럽게 자매와의 교제가 건전하고 아름답도록 기도 부탁하면서 자신들의 관계를 밝히기도 한다.

어떤 방법이든 간에 일정한 시간이 지나면 반드시 자신들의 관계를 공개하게 해야 한다. 그래야 이중 삼중의 관계로 얽히는 일도 없거니와 무엇보다 당사자들이 책임을 갖고 교제에 임할 수 있다.

2. 문제가 생길 때

공동체 안에서 이루어지는 이성교제가 가장 문제가 될 때는 역시 관계가 깨어졌을 경우이다. 이 때 대부분의 사람들은 상처를 안고 어느 한 쪽이 교회를 떠나는 경우가 다반사이다. 심지어 선교사로 지원하기로 했던 청년이 이성교제의 실패로 인해 신앙까지 포기하는 경우도 있었다. 그러나 신앙이 이성교제로 인하여 흔들려서는 안 된다는 것은 분명하다. 그렇다면 어떻게 해야 하는가? 중요한 것은 두 사람의 관계가 어디까지나 '미확정의 관계'임을 항상 인식시켜야 한다는 사실이다.

요즘 세대는 첫만남에서부터 키스와 잠자리를 같이 할 정도로 성문화가 개방되어 있는 분위기여서 정결한 관계를 유지하도록 지도하기가 그리 쉽지 않다. 그렇더라도 지도자는 두 사람의 관계가 언제든지 깨어질 수 있는 관계라는 사실을 지속적으로 인식시킴으로써 책임질 관계까지만 나아갈 것을 권면해야 한다. 이를 위해서는 둘의 관계를 공개하게 하는 것이 필수적이다.

교제를 시작하는 사람들은 처음에는 사랑에 눈이 멀어 모든 것이 아름다워 보이게 마련이다. 그러나 차츰 시간이 지날수록 상대방의 실체를 보고 실망하기 시작할 것이다. 그럴 때 서로의 모습을 정직하게 바라볼 수 있는 시각을 갖게 해 주는 것이 필요하다. 지도자 자신의 경험과 다른 사람들의 경험을 소개해 주면서 참된 사랑이 무엇인지 훈련으로 배우게 해야 할 것이다. 오히려 이런 훈련을 통하여 예수님의 참사랑을 배울 수 있는 기회로 삼는 것도 좋은 교육의 방법이 될 수 있을 것이다. 그러기 위해 지도자는 정기적으로 만나 두 사람의 관계를 점검해 주어야 한다.

이성교제로 인하여 교회를 떠나는 대부분의 경우, 자신의 고민을 받아줄 사람이 없다는 데 그 원인이 있다. 어느 자매는 교제의 실패로 임신중절을 두 번이나 하고 자살할 마음까지 먹었지만, 그 고민을 공동체의 누구에게도 말할 수 없었다. 아니 다른 사람들은 교제 사실조차도 알지 못하고 있었다. 그 자매가 교회의 임원이었는데도 말이다.

이런 일을 사전에 방지하려면 지도자는 지속적으로 두 사람의 관계를 점검하고, 그들에 대한 끝없는 신뢰와 사랑을 보내야 한다. 문제가 커지기 전에 미리 진단하여 예방하는 것은 필수적인 일이다. 그러기 위해서는 '너희들의 문제가 곧 나의 문제'라는 사실을 인식시키고, '난 언제나 너희 편'이라는 확실한 신뢰를 보여 줄 필요가 있다.

방학시즌 지도

성인경

우리가 살고 있는 시대에는 여러 가지 특징이 있지만, 가장 큰 특징 중 하나는 모두가 지쳐 있다는 사실이다. 각박한 세상살이에서 쌓인 온갖 종류의 스트레스가 모든 병의 원인이 되고 있다는 보도가 그것을 말해 주고 있다.

청년대학생들도 공부와 신앙, 이성교제 등의 스트레스로 지칠대로 지쳐 있는 현실이다. 그들은 단지 육체적으로만 휴식이 필요한 것이 아니라, 정신적으로나 신앙적으로도 절대로 안식이 필요한 사람들이다. 그런 의미에서 지쳐 있는 청년대학생들을 위해 방학시즌 지도를 어떻게 할 것인지, 먼저 안식의 성경적 원리를 기초로 하여 몇 가지 실제적인 방향을 모색해보도록 하겠다.

쉼은 영적인 일임을 가르치라

우선, 휴식은 영적인 것이라는 사실을 가르쳐야 한다. 우리는 흔히 일하는 것은 영적이라고 생각하지만 쉬는 것을 영적이라고 생각하지는 않는다. 그런 사람들의 휴가는 뻔하다. 방학에도 여행하는 것은 돈과 시간의 낭비라고 생각하거나, 극단적으로는 낮잠 한숨 자는 데서도 죄의식을 느끼곤 한다. 그러나 성경은 일하는 것뿐 아니라 쉬는 것을 거룩하고 영적인 행위라고 말한다. 왜냐하면 하나님께서 열심히 일하신 후에 안식을 취하셨기 때문이다(창 2:2,3 ; 히 4:9,10).

구약에서 안식일을 뜻하는 '사바트'란 말은 '일을 쉬다, 중지하다'는 말이다. 이 말은 신학적으로 세 단계의 발전과 변화를 가진다. 즉 첫 단계로, 창세기에서는 창조를 축하하고 기념하기 위해 모든 일을 쉬는 날로 정했다. 둘째 단계로, 모세의 법에서는 이 날을 안식일로 선포하고 선민들의 종교적 각성과 영적 훈련의 날로 정하여 금요일 해질 때부터 다음날 해질 때까지를 거룩하게 지켰다. 셋째 단계로, 신약에서는 안식일이 주일로 바뀌었고 예수님의 구원을 축하하는 축제의 날이 되었다(막 2:27,28 ; 고전 16:1,2 ; 행 20:7 ; 계 1:10).

쉼은 일만큼 중요하고 고귀한 것이다. 우리는 노동이나 공부를 신성하다고 믿는 것처럼 휴식과 여가도 영적이라고 믿어야 한다. 그리고 쉼의 적(敵)은 일이 아니라 죄라는 사실을 알아야 한다. 일과 쉼은 거룩한 것이다. 그러므로 신나고 보람 있는 휴가를 보내려면 먼저 쉼에 대한 죄책감을 버려야 한다. 쉼은 열심히 일하고 공부한 사람의 특권이며 축복이지, 결코 비영적이거나 부끄러운 것이 아니다.

쉬고 싶은 생각이 간절할 때에는 로템나무 밑에서 절망중에 식도락을 즐긴 후에 새로운 힘을 얻었던 엘리야를 생각할 수 있다(왕상 19:1-10). 그는 당대 최고의 영적 거인이었지만 바알의 선지자들과 영적 전쟁을 치루고 기나긴 도피 여행을 한 후에는 낙담하고 지치지 않을 수 없었다. 그는 맛있는 음식을 먹고 난 후에야 정신을 차리고 성령의 세미한 음성으로 위로를 받았다.

청년대학생들도 쉬면서 즐겁게 여행을 하는 중에 온갖 종교와 부딪히게 되고, 여러 가지 문화유산에 도전을 받으면서 영적 각성과 견문을 넓히는 새로운 경험을 하게 된다. 청년대학생들에게 의미 있는 휴가는 여러 사람들과 어울려 여행을 하는 것이다. 여행은 재미가 있을 뿐 아니라 정서적 육체적인 효과가 적지 않다. 특히 국토순례나 문화유산 답사, 해외여행 등은 청년대학생들이 공부의 부담을 덜고 인생과 세상을 배우는 가장 좋은 길 중 하나이다. 청년대학생들이 여행을 계획할 때, 지도자는 다음의 세 가지를 꼭 상의하도록 해야 한다.

첫째, 누구와, 혹은 어떤 팀과 함께 여행할 것인지 기도하며 결정하도록 도와주어야 한다. 누구와 함께 여행하는가 하는 문제는 여행의 열매를 결정짓는 변수가 된다. 연인끼리 가는 것은 짧은 국내 여행이 아니면 허락하지 않는 것이 좋다.

둘째, 경비는 어떻게 마련할 것인지 물어보아야 한다. 할 수 있으면 한 사람의 돈보다는 아르바이트를 해서 모으든지 가까운 사람들의 후원금을 조금씩 저축해서 가는 것이 좋다. 굳이 선교여행이라는 거룩한 명목을 붙이지 않더라도 한국의 청년대학생들은 견문을 넓히기 위해 여행이 필요하므로 후원금을 받을 수 있다.

셋째, 어디를 갈 것인지 여행지를 잘 선정하도록 해야 한다. 미국이나 유럽도 좋지만 가난한 나라들을 돌아보게 하는 것도 좋다. 그리고 한꺼번에 여러 나라를 돌아보기보다는 한 번에 한두 나라를 집중적으로 탐구하도록 하는 것이 좋다.

위대한 신학자 메이첸은 "유학에서 배운 것보다 훨씬 더 실제적인 신관(神觀)을 아름다운 풍광의 나라 스위스를 여행하면서 깨달았다"고

말했다고 한다. 여행 중에 겪은 도전과 신앙적 경험을 정리하여 답사기나 여행담으로 공동체에 보고하게 한다면 모두에게 도움을 줄 수 있을 것이다.

쉼은 정기적으로 필요하다

휴식의 이상적인 주기는 6일 동안 일하고 7일째 쉬는 것이다(창 2:2, 3). 하나님도 6일 동안 일하고 하루를 쉬셨으며 사람들도 그 패턴을 따르도록 의도하셨다. 그러므로 휴식 시간은 일주일에 하루씩 갖는 것이 가장 적절하다.

그러나 공부나 노동의 어려움과 상관 없이 모든 사람이 똑같이 일주일에 하루씩만 쉬어야 한다는 것은 아니다. 어떤 사람은 하루보다는 그 이상의 충분한 휴식을 요구하는 힘든 일을 하는 사람도 있다. 그 중에 포함되는 사람이 청년대학생들과 그들을 가르치는 사람들이며 그들에게는 규칙적이고 정기적인 휴식이 필요하다. 그들에게 휴식이 필요한 이유는 다음과 같은 세 가지 이유에서이다.

첫째, 공부나 일 때문에 권태에 빠지거나 일에 미치기 쉬운 사람들을 위한 최선의 안전장치가 휴식이기 때문이다. 학생들은 공부 권태에, 노동자들은 일 중독에 빠지는 것을 예방하는 특효약은 술이나 담배가 아니라 휴식이다.

둘째, 청년대학생들의 육체적 의학적인 필요 때문이다. 젊다고 다 건강한 것은 아니다. 많은 청년들이 공부와 아르바이트, 친구 사귀는 일 등으로 육체를 지나치게 혹사하고 있기 때문이다.

셋째, 영적 각성과 삶의 의미를 재음미할 겨를도 없이 정신 없이 살아가기 때문이다. 사람들은 모두 죄인이기 때문에 하나님을 까맣게 잊어버린 채 정신 없이 먹고, 자고, 놀고, 일하고 싶어한다. 그러나 휴식의 참다운 의미는 정기적으로 쉬는 데 있다.

현재 대학생들의 방학은 여름과 겨울에 집중되어 있는데, 학기 중간에도 한두 주 방학을 갖는 것이 좋다고 본다. 직장인들의 휴가도 여름에 몰려 있는데, 봄이나 가을에 나누어 가질 수 있도록 지도하는 것도 필요하다. 여름과 겨울을 기다리기에는 휴식 시간이 너무 멀다는 것과 독립적이고 창의적인 공부를 할 수 있는 충분한 시간을 갖기 위해서이다.

21세기는 정보와 지식이 최고의 부가가치 상품 시대가 될 것이라고 한다. 기독교적인 지적 재산을 충분히 준비하지 않은 개인이나 공동체는 그만큼 영적 지적 빈곤을 면치 못할 것이다. 그러므로 청년대학생들은 방학을 이용하여 성경과 여러 분야의 책들을 폭넓게 읽고 깊이 생각하고 묵상하여 성경적 세계관을 정리하는 기회를 가져야 한다. 특히 사역자는 이 과정에서 믿음의 친구들이나 지도자들과 깊은 교제와 토론시간을 갖도록 도와야 한다. 이를 위해 청년대학생들이 자신의 영적 성숙도와 기독교적 지성을 점검하고 발전시킬 수 있는 기초원리(고후 10:4, 5)를 소개한다.

첫째, 신령한 무기, 즉 성경의 능력을 제대로 알고 있어야 한다는 것이다. 성경은 영적인 문제뿐 아니라 정치, 경제, 과학, 예술 등 인간의 모든 문제에 대한 정직한 대답이요 진리라는 확신이 필요하다. 방학 동안 성경을 통독하기 어렵다면 신구약 중 몇 권을 골라서 읽고 공부하도록 지도하는 것이 좋다. 집중적인 공부를 위해서 각 선교단체에서 주관하는 수련회나 특별세미나에 한두 차례 참석할 것을 권해야 한다.

둘째, 현대 문화의 정체를 바로 이해하고 있어야 한다는 것이다. 적을 모르면 영적 전쟁도 이길 수 없다. 그러기 위해서는 현대 사상과 문화의 흐름을 분별하고 비판할 수 있는 폭넓은 독서가 필요하다. 여기에서 조심할 것은 세속 사상이 전부 다 사탄적이거나 무가치한 것이라고 매도해서는 곤란하다는 것이다. 칼빈이 "플라톤에게서 배울 것이 하나도 없다고 말하는 것은 성령을 모독하는 것이다"고 한 말을 상기할 필요가 있다.

셋째, 세속 사상을 그리스도 앞에 복종시켜야 한다는 것이다. 이것은 성경적인 통합 작업을 말한다. 비록 세속적인 사람의 말이라 할지라도 성경적인 사상과 일치한다면 비판적으로 받아들이고, 성경과 배치되는 사상, 이념, 철학이라면 산산이 파괴하고 그에 대한 기독교적 변증을 펼쳐야 한다.

방학이나 휴가를 보내면서 이런 주제에 대해 자기 나름의 통찰력이 생겨 에세이나 논문을 한 편 완성할 수 있다면 큰 열매를 얻은 것이다. 기독 청년대학생들이 우리 시대의 상대적 진리관에 혁명을 일으키는 길은 지적 무기력감을 떨쳐버리고 성경적 세계관으로 무장하는 것이다.

휴식은 평소에 못한 일을 하는 기회

하나님이 안식하신 것은 '자기 일'을 쉬신 것이다(히 4:10). 이것은 직업적인 일을 쉬는 것을 말한다. 구약에서 안식의 상태를 나타내는 말인 '메누하'는 포괄적인 용어로서, 노동으로 인해 피곤해진 심신의 휴식, 불안하고 피비린내 나는 전쟁 후에 찾아드는 평화, 어려움에서 벗어난 가정의 안정, 죄로 인해 고통받던 영혼과 육체의 구원 등을 의미한다. 이처럼 참다운 안식이란 노동, 불안, 고난, 고통, 죄로부터의

쉼과 자유를 말한다(마 11:28-30).

신약시대 교회의 주일은 휴식과 예배 외에도 선행을 베풀거나 전도를 하거나 이웃을 돕는 날이다(마 12:12 ; 요 9:14 ; 행 16:13, 17:2). 그러므로 휴식은 모든 일상적인 자기 일로부터 자유와 쉼을 누리는 것이며, 평소에 하지 못했던 새로운 일거리를 부지런히 찾는 것이다.

요한복음 4장에서 예수님은 세 가지 면에서 전혀 새로운 일을 시작하셨다. 지금까지 그가 일하던 유대 땅에서 벗어나 낯선 사마리아로 들어가셨고, 지금까지 그가 만나던 유대의 관원들과 상인들 및 바리새인 남자들 대신에 사마리아 여인을 만나셨으며, 다른 방법으로 일하셨다. 예수님의 휴식은, 같은 일을 하더라도 다른 곳에서, 다른 사람들과, 다른 방법으로 일하는 것이었다. 우리도 휴식이나 안식년을 보낼 때에는 예수님처럼 보내는 것이 어떨까?

그런 의미에서 사람들과 이야기하기를 좋아하는 청년이라면 방학 동안에 친구들과 대화하는 시간보다는 하나님께 기도하는 시간을 많이 가지게 하는 것이 좋다. 또한 문과 계열의 학생이라면 방학 동안에는 다른 분야의 공부를 하게 하고, 컴퓨터 그래픽이 평소 자기의 일이라면 휴가 기간에는 그 일은 덮어두고 철학이나 문학을 공부해 보도록 지도하는 것이 좋다. 또 운동이 부족한 사람은 체력을 보강하는 훈련을 하도록 권면해야 할 것이다.

요즈음처럼 상처투성이 가정이 많은 시대에 가족들의 영적 상태와 근황을 살피는 것은 결코 작은 일이 아니다. 방학 때는 꼭 가족들을 찾아보고 그들이 하나님 앞에서 바로 살고 있는지 살피는 일 또한 기독 청년들의 몫이다.

혹 어떤 청년들이 가족과 함께 보내는 이런 휴가에 익숙하지 않다면, '선한 사마리아 사람'의 뒤를 따르는 청년들이 될 수 있도록 다른 봉사활동을 찾아보도록 도와 주면 좋겠다. 지금 우리 사회가 가장 필요로 하는 분야는 반낙태운동, 환경운동, 북한동포돕기운동, 시민운동 등이라 생각한다. 몇 사람만 뜻이 맞는다면 농어촌 봉사, 소년소녀 가장 돕기, 외국인근로자 돕기, 장애인 돕기 등을 짧은 방학 동안이지만 보람있게 할 수 있는 영역들이 많이 있다.

고3 관리

현승학

　요즘 부흥하는 청년부들을 보며, 그것을 과연 참된 부흥이라고 할 수 있을까, 수평이동은 아닐까 하는 생각을 하게 된다. 동시에 참된 부흥이란 과연 무엇일까 하는 질문이 꼬리를 잇는다.

　최근 부흥하는 청년대학부의 유형을 크게 네 가지로 분류할 수 있을 것 같다. 즉 교회가 학원선교사(학생선교단체 간사)를 지원하여 그 간사를 따르는 청년들이 모임으로써 숫적으로 늘어나는 형태와, 찬양과 비전을 중심으로 하는 홍보 전략을 통하여 부흥하는 형태, 카리스마적인 교역자를 보고 청년들이 모이는 형태, 소그룹 제자훈련을 통해서 사람들을 키워내는 형태 등이 있다.

　이쯤에서 교회학교 출신이 그 교회 청년대학부에 얼마나 정착하고 있는지 질문해 볼 필요가 있다. 내가 지금 섬기고 있는 영락교회의 경우 고등부를 졸업한 학생들을 조사한 결과에 따르면, 대학부, 베드로반(재수생), 신세대반(청년부), 성가대(주일 예배), 교회봉사(교회학교, 또는 다른 성가대), 주일 낮예배, 타 교회, 냉담자 등 8가지의 형태로 흩어져 있다.

고등부 졸업은 교회 졸업?

우리가 주의해서 볼 것은 주일학교 졸업자들의 본 교회 정착률이 낮다는 사실이다. 이것은 한국 교회의 일반적인 추세라고도 할 수 있다. 고등부 출신이 청년대학부에 잘 정착할 수 있도록, 교회가 고등부와 청년대학부의 연계성에 주목해야 하는 이유가 바로 여기에 있다.

실상 한국 교회 내 교회학교의 가장 큰 문제 중 하나는 고등부와 청년대학부의 연계성 문제라고 생각한다. 천하보다 귀한 생명을 맡은 자로서 영아부, 유치부, 아동부, 중고등부까지의 교육의 연계성은 어느 교회나 잘 되고 있으리라고 본다. 그런데 대부분의 교회에서 고등부 졸업생이 청년대학부로 이어지는 비율이 20% 이상을 넘지 못하는 것은 참으로 안타까운 현실이다.

영락교회 청년부 회원 1,000여 명 중 100명을 대상으로 구성 비율을 조사한 결과, 본 교회 고등부 출신 7%, 대학부 출신 15%, 타 교회로부터 전입 35%, 새 가족 33%, 기타 10%로 나타났다. 이는 본 교회 출신의 청년대학부 정착률이 낮다는 것을 입증한다.

고등부 졸업 이후 35세 이하를 청년층으로 잡을 경우 영락교회에는 본 교회 고등부 출신 청년이 약 6,000명 있다. 그런데 자체 조사에 따르면, 그 중 청년부에서 훈련받고 있는 청년들은 10% 미만이다.

주일학교 예산을 보면 청년대학생 1인에게 1년에 5만원에서 20만원 정도가 소요된다. 만일 1인당 1년에 10만원으로 한다면, 유치부에서 고등부까지 15년 동안 원금이 150만원이 들고, 이자까지 계산하면 일인당 적어도 300여 만원이 든다. 그런데 고등부를 졸업하는 동시에 교회를 졸업하게 놔 둔다면 얼마나 엄청난 손실인가! 이걸 안다면 이제 가만히 있어서는 안 될 것이다.

소외와 세속화에 직면한 고3 시기

작년에 굉장한 인기를 끌었던 '타이타닉'이라는 영화가 있다. 정작 나는 시간이 없어서 못 봤는데, 고3 중에 안 본 아이들이 거의 없다는 사실을 알고 굉장한 충격을 받았다. 시간이 그렇게 없다고 하는 고3들이, 자기가 원하는 TV 프로나 영화는 다 보고 있었던 것이다.

고3들에게는 학교나 가정뿐 아니라 교회에서도 따가운 시선이 집중된다. 교회의 지도자들이나 학부모들은 고3들을 특별 대우(?)한다. 어떤 교회는 고3이 열심히 교회 생활을 하면 오히려 공부하라고 야단치기도 한다.

대부분의 교회들은 주일학교 학생보다는 장년층에 더욱 관심을 가지고 있고, 학생이나 청년보다 장년부에 더 많은 예산을 할애하고 있다. 주일학교 시절에는 부모들도 신앙을 심어 주려고 하나, 고3이 되면 신앙보다는 학업과 대학입시에 더 관심을 기울인다. 그러므로 교회에서도 예전처럼 그렇게 관심을 주지 못한다. 얼핏 보기에 고3은 특권계급인 것같지만 사실은 교회에서 가장 소외되고 있다.

또한 고3은 세속화에 점점 더 가까워지는 시기이다. 특히 고3 말엽은 가장 많이 신앙의 세속화에 직면하는 시기이다. 주일학교부터 자란 학생들이 청년이 되기까지 언제 가장 신앙을 잃어버리기 쉬운가? 언제 가장 신앙이 세속화되고 타락하는가? 그것은 대입 수능시험을 마친 11월 말과 12월, 그리고 이듬해 1월과 2월 사이이다. 이 때는 대부분의 학생들이 학교에서도 교과 진도를 마치는 시기로서, 졸업고사와 함께 실질적으로 모든 학교 과정을 마친다고 볼 수 있다. 그래서 시간이 많기 때문에 그 동안 억눌려서 하지 못했던 것들을 시도하게 된다.

이런 현상은 교회 고등부에 속한 고3들도 비슷하다. 그들은 많은 시간을 어떻게 보내야 할지 잘 모른다. 문제는 그들을 이해하고 신앙적으로 잘 지도해 줄 지도자나 그들만을 위한 모임들이 많지 않다는 것이다. 교회 중직자들의 자녀를 포함하여 많은 고3 학생들은 이 시기에 세속화를 경험한다.

결국 이러한 고3 말의 급격한 세속화에 대한 대안으로서도 교회학교와 청년부의 긴밀한 연계성이 필요하다. 교회에서 신앙생활을 해 온 학생들이라면 유아부에서부터 아동부를 거쳐 중고등부까지 교회학교라는 교육의 틀 속에서 연속적인 관심과 사랑을 받는다. 그러나 고등부 졸업과 함께 '학생'이라는 신분이 사라지고 그들은 내팽개쳐진다. 이것은 이제 어른이니 스스로 신앙을 가질 수 있을 것이라고 안일하게 생각하는 어른들의 문제인지도 모른다.

그러므로 고등부를 졸업하는 학생들이 청년대학부에서 계속 신앙이 자라고 성숙해질 수 있도록 연계성을 유지하는 것이 중요하다. 이를 위하여 청년대학부 지도교역자와 회장은 중간 리더들을 세워 선배와 고3 학생들이 만날 수 있는 장을 마련하는 것이 필요하다. 여기에는 좀 더 전문성이 요구된다.

고3 수련회의 시작 배경

내가 처음 학원선교 전담 교역자로 사역을 시작했을 때였다. 고등부 졸업자 90명 중 대학부에 올라온 인원은 달랑 세 명뿐이었고, 나머지 아이들이 어디로 갔는지 아는 사람은 아무도 없었다. 알아보니 아이들은 이미 다 빠져나간 상태였다. '고3 졸업과 함께 교회를 졸업한다' 는 묵시적인 이야기가 사실로 드러난 것이다. 그 때부터 이 문제를 어떻게 해결할 수 있을까 고민하게 되었다.

결국 시험에 합격 아니면 불합격하는 갈등 구조와 사회 진출이라는 변화 속에서, 고3들의 고민을 함께 나누고 그들의 문제를 해결하기 위해서는 특별한 프로그램이 필요하다는 생각이 들었다. 수능시험이 끝난 후 실제로 대학에 입학하여 학기가 시작될 때까지는 많은 시간이 있다. 고3들은 시간이 많은데 청년대학부는 새해를 준비하고 조율하기도 바쁜 구조를 갖고 있다.

그런데 깜짝 놀란 것은 같은 교회에서 10년 이상 함께 생활을 해 왔지만 대화 한 번 나누지 못한 친구들이 많다는 사실이었다. 그래서 서로 깊이 있는 만남의 장을 만들어야겠다고 생각하게 되었다. 수능시험 후 12월부터 이듬해 2월까지 3개월 동안 세상을 경험한 친구들이 다시 엄격한 분위기의 교회로 돌아오기란 참으로 힘들다. 용납되지 않는 분위기에서 그들은 세상을 향해 계속 나갈 뿐이다.

이러한 상황에서 '고3들아, 모이자! 흩어지기 전에 하나 되자!' 라는 구호 아래 대입 준비로 받은 스트레스를 해소하고 흐트러지기 쉬운 신앙생활을 붙잡아 주기 위해, 시험이 끝나고 결과 발표 전에 고3 학생들을 위한 수련회를 개최하기로 했다.

그 동안 고3이라는 이유 때문에 교회에 출석하지 못하고 신앙생활을 게을리하던 친구들을 독려하며, 출석 교인 자녀 중 교회에 나오지 않던 학생들도 청년대학부로 자연스럽게 연계하기 위해 선배들의 도움을 받을 수 있게 했다. 이러한 고3 수련회의 목적은 신앙을 잃어버리기 쉬운 시기에 다시 한 번 자신과의 관계 회복과 친구들과의 관계 회복은 물론, 하나님과의 관계 회복을 통해 입시의 결과를 신앙적으로 잘 받아들일 뿐 아니라 더 나아가 사회의 한 구성원으로서 적응 훈련을 하는 데 있었다.

수련회 준비

1. 고3들과의 만남

수능시험이 끝난 후 고3들을 만나면 이미 때가 늦는다. 그래서 고3들과의 첫 만남은 여름 수련회 전후로 하는 것이 좋다. 고등부 지도부의 도움을 받아 고3의 대표성을 가진 친구들을 직접 만나 고3 수련회의 당위성을 설명하고 준비해 나가야 한다.

내가 고3 임원 중심의 대표학생들과 만남의 자리를 마련하게 되었을 때, 대화의 주제는 '시험이 끝난 후 무엇을 할 것인가?' 였다. 즉 고3을 위한 프로그램을 생각해보자는 것이었다. 다음은 고3 대표학생들과의 만남에서 나온 이야기들을 정리한 것이다.

- 고3들을 위한 작은 모임을 중심으로 정기모임을 갖는다.
- 고3들을 위한 수련회를 적당한 시기에 일정 기간 실시한다.
- 정기모임의 기본적인 방향은 첫째 신앙적인 면, 둘째 교제적인 면, 셋째 활동적인 면으로 한다.
- 구호는 "고3들아, 모이자! 흩어지기 전에 하나 되자!"로 한다.

2. 헬퍼의 준비

헬퍼(helper)는 1년 선배들로 구성하며 모든 수련회 준비를 담당하고, 수련회 모든 일정을 진행하며 섬기는 역할을 감당하게 된다. 헬퍼의 역할이 수련회의 성패를 좌우하게 되므로 신중하게 선택해야 한다. 헬퍼들은 수련회 전에는 교역자를 도와서 고3들을 접촉하고 선배로서 고3들을 격려한다. 그리고 모든 수련회 프로그램을 준비하고 운영할 채비를 한다.

수련회 중에는 섬기는 자로서 타임 키퍼, 보초병, 청소당번, 배식 및 모든 실내외의 환경 조성을 담당한다. 헬퍼의 존재 목적은 고3들을 '왕'으로 섬기는 데 있다. 수련회 후에는 고3들이 다음해에 헬퍼로 설 수 있도록 모든 권리와 책임을 이양한다. 결과적으로 이 헬퍼들을 통해서 고3들은 참 섬김의 본을 배우며 부드럽게 선배와 연계된다.

3. 교적부 정리

고3들의 신앙 상태와 생활을 점검하기 위해서 고등부 교적부와 출석부를 점검하는 것이 필요하다. 1학년과 2학년 때에는 학년별로 출석률을 조사하고 3학년 때는 6월까지의 출석률을 도표화한다. 그리고 중고등부 수련회 참가 여부, 가족 신앙 여부 등도 체크하여 그 학생의 신앙 생활을 한눈에 볼 수 있도록 정리하는 작업이 있어야 한다. 고2까지 열심이 있던 친구들도 고3이 되면서 결석하는 경우가 있고, 특히 고3 여름이 되면서 결석자가 급증하는 것을 볼 수 있다.

4. 시기·장소 결정

고3 수련회는 시기와 장소 결정이 성패를 좌우한다. 개인적으로 10여 년 간의 경험을 통해, 대학입시제도의 변화를 예의 주시하여 시기를 결정하는 것이 좋다는 것을 알았다.

예를 들어, 93년도에는 본고사가 없었으므로 학력고사 후에는 어느

우리 나라 대학입시제도의 변천 과정

연　도	대학입시제도
1964～1968년	대학별 단독시험제
1969～1980년	대입 예비고사 및 대학별 본고사제
1981년	대입 예비고사＋고교내신제
1982～1985년	대입 학력고사＋고교내신제
1986～1987년	대입 학력고사＋고교내신＋논술고사제
1988～1993년	대입 학력고사＋고교내신제
1994년 이후～	고교내신, 대학수학능력시험, 대학별 고사 병행제

때나 수련회가 가능했다. 그런데 요즘은 수능시험 후 학교별로 입학시험을 치르게 된다. 그래서 크리스마스 주간의 2박 3일이 고3 수련회를 갖기에 가장 좋은 시기이다. 이 때는 수능 발표 직전이고, 크리스마스의 분위기 때문에 고3들이 놀기에 가장 적당한 시기이기 때문이다. 본고사를 치르는 학생들도 이 때는 친구들과 어울리는 경향이 많다.

　장소는 분위기 좋은 콘도 등이 적합하다. 좋은 장소는 모든 선입견을 긍정적으로 바꾸어 주기 때문이다.

고3 수련회의 차별성과 강조점

　여름 수련회와 겨울 수련회 때는 학생들이 주님을 만나는 체험에 바탕을 둔다면, 고3 수련회는 특별한 프로그램을 통해 차별화된 수련회가 되게 해야 한다. 기존의 수련회를 답습하면 고3들이 지겨워하고 더 이상 기대감을 갖지 않게 된다.

　또한 '고3 위로회' 식의 프로그램(여행, 친교, 스포츠 등)은 당시는 좋을지 모르나 장기적인 효과가 떨어진다. 그러므로 고3들의 특성을 살린 수련회가 되도록 해야 한다. 따라서 다음과 같은 몇 가지 분명한 주

안점을 가지고 수련회를 실시하는 것이 좋다.

첫째는 '만남' 이다. 고3들은 같은 교회에서 생활했으면서도 서로 대화를 나눈 적이 별로 없다. 그래서 서로를 깊이 있게 만날 수 있는 프로그램이 필요하다. 첫날은 친구들과의 만남, 둘째날은 나와의 만남, 그리고 마지막 밤에는 하나님과의 만남을 경험케 한다.

둘째는 '관계 회복' 이다. 기독교는 관계의 종교이다. 하나님과의 관계, 사람들간의 관계, 나와의 관계, 세상과의 관계 등 모든 것이 관계를 기초로 한다. 따라서 수련회를 통해 관계의 회복을 경험하게 한다.

셋째는 '무시간성' 이다. 바쁜 일과 속에 시간의 노예로 살던 학생들에게 시간으로부터 해방감을 주며, 철저히 계산된 삶에서 자유로워져서 쉴 수 있는 여유를 줄 필요가 있다. 그래서 모든 시계를 헬퍼들이 수거하여 서로 깊이 있게 만날 수 있도록 배려한다. 준비된 시간에 쫓기는 진행보다는 좋은 분위기의 프로그램 시간을 자유롭게 늘릴 수 있도록 한다.

넷째는 '사람 중심' 이다. 사실 일반 수련회가 너무 프로그램에 얽매여 쫓기면서 진행되다보면 무엇이 우선 순위인지 간과할 때가 많다. 그러나 고3 수련회만큼은 고3들이 대접받는, 분위기가 정말 좋은 수련회가 되게 해야 한다.

다섯째는 '이성 관계' 이다. 시험이 끝나고 나면, 이성에 대한 고3들의 관심이 더욱 높아진다. 미팅, 소개팅 등이 당연하게 이루어지는 시기이므로 이성을 만날 수 있는 좋은 기회로 활용하게 해 주어야 한다. 동시에 건전한 이성교제에 대한 바른 이해를 갖게 해야 한다.

여섯째는 '의리와 약속' 이다. 고교생의 특성상, 의리와 약속 등을 강조하는 것이 필요하다. 청년들은 약속하고도 어기는 경우가 많지만,

고3들은 약속을 꼭 지키려는 특성이 있다. 이성과 함께하는 프로그램이므로 더욱 의리, 약속 등에 대한 강조가 중요하다. 그래서 서로 밝고 자유스러운 분위기로 유도하는 것이 필요하다.

일곱째는 '동기 부여'이다. 젊은이들을 만나면서 배운 것은 기성세대와는 비교도 안 될 만큼 헌신하고 싶어한다는 것이다. 그런데 문제는 헌신할 장이 없다는 데 있다. 고3들도 이제는 제대로 신앙생활을 하고 싶어한다. 그러므로 수련회를 통해 왜 사는지, 어떻게 살 것인지에 대해 도전함으로써 헌신에 대한 동기를 부여하는 일이 꼭 필요하다.

여덟째는 '분위기'이다. 사람들은 누구나 좋은 분위기를 좋아한다. 너무 몰아치지 말고 은은한 영적 분위기를 유지하는 게 중요하다. 젊음, 낭만, 만남, 촛불, 축제 등의 개념을 갖고 밝고 자유스럽게 이끌어야 한다. 아울러 서로를 위하면서도 자율적으로 행동하며, 삶에 대해 고민하고 미래에 대한 분명한 비전을 갖고 지금까지의 생활을 정리할 수 있는 시간과 앞으로의 각오를 다짐할 수 있는 분위기를 만들어 주는 것이 중요하다.

프로그램의 예

다음에 소개하는 몇 가지 사례들은, 영락교회에서 직접 실시했던 프로그램이다.

1. 첫째 날

수련회를 시작하는 첫째 날은 가장 중요하다. 서로 낯선 이들을 만난다는 것은 상당한 부담이기도 하므로 분위기를 따뜻하게 만들어야 한다. 그리고 첫날의 목표는 모든 사람들이 좋은 인상을 받을 수 있게 해야 한다. 서로를 알아가기 위한 첫 걸음이므로 서로 격려하며 칭찬하는 분위기를 만든다. 첫째 날의 중심 개념은 '친구와의 만남'이다.

- 환영식 / 고3 수련회는 일반 수련회와 다르다는 것을 시작부터 보여주어야 한다. 수련회는 환영식 행사로 시작한다. 헬퍼들이 먼저 선발대로 수련회장에 도착하여 실내 장식을 하고서 이미 준비한 각본대로 차에서 내리는 고3들을 환영한다. 준비한 장미꽃을 한 송이씩 모든 고3에게 나누어 주며 폭죽과 어울림의 춤 등 축제 분위기를 연출한다.
- 조별 만남의 시간 / 조를 나누는 것은 전체 진행과 분위기를 위해 중요하다. 조를 나눌 때는 학생들이 자치적으로 하는 것도 좋지만, 성화 등의 달력 그림을 조 숫자만큼 준비하여 한 장에 조원 수만큼 조각을 내서 조각 맞추기 게임으로 진행하면 참여도가 높아진다.

  조별 모임 때에는 서로를 깊이 알아가는 시간을 갖고 조이름, 조가, 조구호, 마스코트, 간단한 발표회 준비도 한다. 특별히 새로운 아이디어를 갖고 이름표 만들기를 직접 하게 한다. 시간에 구애받지 않게 충분한 시간을 주어서 서로를 깊이 있게 알아가도록 배려 한다.
- 사랑으로 만납시다 / 식사 시간에는 '사랑으로 만납시다'라는 프로그램을 진행한다. 2박 3일의 수련회일 경우, 7회에 걸쳐 '사랑으로 만납시다'를 할 수 있다. 그러니까 7명과 일대일 데이트를 할 수 있는 것이다. 헬퍼들이 배식과 함께 식사 정리정돈도 담당한다. 식사 후 음료를 마신 다음 일정한 장소에서 '사랑으로 만납시다'를 진행한다. 요령은 이렇다. 첫째, 일대일로 만난다. 둘째, 다른 조원을 만난다. 셋째, 한 번 만난 사람은 만날 수 없다. 넷째, 기도하는 마음으

로 만난다.

- 전체 이름 외우기 / 첫날 저녁의 가장 중요한 이벤트로서, 서로를 만날 수 있는 분위기를 만든 후 가능하면 참가한 모든 사람들이 이름을 알 수 있도록 넓은 장소에서 "누구 누구 옆에 누구입니다" 하는 식으로 모두의 이름을 외우도록 한다. 사람이 많으면 시간이 많이 필요하므로 시간 조정을 잘해야 한다. 나도 300명 정도의 학생들 이름을 전부 외운 경험이 있는데, 시간이 들어서 그렇지 가능한 일이다.
- 침묵의 시간 / 첫날 밤을 잘 보내야 둘째 날의 진행이 순조롭다. 첫날 모든 순서가 끝남과 동시에 침묵의 시간을 선포하고 내일을 준비하게 한다.

2. 둘째 날

오전의 중심 개념은 '나와의 만남'이다. '나는 누구인가', '예수 그리스도는 누구인가' 등의 주제로 정체성 및 구원의 확신 등의 문제를 특강과 조별 토론으로 진행한다.

오후에는 그냥 밖에 나가서 놀지 말고 모든 순서를 의미를 갖고 진행해야 한다. 특별히 저녁 시간은 마지막 결단의 시간으로 '하나님과의 만남'이라는 관점에서 하나님을 직접 경험할 수 있도록 진행한다.

- 결단과 헌신의 시간 / 둘째 날 저녁 늦은 시간에는 결단과 헌신의 시간을 갖는다. 좋은 분위기 속에서 진행되는 동안 학생들은 자연스럽게 결단과 헌신에 동참할 수 있다. 이 시간에 몇 가지 특별 순서를 가질 수도 있다. 예를 들어 먼저 경배와 찬양을 통해 깊이 있게 주님

을 만나게 하며 결단의 말씀을 전한 다음, 지금까지의 삶을 돌이키며 회개하는 시간을 준다. 그리고 백지에 지금까지 행한 죄의 목록을 작성하게 한 뒤 한 명씩 앞으로 나와 죄를 하나님께 고하고 종이를 태워 양동이에 재를 뿌리게 한 후 예수 그리스도의 종 됨을 깨닫는 시간을 갖는다.

- 종 됨을 깨닫는 시간 / 종을 준비해서 목에 걸어 준다. "○○ 형제님, 형제님은 이 종처럼 어둠의 세상에서 새벽종 소리로 복음의 종소리를 울리는 종 된 사명을 잘 감당하시는 종이 되시기 바랍니다"라고 말해 주고, 종을 목에 걸어 주면서 끌어 안아 주어 깊은 사랑을 표현한다. 이 시간을 담임목회자가 진행하면 더 효과적이다.

- 선물 증정 및 편지 나눔 / 학생들에게 맞는 선물을 푸짐하게 준비하여 시간 시간마다 준다. 과분하다고 느낄 만큼 넉넉히 주고, 간식도 선물 형식으로 주면 분위기가 한결 좋아진다. 그리고 교회의 어른들, 부모님, 선생님들, 선배들에게 부탁하여 직접 편지를 쓰게 하여 읽고 전달하는 시간을 갖는다. 가능하면 준비 과정에서 고3들이 좋아하는 분, 존경하는 분 등을 미리 알아내서 준비하면 좋다. 정성껏 준비한 만큼 효과가 크다.

3. 셋째 날

- 권면의 시간 / 수련회를 정리하면서 서로 권면하는 시간을 갖는다. 백지를 준비하여 자기 이름을 적고 옆으로 돌려 가며 위로하고 격려하며 서로에게 칭찬하는 시간이다.

- "이젠 네가 헬퍼야" / 대접만을 받았던 고3들에게, 이제부터는 주위의 방황하는 친구들에게 헬퍼가 되라고 격려한다. 그리고 내년 고3

수련회에는 자신이 헬퍼로 섬길 것을 다짐하는 시간을 갖는다.

고3 수련회는 고등부를 졸업하고 성인들과 함께 예배를 드리는 접촉점이며, 담임목회자와의 특별한 만남의 장으로 꼭 필요하다. 가능하면 담임목회자가 함께 수련회에 참여하며, 최소한 마지막날 저녁 결단과 헌신의 밤에 참가하여 고3들을 따뜻한 사랑으로 안아 주고 격려해 준다면 그들에게는 잊을 수 없는 경험이 될 것이다.

고3 수련회의 성패는 얼마만큼 준비했느냐에 달려 있다. 그러므로 모든 관계자들은 정성을 다해 고3들과의 접촉은 물론 수련회 자체를 위해서도 많은 관심과 기도를 아끼지 말아야 한다.

주제별 인터넷 사이트 모음

■ 성경공부와 말씀연구

경동교회 성경공부 www.kdchurch.or.kr/study/study.htm

경동교회에서 열린 여러 성경공부 중 일부 내용이 수록되어 있다. '김재준 목사의 삶과 생활 신앙' '강원용 목사의 기독교 윤리 강좌' '김경재 목사의 주기도문 강해' 등 읽을거리가 실려 있다.

미국 IVF 성경공부 교재 www.gospelcom.net/iv/students/bible.html

미국 IVF에서 제공하는 학생들을 위한 성경공부 교재가 실려 있다.

성경공부 매거진 'Tabletalk' www.gospelcom.net/ligonier/tt/ttsample/dshome.html

스프라울(R. C. Sproul)에 의해 시작된 Ligonier 사역에서 발행하는 성경공부 월간지 'Tabletalk'가 소개되어 있다.

알파 국제본부 www.alpha.org.uk

영국에서 시작된 '알파 코스'(Alpha course)의 국제본부 홈페이지이다. 알파 코스는 기독교 신앙의 내용을 소개하는 과정으로서, 총 15학기로 구성되어 있는 전도훈련과정이다. 특별히 'Youth Alpha'에 대한 소개를 볼 수 있다.

주님의교회 www.lord-church.or.kr

주님의교회의 성경공부 내용(새신자반, 성숙자반, 구역성경공부 등)이 비교적 자세하게 수록되어 있다. 아울러 임영수 목사의 주일설교 내용도 볼 수 있다.

직장사역연구소 www.bmik.co.kr

직장사역연구소에서 운영하는 홈페이지로서, 직장청년들을 위한 메시지와 성경공부 교재 소개가 실려 있다. '이랜드 가족이 생각하는 직업의 의미' '교회 사역 자료' 등의 읽을거리도 제공한다.

RBC Ministries www.gospelcom.net/rbc/odb

RBC Ministries에서 제공하는 1개월 단위의 묵상자료이다. 주제별 색인이 유용하며 캠퍼스저널도 볼 수 있다.

World Wide Study Bible ccel.wheaton.edu/wwsb

시카고 휘튼대학에서 제공하는 사이트로서, 성경 각 장에 대한 자료가 상세하게 연결·제공되고 있다. 성경공부와 설교 준비에 매우 유용하다.

■ 기도 사역

과기원 금요기도합주회 ktm.kaist.ac.kr/index2.html

한국과학기술원 전문인선교회(KTM) 금요기도합주회에서 기도한 주제들과 북 스터디를 지속적으로 제공하는 사이트이다.

기도하는 손 www.aroma.co.kr/TPH

'기도하는 손' (The Praying Hands)은 선교사의 성공적인 사역을 위한 중보기도의 창으로 선교사의 이름이 가나다 순으로 나누어져 있다.

기독교인터넷방송 기도정보 c3tv.co.kr/

기독교 인터넷 방송의 '기도해 주세요' 는 개인과 단체를 위한 기도요청들이 다른 사이트에 비해 많이 실려 있다.

연합기도운동 정보 www.mfj.org

'예수대행진' 으로 우리에게 알려진 연합기도운동을 소개하는 사이트이다. 지역 교회 연합운동을 위해 기도하고 준비하는 사람들에게 유용한 정보를 제공한다.

예수전도단 기도정보 www.ywam.org/prayer/

예수전도단 국제본부에서 제공하는 각종 기도정보가 실려 있다. '무슬림을 위한 30일 기도' 도 이 곳에 있다.

인터넷 기도사역회 www.icths.org/

인터넷 기도사역회 홈페이지로서 IMF 기도운동, 선교사 후원사역, 기도에 관한 각종 정보와 관련 사이트가 소개되어 있다.

지구촌교회 중보기도위원회 user.chollian.net/~gmchan/

지구촌교회 중보기도 사역위원회를 소개하고 있다. 중보기도 메시지, 사역 철학, 사역 일정, 기도요청 등이 실려 있다.

AD2000운동 기도정보 www.ad2000.org/1040ovr.htm

AD2000운동의 기도분과에서 개설한 '10/40창문' 기도운동에 관한 정보가 실려 있다.

IFES 기도정보 www.ifesworld.org/pandp/

전세계 142개의 회원국으로 구성되어 있는 국제복음주의학생연맹(IFES, IVF의 국제조직)에서 제공하는 각 나라의 기독학생운동 관련 기도제목이 실려 있다.

GBT 기도정보 www.gbt.or.kr

해외선교회 성경번역선교부(GBT)의 홈페이지로서 선교사 기도편지, 선교통계지도 등 선교에 관한 기도정보들이 수록되어 있다.

■ 상담 및 치유

나우리정신건강센터 bleu.net.co.kr/~service/mental/

정신건강 상담에 관한 서비스 영역, 종류, 내용과 온라인 상담실, 정신건강 강좌 안내
가 실려 있다.

라파 Ministries www.healing.simplenet.com/

라파(RAPHA) 크리스천 미니스트리를 소개하는 사이트이다. 치유 사역과 관련된 자
료, 서적 등을 소개하고 있다.

래리 크랩 사역 소개 www.gospelcom.net/ibc/

상담학자 래리 크랩(Larry Crabb) 박사의 사역을 소개하는 사이트로서, 그에 관한 소
개, 저서, 기타 유익한 정보들이 실려 있다.

사랑의 전화 상담센터 www.counsel.or.kr

상담사례 뱅크, 카운슬러대학, 카운슬링센터 등이 소개되어 있으며, 상담에 관한 정보
들이 실려 있다.

성신여대 심리건강연구소 soback.kornet21.net/~psy7136

청소년, 성인, 노인을 대상으로 종합심리상담과 평가를 수행한다. 특히 청소년/가족
치료센터에서는 다양한 프로그램을 운영하고 있다.

영적 전쟁 www.sw-mins.org/

'Spiritual Warfare Ministry'를 소개하는 사이트이다.

질그릇 user.chollian.net/~im752/

임호준 · 송은숙 부부의 홈페이지이다. 내적 치유와 관련된 아티클과, 치유의 말씀, 추
천 사이트가 실려 있다.

청소년대화의 광장 www.kyci.or.kr/

우리 나라의 대표적인 청소년 상담기관으로 사이버 상담실, 자료실, 상담기관, 안내
등의 정보를 제공하며, 전국의 상담기관 네트웍을 구축하고 있다.

크리스천 카운슬링 센터 www.gospelcom.net/counsel/

미국에 있는 크리스천 카운슬링 센터를 소개하는 사이트로서 각종 서비스와 프로그램
소개 및 아티클을 제공하고 있다.

Connections Christian Counselling www.connections.ndrect.co.uk/

영국 노퍽(Norfolk) 주에 위치한 크리스천 카운슬링 센터에서 운영하는 웹사이트이
다. 상담과 관련된 유용한 정보들이 실려 있다.

■ 진로 지도

국방부 www.mnd.go.kr

국방부 홈페이지로서 육 · 해 · 공군 및 각급 사관학교 안내가 실려 있다.

리쿠르트 채용정보 www.recruit.co.kr

리쿠르트(주)에서 제공하는 인터넷 취업서비스, 채용정보, 기업정보 등의 서비스가 제공되고 있다.

미국 IVF 졸업생 사역 www.gospelcom.net/iv/grad/

미국 IVF의 졸업생 사역에 관한 각종 정보 및 자료가 실려 있다.

신학교 안내 www.aroma.co.kr/ds/theuni.html

침신대, 총신대, 서울신대, 성공회대, 장신대 등 국내 신학교 대부분이 링크되어 있다.

유엔 취업 안내 www.un.org/Depts/OHRM

유엔에서 일할 수 있는 정보가 실려 있다. 외교통상부 국제기구 인사센터(02-720-2334, 2353)를 통해 정보를 얻을 수도 있다. 외교통상부의 인터넷 사이트는 www.MOFAT.go.kr 이다.

유학 · 연수 안내 www.shinbiro.com/@uhak/home.html

유학 총정보를 제공하는 사이트로서 어학연수, 워킹홀리데이 프로그램 등 다양한 유학 연수 프로그램을 소개하고 있다.

이랜드그룹 홈페이지 www.eland.co.kr

이랜드 그룹의 홈페이지이다. 이랜드에 대한 구체적인 소개와 채용공고가 실려 있다.

한국국제협력단 www.koica.or.kr

한국국제협력단의 프로젝트, 개발조사, 물자지원, 전문인력 파견, 연수생 초청, 봉사단 파견 등의 사업과 사례를 소개하고 있다. 참여방법과 함께 세계원조기관에 대한 정보도 제공된다. 특히 군복무를 대신하는 '국제협력봉사요원'에 대한 안내가 나와 있다.

한동대 정보실 www.salt.han.ac.kr/~employ/

기업채용정보, 자격증, 공무원시험, 고시, 군입대, 대학원 등 진로와 취업에 관련된 사이트를 링크해놓고 있다.

GPTI 소개 www.GPTI.org

한국전문인선교훈련원(GPTI)을 소개하는 사이트로서, 선교자료실, 기도실, 선교보고 등이 실려 있다. GPTI는 전문직업을 가진 그리스도인들을 훈련하는 기관이다.

■ 문화 사역

교회음향연구소 www.arl.co.kr

태영교역(주) 부설 교회음향연구소의 홈페이지이다. 오디오 소개와 음향측정, 설계에
대한 내용이 실려 있으며, 전문적인 음향에 대한 소개와 CCM 사이트도 링크되어 있다.

낮은울타리 www.cuecom.co.kr

문화 사역 1번지 역할을 담당하고 있는 '낮은 울타리' 의 웹사이트로 낮은 울타리를 포
함하여 각종 문화 사역 관련 자료들이 소개되어 있다.

단강마을 한희철 목사 www.holy.co.kr/dankang/main-frame.htm

단강마을 한희철 목사가 제공하는 기독교 작가를 위한 사이트로 베스트셀러, 작가별
작품, 쓰고 싶었던 글 등이 실려 있다.

동성애 및 성문제 www.prismmin.org/

동성애를 포함한 성문제에 대한 초교파 사역 단체의 사이트로서 아티클, 뉴스레터, 관
련 사이트 등으로 구성되어 있다.

드라마틱스 www.carey.ac.nz/drama/

뉴질랜드의 Carey Baptist College에서 제공하는 사이트로, 각 분야별 유용한 드라마
대본 자료들이 실려 있다.

문화광장 www.ccp.co.kr

기독교 세계관으로 문화의 변혁을 꿈꾸는 젊은이들을 위한 사이트이다. 좋은 문화, 문
화수첩, 베스트 웹사이트 등으로 구성되어 있다.

영화 '예수' www.jesusvideo.org/index.html

CCC에서 국제적으로 추진하고 있는 예수 영화와 비디오 사역에 대한 안내가 소개되
어 있다. 각 나라 언어로 번역되어 있어 단기선교시 사용할 수 있으며 인터넷상에서
주문할 수 있다.

워십 www.worship.com

미국의 빈야드, 호산나 인티그리티, 마라나타 등에서 발간된 CD 및 비디오 등이 소개
되어 있다. 20여 명의 워십 리더들도 소개되어 있다.

한살림교회 홈페이지 kcm.co.kr/korchur/한살림/

한살림교회의 홈페이지로, 정혁현 목사와 이신정 전도사가 그 동안 발표한 문화 및 영
화 비평이 실려 있다.

CCM Webzine 1999 user.chollian.net/~jeonhase/

국내에서 발매되는 CCM 앨범, 행사 일정, CCM 관련 글모음 등이 실려 있다.

■ 학생선교단체 홈페이지

미국 코스타 www.gmcusa.org/kosta

매년 여름 미국에서 열리는 유학생수양회(KOSTA)에 대한 안내가 실려 있다.

선교한국 www.missionkorea.org

격년으로 열리는 전국적 규모의 청년학생 선교대회에 대한 자세한 안내가 실려 있다.

호주코스타 kosat.corea.top/

호주에서 12월에 열리는 유학생수양회에 대한 안내가 실려 있다.

CCC www.kccc.org

한국대학생선교회를 소개하고 있는 사이트로, 영어로도 볼 수 있다.

CMF www.kcmf.org

의대생 사역을 하고 있는 한국누가회의 연혁, 조직, 누가들의 세계, 자료실 등이 제공되고 있다.

IVF www.ivcf.or.kr

한국기독학생회의 공식적인 홈페이지이다.

JOY www.joymission.org

죠이선교회의 공식 홈페이지이다.

SFC www.sfc.co.kr

전국학생신앙운동의 홈페이지로서, SFC 이해, 관련 문서, 강의록, 전도 자료, 날마다 주님과(QT) 등 유용한 자료들이 실려 있다.

UBF www.ubf.org

대학생성경읽기선교회의 역사를 볼 수 있고, 매주 설교문 등이 제공된다.

YWAM www.ywamkorea.org

한국예수전도단을 소개하는 사이트이다. 열방대학, 왕의 자녀들, 대학생 사역, 찬양 사역, 직장인 사역에 대한 안내가 실려 있다.

■ 청년대학부 홈페이지

내수동교회 www.plaza1.snu.ac.kr/~w1or2r3

내수동교회 대학부를 소개하는 홈페이지이다.

신촌성결교회 netlab.korea.ac.kr/~jmjang/

신촌성결교회 청년부의 홈페이지이다.

젊은이 www.sarang.dnet.co.kr/htmls/fraim5.htm

서초동 사랑의교회 대학청년부를 소개하고 있다.

천호 지역 기독청년연합회 www3.shinbiro.com/~cychunho

강동성결교회, 명성교회, 천호교회, 천호제일교회 등 천호 지역 5개 교회 청년부 연합회 홈페이지이다.

청년 출애굽 www.sarangnara.org/exodus/

왕십리교회의 청년부를 소개하는 사이트이다.

청지기 user.webadmim.net/~hy2000/

한양교회 25세 미만의 청년부를 소개하고 있으며, 선교정보, 주보 등이 실려 있다.

El Cafe members.iWorld.net/yeolmae/home.html

대구 대명교회 청년대학부 홈페이지이다. 기독교 관련 사이트와 링크되어 있다.

Global Mission Ambassador www.my.netian.com/~gma

지구촌교회 대학부를 소개하고 있다.

KOKKOS 207.226.164.181/main.htm

광진구 군자동 동산교회 청년부의 홈페이지이다.

Youngman members.iWorld.net/dkchurch/jesus/jesus.htm

부천 동광교회의 청년부 소개, 예배, 조직, 좋은글 모음 등이 실려 있다.

■ 인물 및 개인 홈페이지

강인구 · 이윤선 선교사 www.shinbiro.com/~kangingu/index.htm

강인구 · 이윤선 선교사 부부의 홈페이지이다. 아프리카 르완다에서 사역중인 한국국제기아대책기구의 평신도 전문인 선교사 부부인 두 사람의 가족 소개, 기도편지, 국제기아대책기구 소개 등이 실려 있다.

노경모 목사 user.chollian.net/~sarang02/index.html

사랑의교회 노경모 목사의 홈페이지이다. 본인 및 가족 소개, 목회철학과 비전, 강해설교, 귀납적 성경연구, 사랑의교회 옥한흠 목사, 아나톨레, 관련 사이트 등으로 구성되어 있다.

무디 metroman.net/moody/

무디 관련 홈페이지이다. 믿음의 영웅 무디에 관한 링크, 사진 등이 소개되어 있다.

빌리 그래함 전도협회 www.billygraham.org/

빌리 그래함 전도협회의 공식 홈페이지이다. The way, The voice, The vision의 세 가지로 나누어 사역 소개와 함께 빌리 그래함의 편지 등을 소개하고 있다.

손봉호 교수 plaza.snu.ac.kr/~bongson/

서울대 손봉호 교수의 홈페이지이다. 그의 약력, 자료실, 시사칼럼, 관련 사이트로 구성되어 있다.

오병이어 김성수 galaxy.channeli.net/k5028/start.htm

인형극단 오병이어 김성수의 홈페이지이다. 월간 기독교문화행사, 추천 크리스천 여행지 안내 등이 실려 있다.

유성환 선교사 www.goodnews.co.kr/onyoo

태국 유성환 선교사의 홈페이지이다. 태국 남부 모슬렘권의 파타니 말레이종족에 대한 선교정보와 기도편지 등을 싣고 있다.

전학수 www3.shinbiro.com/~jhaksoo/sijak.htm

전학수의 홈페이지이다. 기독교 관련 자료와 자원봉사 관련 자료들을 정리해놓은 사이트이다.

존 스토트 www.gospelcom.net/stott

존 스토트 목사의 사역 홈페이지이다. 그의 저서, 주제별 아티클 등이 실려 있다.

CCM가수 '아침' my.netian.com/~achim/

복음성가 듀엣 가수 '아침' 의 신현진과 송문정의 홈페이지이다. 발표앨범, 게시판, 여러 CCM 관련 사이트가 실려 있다.

■ 국내 저널

교회와 세계 www.peacenet.or.kr/church.htm

한국기독교교회협의회(KNCC)에서 발간하는 월간 잡지이다.

기독신문 www.kidok.com

대한예수교장로회 합동 교단에서 발행하는 기독신문의 내용을 볼 수 있다.

미래의 얼굴 www.lg.co.kr/webzine

대학생들을 대상으로 하는 LG의 종합 사외보로 격월간으로 발행한다. 미래, 대학, 한

국 등의 섹션을 통해 영상애니메이션, 대학생 창작작품 전시, 세계문화 등을 제공하고
있다.

소금과 빛 swim.org/salt/index.html

두란노 서원에서 발행하는 월간지 '소금과빛' 의 내용을 만날 수 있다.

인재제일 chiak.kaist.ac.kr/~heeseung/injae

삼성에서 발행하는 대학생 대상의 사외보로서, 대학생 기자 20명이 만들고 있다. 이
사이트도 대학생 기자가 만들고 있다. 삼성에서 제공하는 '인재제일' 의 공식 사이트
는 www.samsung.co.kr/magazine/injae이다.

캠퍼스 저널 camj.chollian.net

천리안에서 만드는 대학생 대상의 전문 웹 매거진이다.

Voice21 voice21.com

광주 지역의 기독 청년들이 만드는 웹 전문잡지로 기독시사 전문사이트이다.

■ 해외 저널

디사이플십 저널 www.gospelcom.net/navs/NP/dj/

미국 네비게이토에서 발행하는 제자훈련 관련 전문잡지로 예수 그리스도의 제자로 살
아가고자 하는 그리스도인들에게 실제적인 도움을 제공하고 있다.

스튜던트 리더십 저널 gospelcom.net/iv/slj

미국 IVF에서 발간하는 학생리더들을 위한 잡지로서 말씀, 전도, 제자도, 선교, 가정,
기도, 소그룹 등 다양한 즈제에 대한 아티클들이 총망라되어 있다.

캠퍼스 라이프 www.campuslife.net

미국 기독학생들이 실제 삶에서 부딪히는 주제들(섹스, 영적관심, 우정, 학교, 음악
등)을 다루는 잡지의 사이트이다.

크리스채너티 투데이 www.christianitytoday.net

미국 기독교의 대표적인 월간지인 크리스채너티 투데이를 소개하는 사이트이다.

주제별 도서 목록

■ 사역자론

사명선언문, 새로운 인생으로 승부한다 / 로리 베스 존스, 한언, 1998

사명선언문은 개인이나 공동체의 존재 이유를 문서로 공식화한 것을 지칭한다. 저자는 크리스천 여성저술가로서 〈예수의 오메가 리더십〉(한언)을 저술하기도 했다. 사역자 개인뿐 아니라 공동체의 사명선언문을 작성하는 데 도움을 주는 책이다.

영적 지도력 / J. 오스왈드 샌더스, 요단

기독교 지도력과 관련된 고전으로 특별히 청년대학생 리더들의 필독서이다. 청년 사역자들에게 큰 도전이 될 것이다.

탁월한 지도력 / 짐 화이트, IVP

느헤미야를 모델로 한 리더십 원리를 실제적으로 적용한 책이다.

■ 청년대학생 이해

신세대가 몰려온다 / 최평길, 고려원, 1996

신세대 논의가 한창일 무렵 연세대 교수인 저자가 캠퍼스 풍속도, 신세대의 생활과 의식, 사회의식, 21세기 학생운동과 통일, 신세대에 대한 전망을 통찰력 있는 시각으로 써낸 책이다.

청년부 교육 / G. L. 커튼, 대한기독교교육협회, 1981

청년에 대한 이해와 교수법 등을 소개하고 있는 청년부 교육을 위한 기초적인 개론서이다.

한국대학생의 가치성향과 상담효과 / 이영희 외, 집문당, 1995

대학생들의 가치성향을 개인주의와 집단주의로 구분하여 가족에 대한 가치성향, 친척에 대한 가치성향, 친구에 대한 가치성향, 그리고 이웃에 대한 가치성향을 조사 연구한 결과를 담고 있는 연구서이다.

한국대학생의 삶의 만족도 / 김재은 외, 집문당, 1997

현재 한국대학생들이 과연 자기 자신의 삶에 대해서 얼마나 만족하고 있는지에 대해서 연구한 연구서이다. 학업생활과 시간관리, 가치관 정립, 가족관계 등이 삶의 만족도와 밀접한 관계가 있음을 알 수 있다.

■ 청년대학부론

비전을 움켜쥔 사람들 / 기독신문사

　　내수동교회 대학부의 역사와 사역을 소개하기 위해 쓰여진 책이다.

성장하는 14교회 청년대학부 부흥전략 / 송창근 외, 기독신문사, 1998

　　사랑의교회 대학부를 포함한 14개 교회의 청년 사역자들이 각 교회의 독특한 특성과 사역 철학에 따라 펼치고 있는 사역의 실제를 소개하고 있다.

우리시대의 어부들 / 오대희, 엘맨

　　내수동교회 청년부의 역사와 사역을 소개하기 위해 쓰여진 책이다.

젊은이를 깨운다 / 김신호 편저, 한세, 1994

　　사랑의교회 청년2부의 역사를 정리한 최초의 지역 교회 청년대학부 소개서이다. 청년부 조직과 활동, 앞으로의 방향에 대해 꽤 자세하게 소개한 책으로서 비디오로도 제작되어 있다.

청년대학부가 살아야 된다 / 김동호 외, 나침반, 1996

　　1995년 청년대학부 지도교역자 세미나의 내용을 녹취하여 정리한 것으로, 〈청년대학부를 살려라〉보다 구체적인 청년 사역의 예들이 소개되어 있다.

청년대학부 교육계획서 / 학원복음화협의회

　　국내 주요 교회 청년대학부의 교육계획서만을 모아놓은 것으로 청년대학부 연간계획을 수립할 때 유용하다.

청년대학부를 살려라 / 홍정길 외, 두란노, 1995

　　학원복음화협의회에서 개최한 '청년대학부 지도교역자 세미나'(92 · 93년)의 강의 내용을 '목회와 신학'에 연재했던 것을 모아 책으로 엮었다. 청년대학부 사역의 중요성에 대한 계몽적 성격이 강한 책이다.

청년대학부 20:20 비전으로 재건하라 / 김점옥, 기독신문사

　　청년대학부 사역 경험을 토대로 청년대학부 부흥전략을 소개하고 있다.

■ 말씀 사역

귀납적 성경연구학교 / 사랑의교회 젊은이선교정보연구센터

　　사랑의교회 청년3부에서 성경연구학교를 개최할 때 만들어낸 교재이다. 학생용과 교사용이 있다.

설교자상, 존 스타트 / 개혁주의신행협회, 1972

설교자를 청지기, 반포자, 증인, 아버지, 종과 같은 신학 용어로 풀어내, 설교자가 어떠해야 하는지 그 모습과 함께 자신의 많은 연구와 실생활중에서 이상적인 설교자상을 보여 주는 책이다.

청중을 깨우는 강해설교 / 이동원, 요단, 1990

실제적인 설교 이론서이다. 설교의 준비과정과 선포, 그리고 설교자의 자격과 설교 개발법 등이 구체적으로 제시되어 있다.

■ 기도 사역

기도학교과정 / 순성서연구, CCC

CCC 순성서학교의 기도학교과정에서 사용하는 교재로서 교회에서 기도학교를 개설할 때 실제적으로 지침이 될 만한 자료이다.

기도합주회 / 데이빗 브라이언트, 죠이선교회출판부

기도합주회에 관한 철학에 대해 기초적인 내용을 소개하고 있다.

기도합주회 추진자 매뉴얼 / 선교한국

청년대학부에서 많이 사용하고 있는 기도합주회에 대한 소개와 철학, 인도방법 및 기도제목에 이르기까지 방대한 내용을 소개하는 손에 잡히는 매뉴얼이다.

중보기도학교 / 교회성장연구소

인도자용 지침서와 평신도 사역자 훈련프로그램 두 가지가 있다. 청년대학부의 필요에 따라 사용하면 된다.

■ 제자훈련 및 소그룹 사역

모든 신자를 제자로 삼는 교회 / 빌헐, 요단, 1993(1990)

지역 교회에서 제자 삼는 방법을 성경적 · 역사적 근거를 제시하며 설명하고 있다.

소그룹리더핸드북 / IVP

특별히 신세대들에게 소그룹은 어떠한 의미가 있는지 캠퍼스 현장 중심으로 간사들이 엮은 소그룹 핸드북이다.

소그룹운동과 교회성장 / IVP, 1986(1985)

선교단체에서 전략적인 방법으로 사용하고 있는 소그룹이 어떻게 교회 성장과 연결되어 사용되는지 원리와 자료들을 통해 실질적인 도움을 제공하고 있다.

청년대학생 리더훈련학교 / 학원복음화협의회

청년대학부 활성화를 위해 실시한 LTS 1-10기까지의 강의안 모음집이다. 교회 자체별 리더훈련학교에 도움이 될 것이다.

한 사람이 또 다른 사람을 / 앨리스 프라일링, IVP, 1993(1989)

제자훈련과 관련된 원리와 실제를 조화롭게 기술하고 있는 매뉴얼 형태의 제자훈련 지침서이다. 소그룹 리더들과 함께 스터디하면 좋을 책.

■ 예배와 찬양

열린예배 실습보고서 / 에드 답슨, 홍성사, 1997

전통적인 교회에서 5년 간 실험한 토요일 밤의 열린예배의 과정을 실제적인 자료와 함께 소개한 책이다. 열린예배를 시행하고 있거나 계획하고 있는 청년대학부의 필독서이다.

하나님의 손에 훈련된 예배인도자 / 탐 크라우터, 예수전도단, 1995

청년 사역자들이 예배인도자로서 어떻게 준비해야 하는지, 그리고 찬양예배팀을 어떻게 운영할지 효과적인 도움을 얻을 수 있는 책이다.

하나님을 갈망하는 예배사역 / 그래함 켄드릭, 하늘사다리

영국의 찬양 사역자 그래함 켄드릭이 소개하는 예배 사역과 관련된 책이다.

■ 선교와 전도

선교동원가 / 한철호 외, 선교한국, 1996

청년 사역자들은 선교동원가이다. 선교동원에 대한 이론적인 내용을 정리한 책이다.

세계선교출발 / 로빈 톰슨, IVP, 1992

교회가 해외 선교를 어떻게 준비하고 실행해야 하는지 비교적 자세하게 소개하고 있다. 선교소그룹에서 스터디용으로 사용하면 좋다. 청년 사역자들에게는 필독서이다.

캠퍼스전도핸드북 / IVF 자료개발부, IVP, 1997

신세대에 대한 전도의 이론과 실제를 담고 있는 책으로 전도 단계, 개인전도, 그룹전도, 추구자수련회 등에 대해 설명하고 있다.

현대 목회와 선교단체 / 목회와신학 편집부, 두란노, 1993

'목회와 신학'에서 특집으로 다룬 이슈를 모아 책으로 낸 것이다. 교회와 선교단체의 관계에 대해 신학적·역사적·이론적으로 정리한 글들과 한국적 상황에서의 문제점

1. 입대 시기

그렇다면 언제 가야 하는가? 대부분 대학 1, 2학년을 마치고 가는 경우가 많은데, 이는 단순히 같은 또래의 친구들이 그 시기에 입대하기 때문이다. 그러나 입대의 시기는 개인마다, 그리고 자기가 속한 공동체의 상황에 따라 적절하게 조절하는 것이 필요하다.

군입대 시기는 신앙의 관점이나 장래 진로계획에 따라 달라지는데, 먼저 신앙의 관점에서 살펴보자.

우선 나의 경험상, 신앙 훈련 정도에 따라 입대 시기를 조절하는 것이 필요하다고 생각된다. 즉 청년부 공동체와 지속적인 교제가 있고 그가 신앙이 좋은 형제일 경우 입대시기는 언제든 무방하겠지만, 훈련을 덜 받았거나 신앙이 연약한 형제일 경우는 철저하게 훈련을 시킨 다음에 보내는 것이 그 자신을 위해서나 공동체를 위해서 좋을 것이다.

이른바 '아웃사이더'로서 청년부와 지속적인 교제가 이루어지지 않는 형제들일 경우 가능한 한 빨리 입대하게 하는 것도 좋은 방법이겠지만, 이 때에는 철저하게 인간적인 우정으로 그가 계속 공동체와 교제를 이어가게 해야 한다. 소위 "군대에서 철들었다"는 이야기를 들을 수 있을 때, 신앙을 다시 회복할 수 있을 것이고, 그 형제는 다시 공동체로 돌아올 수 있을 것이다.

또한 장래 진로계획에 따라 군입대 시기를 조절할 수도 있는데, 이를 위해서는 군생활도 다양하게 할 수 있다는 점을 먼저 알려 주어야 한다. 특히 공부를 하는 사람들인 경우 그 전공을 살려서 군생활을 할 수 있는 여러 분야가 있음을 알려 주어 언제 군입대를 하는 것이 가장 효과적인지를 결정하게 해야 한다.

들을 소개하고 있다.

■ 신입반 · 졸업생 · 직장청년 사역

가정과 직장사이 / 메리 애쉬크로프트, IVP

그리스도인 직장여성들을 위해 쓴 책으로 기본적인 원리들을 제공하고 있어 직장청년들을 지도하는 데 도움이 된다.

뒷문을 막아라 / 명성훈, 크레도

새신자 확보, 정착, 양육을 위한 실제적 지침서이다.

성서한국을 꿈꾼다 / 이승장, 성경읽기사

학생운동가 출신인 저자가 한국에서 기독졸업생들이 어떻게 살아가야 하는지 영국 학사운동의 예를 토대로 쓴 책으로, 졸업생 운동과 많은 청년 사역자들에게 비전을 제시해 왔다.

일터에 사랑 / 토니 캄폴로, 홍성사, 1993

직업에 대한 성경적 관점을 실제적으로 잘 정리해 주고 있다. 직업 및 진로지도에 유용하다.

졸업 그 이후 / IVP, 1998

졸업 후 현장을 어떻게 준비해야 하는지 그 원리적인 측면을 설명하고 있는 책으로, 대학졸업생 혹은 갓 졸업한 청년들을 돕는 데 도움이 될 수 있다.

크리스천 공동체를 위한 직장사역 프로그램 / 원용일, 한세, 1999

교회와 신우회에서 직업과 관련하여 기획할 수 있는 예배와 기도회 프로그램, 세미나와 팀웍 프로그램, 수련회와 학교 프로그램, 특별활동 프로그램 등 분야별 프로그램과 전교인, 청장년부 등 대상별 프로그램도 소개하고 있다.

크리스천 새내기를 위한 대학생활 길잡이 / 손봉호 외, 홍성사, 1999

학원복음화협의회에서 1993년 발간했던 '대학은 나를 부른다' 의 내용을 수정보완하여 출판했다. 신입생뿐 아니라 청년 사역자들에게도 신입생을 이해하는 데 도움이 될 것이다.

■ 잡지와 회보

교육교회(월간), 장신대기독교교육연구원

교회교육 전반에 걸친 내용을 다루는 월간 잡지로서, 특별히 청년대학부 섹션을 참고

할 만하다.

물근원을 맑게(격월간), 학원복음화협의회

대학문화 따라잡기와 청년대학생 사역을 위한 정간물 분류색인 외에 학원복음화 동향, 신착자료 안내, 칼럼 등을 제공하는, 청년대학생 사역자를 위한 회보이다.

복음과 상황(월간)

로잔언약의 정신에 기초하여 한국의 역사와 사회를 복음으로 조명하려는 시도를 가진 잡지이다. 청년 사역자들의 필수 정기구독서 중 하나이다.

일하는 제자들(월간), 한세

국내 유일의 크리스천 직장청년들을 위한 월간 잡지이다. 직장생활에 대한 이해를 돕고 신앙과 삶의 일치를 강조하는 것이 잡지의 정신이다.

청년학생선교저널(계간), 선교한국

선교한국에서 발간하는 선교 관련 전문저널이다. 청년대학부에서 참고할 만한 내용들이 많이 실려 있다.

청년 사역 관련 단체 목록

※단체명, 주소, 대표자(실무책임자), 전화번호, 간행물 순

■ 학생선교단체

네비게이토선교회(Navigators) 120-180 서대문구 창천동 497 하진승 337-2840

다락방전도협회 120-160 서대문구 대신동 22 장봉생 362-6079 '다락방' (월간)

대학생성경읽기선교회(UBF) 110-480 종로구 효제동 54-2 전요한 763-7097 '일용할 양식' (월간)

순복음대학생선교회(CAM) 150-010 영등포구 여의도동 11 사서함 7호 김광덕 780-5606 'World Mission'

예수전도단(YWAM) 151-019 관악구 신림9동 241-34 3/4 홍성건 871-7351

예수제자운동(JDM) 133-600 성동우체국 사서함 97호 윤태호 2281-2948 '어부들'

죠이선교회(JOY) 130-062 동대문구 제기2동 274-6 남전우 929-3652 '죠이' (월간)

침례교학생선교부(BSU) 613-101 부산광역시 수영구 남천1동 296-4 3층 강귀만 051-611-2622

학생신앙운동(SFC) 137-040 서초구 반포동 58-10 고신총회 별관2층 조종만 596-8491 '날마다 주님과' (월간)

한국기독대학인회(ESF) 133-600 성동구 성동우체국 사서함 127호 한의수 2296-2153 '일용할 양식' (월간)

한국기독학생청년연합회 110-350 종로구 운니동 65-1 월드오피스텔 1106호 747-9227 '누룩' (월간)

한국기독학생회(IVF) 137-074 서초구 서초4동 1312 삼익상가 3층 신웅섭 3481-1726 '소리' '대학가'

한국기독학생회총연맹(KSCF) 110-470 종로구 연지동 136-46 한국기독교회관 608호 박종렬 763-8776 'KSCF 편지' (월간)

한국누가회(CMF) 158-051 양천구 목1동 405-33 형제빌딩 3층 박용태 655-0930 '누가들의 세계'

한국대학생선교회(CCC) 110-021 종로구 부암동 36-1 김준곤 396-0382 'CCC 편

지'

한국제자들선교회(DFC) 300-180 대전시 동구 성남동 157-6 현대오피스텔 154호 김
    석환 042-3437-3821 '제자들'

■ 해외선교단체

개척선교부(GMP) 425-600 안산시 안산우체국 사서함 131호 도문갑 0345-419-
    6792 '추수꾼'
국제선교회(WEC) 135-240 강남구 개포동 155 교연교육센타 309호 유병국 529-
    4552
국제전문인선교회(ITM) 158-077 양천구 신정7동 323-16 대영프라자 904호
동아시아선교회(EAM) 151-069 관악구 봉천본동 948-16 상일빌딩 5층 박은조 878-
    3750 '동아시아 연구'
두란노해외선교회(TIM) 140-240 용산구 서빙고동 95 두란노서원 201호 하용조
    790-2661
만민선교회(AFC) 135-284 구로구 구로우체국 사서함 41호 신동우 568-8805 '만민
    중에'
모퉁이돌선교회 135-609 강남우체국 사서함 920호 이삭 796-8846 '카타콤 소식'
바나바선교회 138-227 송파구 잠실7동 아시아선수촌APT상가 A동 20호 김기홍
    416-7738 '바나바 편지'
바울선교회 561-182 전주시 덕진구 금암2동 1593-1 이동휘 0652-254-8418 '바울
    선교'
방글라데시개발협회 157-015 강서구 화곡6동 1134번지 김범일 699-7265
베트남선교회 110-738 종로구 연지동 1-1 여전도회관 509호 조주택 764-5392 '베
    트남선교소식'
성경번역선교부(GBT) 425-170 경기도 안산시 사동 1362-5 김동화 0345-418-
    5324 '난 곳 방언으로'
아시안선교회 121-190 마포구 창전동 5-129 성진빌딩 4층 이경준 3142-1900
아프리카선교회(EMA) 110-619 광화문우체국 사서함 1934호 임종표 431-9457
오엠선교회(OM) 137-072 서초구 서초2동 1310-12 영동프라자 325호 옥한흠 3482-

1436

인터서브(Interserve) 110-615 중앙우체국 사서함 5078호 박재형 725-6065 '모사
    이크'
인터콥(Intercoop) 151-600 관악우체국 사서함 55호 최바울 796-3541 '개척정보'
일본복음선교회(JEM) 110-615 광화문우체국 사서함 1550호 유재택 393-1772 '미
    션재팬'
전문인협력기구(HOPE) 135-610 강남우체국 사서함 1052호 민요섭 533-6057
    'HOPE'
제자선교회(DCF) 151-080 관악구 남현동 602-237 강보형 585-9113
중국복음선교회 100-120 중구 정동 25 유전명 778-3626 '중국과 복음'
중국어문선교회 137-069 서초구 방배본동 756-7 신우빌딩 301호 박성주 592-0132
    '중국을 주께로'
중동선교회 100-679 중앙우체국 사서함 7938호 배순호 3452-3058 '중동선교'
총회선교부(MTI) 137-049 서초구 반포동 58-10 손영준 593-8487
한국미전도종족입양운동본부(AAP) 138-200 송파구 문정동 77-3 한정국 402-
    4967 '미전도종족선교저널'
한국불어권선교회(CCMF) 135-280 강남구 대치동 941-26 3층 이봉식 3452-2287
한국선교정보연구센타(KRIM) 425-170 경기도 안산시 사동 1362-5 문상철 0345-
    408-8294 '현대선교'
한국세계선교협의회(KWMA) 120-013 서대문구 충정로3가 187 정진경 363-7091
한국오엠에프(OMF) 135-605 강남우체국 사서함 579 김기문 3482-8958 '동아시아
    기도지'
한국오픈도어선교회(Open Doors) 134-033 강동구 성내3동 403 혜림교회 교육관 2
    층 김성태 403-6797
한국해외선교회(GMF) 135-616 강남우체국 사서함 1667호 이태웅 557-2088
한나선교회 135-604 강남우체국 사서함 409호 박수진 515-6836
희년선교회 153-023 금천구 가산동 148-40 정환빌딩 4층 홍정길 858-7829
GP 135-090 강남구 삼성동 162-24 영재빌딩 401호 김형익 565-3431

■ 연구 · 훈련기관

교회성장연구소(국민일보 부설) 152-059 구로구 구로본동 222 명성훈 860-0771

국제전도폭발한국본부 135-605 강남우체국 사서함 567호 이창호 3411-5974

기독교가정사역연구소   411-600 고양시 일산우체국 사서함 33호   송길원   0344-
905-1009

기독교교육연구원 143-756 광진구 광장동 353 장로회신학대학교 홍정근 444-3193
'교육교회' (월간)

기독교역사연구소 140-132 용산구 청파동2가 63-3 이만열 715-6981

기독교학문연구회 151-054 관악구 봉천4동 1571-19 손봉호 883-5809   '신앙과 학
문' (계간)

기독학술교육동역회 137-073 서초구 서초3동 1497-21 해관빌딩 4층 문선재 3474-
5803

두레연구원 135-081 강남구 역삼동 746-16 영화빌딩 3층 김진홍 540-2132

순성서신학원 120-110 서대문구 연희동 137-3 3층 3141-1415

에스라성경연구원   412-500 경기도 고양시 덕양구 고양동 292 윤종하 0344-963-
1671

올네이션스 경배와찬양(ANM)   140-240 용산구 서빙고동 95 두란노서원   하스데반
796-9700

이슬람연구소   120-160 서대문구 대신동 22 다락방전도협회 2층   전재옥   362-7580
'이스마엘 우리 형제'

이중문화선교연구센터(IMI) 138-050 송파구 방이동 39-2 신동아타워 #2004 주혜경
416-2094

젊은이선교정보연구센터(사랑의교회 부설) 137-074 서초구 서초4동 1310-13 영동프
라자 324호 고직한 3481-9120

직장사역연구소   121-190 마포구 창전동 5-129 성진빌딩 4층 방선기 679-3919 '일
하는제자들'

창조과학회 138-229 송파구 잠실본동 196-7 올림피아빌딩 811호 김영길 491-6465

프리셉트 성경연구원 156-093 동작구 사당3동 219-7 김경섭 596-2217

한국선교훈련원(GMTC) 158-052 양천구 목2동 231-188 이태웅 2649-3197 '선교

연구'

한국전문인선교훈련원(GPTI) 135-610 강남우체국 사서함 1052호 김태연 537-
    2043 '전문인 선교'

한국컴퓨터선교회(KCM) 143-301 광진구 노유1동 8-14 2층 이영제 431-7702

BTC 151-600 관악우체국 사서함 122호 신갈렙 887-7159 'BUSINARY'

DTS(예수전도단) 695-810 제주도 북제주군 조천읍 북촌리 82-1 홍성건 064-784-
    2984

■ 기독출판 · 언론

국민일보 150-010 영등포구 여의도동 12 조희준 781-9114

규장 137-130 서초구 양재동 205 여운학 578-0003

극동방송 121-707 마포구 상수동 89 김장환 320-0114

기독교방송 158-050 양천구 목1동 917-1 권호경 650-7000

기독교텔레비전(KCTS) 135-280 강남구 대치동 890-56 3469-4242

기독공보(주간) 110-740 종로구 연지동 135-56 한국기독교연합회관 1210호 708-
4711

기독신문(주간) 135-283 강남구 대치3동 1007-3 이상영 556-2581

기독학술동역회출판부(CUP) 152-059 구로구 구로본동 419-1 김승태 830-8566

나침반 110-616 광화문우체국 사서함 1641호 김용호 2279-6321

네비게이토출판부 120-180 서대문구 창천동 497 조성동 334-3037

대한기독교서회 135-090 강남구 삼성동 169-1 김상근 553-0870

도서출판 예수전도단 121-220 마포구 합정동 376-34 홍성건 3142-9811

두란노 140-240 용산구 서빙고동 95 두란노서원 하용조 790-8879

목회와신학(월간) 140-240 용산구 서빙고동 95 두란노서원 하용조 794-5100

복음과상황(월간) 135-081 강남구 역삼동 65-1 송산빌딩 305호 이만열 552-4871

성경읽기사 133-071 성동구 행당1동 116-4 한의수 2294-0307

성서유니온 138-170 송파구 송파동 144번지 박명섭 2202-0091

생명의말씀사 110-062 종로구 신문로2가 1-151 김재권 3159-8211

소금과빛(월간) 140-240 용산구 서빙고동 95 두란노서원 하용조 794-5100

엠마오 137-030 서초구 잠원동 69-1 반포쇼핑타운 4동 2층 김성호 595-3214

예영커뮤니케이션 152-059 구로구 구로본동 419-1 김승태 830-8566

죠이선교회출판부 130-062 동대문구 제기2동 274-6 정진환 925-0451

프리셉트 156-093 동작구 사당3동 219-7 김경섭 596-2217

학생신앙운동출판부 137-040 서초구 반포동 58-10 고신총회회관 별관 3층 596-
8493

한국기독학생회출판부(IVP) 100-619 중앙우체국 사서함 1960 신현기 742-6162

한세 121-190 마포구 창전동 5-129 성진빌딩 1층 방선기 3142-2031

현대종교 131-220 중랑구 상봉동 137-15 서울오피스텔 125호 탁지원 439-4391

홍성사 121-220 마포구 합정동 377-9 정애주 333-5161

■ 기독 전문인 · 문화단체

글로벌 케어 151-054 관악구 봉천4동 1571-19 대일빌딩 4층 8717-222

결혼문화원(기윤실 부설) 135-010 강남구 논현동 59-5 진성빌딩 3층 신산철 3445-
4229

기독교윤리실천운동 151-054 관악구 봉천4동 1571-19 대일빌딩 5층 손봉호 871-
7487

기독실업인회(CBMC) 121-040 마포구 도화2동 538번지 성지빌딩 406호 강민구
717-0111

대한기독간호사협회(KNCF) 120-190 서대문구 북아현동 221-7 백상빌딩 403호 이
혜숙 312-6370

성경적토지정의를 위한 모임 100-290 중구 예관동 6번지 고려빌딩 603호 이풍
2269-4900

월드비전 150-010 영등포구 여의도동 24-2 786-8541

한국라브리 140-190 용산구 후암동 50-2호 성인경 773-5309

한국사랑의집짓기운동연합회(Habitat) 100-290 중구 예관동 6 고려빌딩 601호 정
근모 2261-3702

■ 기타

남북나눔운동 110-736 종로구 연지동 136-46 기독교회관 703호 김경민 745-5763

선교한국 100-666 서울중앙우체국 사서함 6601호 이대행 3482-2713

선교횃불 600-610 부산중앙우체국 사서함 1072호 정필도 051-752-2780

파이디온선교회 151-600 관악우체국 사서함 16호 양승헌 522-0872

청년대학부를 위한 강사인명록

일러두기

1. 이 인명록에는 교회 청년대학부 집회와 수련회, 기타 강의, 세미나, 청년연합집회 등
   에서 강사로 초청할 만한 분들을 수록하되, 강사 선정에 도움이 되도록 목회자, 기독
   교단체 지도자, 교수, 평신도 전문인, 문화 사역자, 선교사, 학생선교단체 대표, 여성
   사역자로 분류하여 구성하였습니다.
2. 이 인명록은 지난 10년 간 학원복음화협의회 및 해외유학생수양회(KOSTA)에서 강
   사로 섬겼던 국내 인사들을 중심으로 만든 것으로, 수록된 내용은 강사들이 직접 제공
   한 것입니다.
3. 수록된 정보에 관한 문의가 있을 시에는 학원복음화협의회(02-838-9743)로 연락
   주시기 바랍니다.

목회자

강경민

49년생. 남서울일산교회 담임목사. 총신대, 합동신학대학원. 월간 '복음과상황' 이사, 남북나눔운동 실행위원.

저서–내가 본 홍정길 목사.

가능한 강의주제

1. 족장들의 신앙 : 아브라함, 이삭, 야곱, 요셉

2. 성경속의 리더십 연구 : 모세, 사무엘, 여호수아, 다윗, 느헤미야, 다니엘, 바울

3. 통일 한국을 위한 한국 교회의 책임

4. 교회의 사회적 책임

5. 어떤 교회가 좋은 교회인가?

김남준

55년생. 열린교회 담임목사. 총신대 신학대학원, 총신대 대학원. 안양대 신학부 교수, 기독대학교 신학부 교수.

저서–설교자는 불꽃처럼 타올라야 한다, 피묻은 복음에 빠져라 등

가능한 강의주제

1. 발간된 저서 참고

이메일: ASLIGHT@chollian.net

김동호

51년생. 동안교회 담임목사. 장신대 신학대학원 및 대학원. 영락교회 교육목사 역임, 학복협 공동대표.

저서–미래를 꿈꾸는 사람, 경주하는 삶이 아름답다, 생사를 건 교회 개혁 등

가능한 강의주제

1. 직업과 소명

2. 십자가와 구원

이메일: KIMDONGHO@paster.hosanna.net

김 인 중

47년생. 안산 동산교회 담임목사, 안산 동산고등학교 이사장. 서울대, 총신대 신학대학원. '교회갱신을 위한 목회자협의회'(교갱협) 부회장.

저서-나는 행복한 전도자.

가능한 강의주제

1. 지도자론 / 전도 열정 / 영성 목회
2. 목회론(목회자 대상) / 제자훈련 / 기독교 교육

김 태 권

54년생. 남서울평촌교회 담임목사. 한국외국어대, Trinity Evangelical Divinity School. 워싱턴 한인정통장로교회 담임, 남서울교회 부목사.

저서-850대 1, 세상을 깨우는 1%의 그리스도인 등

가능한 강의주제

1. 그리스도인의 비전과 헌신
2. 리더십 / 영성 계발 / 복음

이메일: nspcch@chollian.net

김 태 범

48년생. 대구 삼덕교회 담임목사. 장신대, 장신대 신학대학원, 샌프란시스코 신학교. 대전 삼성교회 담임, 대구 학복협 공동대표.

저서-신앙의 순례자, 평안을 누리는 삶 등

가능한 강의주제

1. 하나님의 사랑, 치유
2. 요나서 강해

민 영 기

63년생. 사랑의교회 대학부 지도목사. 미국 웨스트민스터 신학교. 사랑의교회에서 사역(1993-현재).

가능한 강의주제

1. 성경강해
2. 청년대학부 인도에 관련된 강의

3. 리더십

4. 기독교인의 인간관계와 내면의 성숙

5. 가정생활과 이성교제

이메일: ykmin@sarang.or.kr

박 광 석

53년생. 일산 벧엘교회 담임목사. 고신대학원, 미국 웨스트민스터 신학교.

가능한 강의주제

1. 강해설교 / 성경공부

2. 비전

이메일: PKSK@netsgo.com

박 기 범

서부침례교회 담임목사. 침례신학대학원. 프리셉트 성경연구원 연구위원 및 전국 강사, OM 선교회 훈련원 이사, 침례교 총회 해외선교부 운영이사.

저서-예수 그리스도의 고난과 부활.

가능한 강의주제

1. 리더 발굴과 양육 / 귀납적 성경연구 훈련 / 영적치유

2. 언어의 권세 / 영광스런 교회(교회를 경험하라)

3. 회복해야 할 하나님과의 교제

4. 성경 각권 강해

5. 선교 - 하나님의 마음, 열심,

6. 소그룹운동 - CELL 교회

박 노 진

55년생. 대구 부광교회 담임목사, 계명대 영문학과, 총신대 신학대학원, 계명대 교육대학원(상담심리 전공), 풀러 신학교(D.Min). 대신대 강사(기독교 상담학), 경북과학대학 강사(성서이해), 대구경북 학복협 총무, 대구경북 1318 영성 본부장.

저서-목회자의 길을 가려는 이들에게(공저)

이메일: NJPARK@daegu.net

박은조

52년생. 분당 샘물교회 담임목사. 고신대, 고신대 대학원, 영국 All Nations Christian College, 영국 London Bible College. 서울영동교회 담임목사, OMF·OM·GMP·MIM 등 선교단체 이사, 동아시아선교회 이사장.

가능한 강의주제

1. 강해설교

이메일: SMCCUNI@unitel.co.kr

박철수

45년생. 분당 두레교회 담임목사. 연세대 건축공학과, 총신대 신학대학원, 풀러신학대학원 박사과정. '복음과 상황' 편집위원장, 복음주의목회연구원(복목연) 위원장, 남북나눔운동 실행위원, 경실련 상임집행위원.

저서-축복의 혁명, 성경의 제사, 너희가 이성전을 헐라 등

가능한 강의주제

1. 성경적 세계관 : 제2세대 한국 교회의 대안

2. 교회 개혁 : 축복관, 성령론, 신앙론 등

3. 독서 : 독서의 중요성과 독서부흥의 필요성

4. 성전 : 예수 그리스도는 누구인가?

5. 인물 : 파스칼의 신앙과 현대인에게 주는 도전

서정오

52년생. 동숭교회 담임목사. 장신대, Friends University, Princeton Theological Seminary(NJ/Th.M). 양정교회 전도사, 부목사, 담임목사.

가능한 강의주제

1. 영성신학 / 영성훈련의 이론과 실제

2. 묵상훈련 / 침묵훈련 / 기도훈련 / 공부훈련 / 단순성훈련

3. 그리스도인의 삶 / 경건의 삶

이메일: hanoll@thrunet.com / hanoll@chollian.net

송화성

66년생. 학복협 협동총무, 서울노회 전도목사(세종대 사역), 숭덕교회. 건국대,

장신대 신학대학원 졸, 장신대 세계선교대학원 재학중. 신촌교회 교육전도사, 숭덕교회 전임전도사.
저서-크리스천 새내기를 위한 대학생활 길잡이(공저)
가능한 강의주제
1. 소그룹 / GBS / 주되심
3. 예배(레위기를 중심으로)
4. 그리스도인의 자아상
이메일: hanny@hanimail.com

오정호

57년생. 대전 새로남교회 담임목사. 총신대 대학원 및 신학대학원, Fuller Theological Seminary(NJ/Th.M). 내수동교회 · 사랑의교회 대학부 지도, 대전 학복협 공동대표, 교갱협 대전충청지역 총무, OM 선교훈련원 실행이사.
저서-청년 대학부를 살려라(공저).
가능한 강의주제
1. 지역 교회에서의 제자훈련과 교회 체질 갱신 : 교회 성숙 환경 조성, 위기 극복, 정도 목회
2. 패러다임 쉬프트 : 개인의 안목 변화의 중요성, 소극적인 교회 생활에서 긍정적이고 창조적인 교회생활로의 전환
3. 지역 교회의 중요성 : 선교단체와 KOSTA 출신 형제 자매들의 지역 교회 선택과 적응, 쓰임받는 중년을 위한 원리
4. 대학생 사역의 핵심 : 지역 교회 내 대학부의 위상, 가능성, 젊은이 리더십
이메일: OJH524@unitel.co.kr 홈페이지: http://saeronam.or.kr

옥한흠

38년생. 사랑의교회 담임목사. 성균관대 영문학과, 총신대 신학대학원, Calvin Theological Seminary, Westminster Theological Seminary. 평신도를 깨운다 국제제자훈련원장, OM 선교회 이사장, 교갱협 회장, 중국 연변 과학기술대학 대표이사, 한국기독교목회자협의회(한목협) 상임회장.
저서-다시 쓰는 평신도를 깨운다:제자훈련 열정 30년, 고통에는 뜻이 있다, 우리가 바로 살면 세상은 바뀝니다 등

이메일: hanHOAK@sarang.org

유 영 업

63년생. 분당 샘물교회 강도사, 청소년 전문선교기구 '아름다운 10대' 총무.
경북대 물리학과, 고신대 신학대학원. SFC 본부간사, 서울영동교회 대학부
전담교역자, 96선교한국 대회 홍보행정국장, 학복협 교회실행위원 역임.
저서-학생신앙운동 언약문

가능한 강의주제

1. 그리스도인의 데이트와 결혼, 결혼생활 등
2. 학원복음화의 전략 / 제자 훈련, 헌신론

이메일: COLZY@unitel.co.kr

윤 교 희

62년생. 시온성교회 담임목사. 한신대 신학대학원. 한신교회 젊은이 사역 6
년 담당.

가능한 강의주제

1. 중소 교회 젊은이 어떻게 할 것인가?
2. 청년의 사회적 역할
3. 복음의 이해

이 경 우

62년생. 대구 죽전교회 담임목사. 대신대, 계명대, 계명대 신학원, 총신대 신
학대학원. 대구경북 학복협 실행총무.

가능한 강의주제

1. 영성의 성경적 기초
2. 영적 지도력 : 성경이 말하는 지도력, 말씀과 지도력
3. 하나님 나라
4. 청년대학부 지도력

이메일: cenetwork@netsgo.com

이동원

45년생. 한국지구촌교회 담임목사. William Tyndale College, Southeastern Baptist Seminary, Trinity Evangelical Divinity School 선교학 박사, 고려대 교육대학원 상담심리과. 서울침례교회, 와싱톤 지구촌교회 담임목사, 한국 YFC 총무, 한국 OM 선교훈련원장, GMF 이사, 국제 KOSTA 부이사장.
저서-가정행전, 지금은 다르게 살 때입니다, 청중을 깨우는 강해설교 등
이메일: DANIEL@jiguchon.org

이문식

54년생. 남서울산본교회 담임목사. 총신대, 합동신학대학원, Asian Theological Seminary(D.Min). 희년선교회 총무, 남북나눔운동 기획실장, 경실련 상임집행위원, '복음과 상황' 편집위원장.

가능한 강의주제

1. 성경강해 및 설교
2. 남북 통일에 관한 선교적 전망
3. 성경해석학에 관한 목회적 접근

이문회

57년생. 광천교회 담임목사, 프리셉트 한국본부 연구위원. 총신대 신학대학원. 프리셉트 한국본부 강사 역임.
저서-IQ목회에서 EQ목회에로의 전환(공저)

가능한 강의주제

1. 성경을 어떻게 읽을 것인가 ?
2. 설교

이상민

54년생. 대구 서문교회 담임목사. 총신대학원. 대구경북 학복협 대표.
저서-목회자의 길을 가려는 이들에게(공저).

가능한 강의주제

1. 하나님 나라

이메일: Seomoon@kornet.net

이성희

48년생. 연동교회 담임목사, 장신대 교수. 샌프란시스코 신학대학교 신학박사. 월드 컨선 공동회장, 정신학원 이사, 한민족복지재단 이사장.

저서-미래사회와 미래목회, 미래목회 대예언, 밀레니엄 목회 리포트 등

가능한 강의주제

1. 미래학 / 교회행정학

2. 성경적 여성학

3. 성경의 기적, 비유

이메일: shl@ydpc.org

이승섭

61년생. 왕십리교회 청년부 지도목사, 학복협 실행총무. 건국대, 총신대 신학대학원. 학복협 간사, 왕십리교회 청년부 지도.

가능한 강의주제

1. 설교

2. 소그룹 / 리더양육

3. 영성 계발 / 이성교제

이메일: 881@hanimail.net

이철

47년생. 남서울교회 담임목사. 고려대 사학과, 총회신학교 신학연구원, 미국 Southeast Baptist Theological Seminary(Th.M 수료), 미국 Gordon-Conwell Theological Seminary(D.Min 과정중). 원동교회 교육전도사 및 강도사, 파주 대원교회 강도사 및 담임목사, 남서울교회 부목사, 미국 North Carolia Korean Church 담임목사, 미국 뉴욕중부교회 담임목사 역임.

가능한 강의주제

1. 목회와 선교

2. 리더십

3. 교회와 사회 등

이메일: cleens@thrunet.com

전경호

61년생. 장석교회 교육목사, 광운대학교 교목. 건국대 사학과, 장신대 신학대학원. 이장호·윤순재 선교사 후원회 협동총무, 광운대 교목 및 시간강사(기독교 역사학), 학복협 LTS 강사.

가능한 강의주제

1. 영적 지도력 : 청년 학생 리더십

2. 복음과 구원 : 구원의 심층적 이해

3. 제자도와 제자훈련 / 경건의 시간

4. 신세대 이해와 구도자 예배

5. 교회사 : 세계 교회사, 한국 교회사

6. 귀납적 성경연구 / 경배와 찬양 / 참된 예배

7. 중보기도 : 세계를 품은 기도

최홍준

45년생. 부산 새중앙교회 담임목사. 동아대, 합동신학대학원, 미국 리폼드 신학교(M.Div.). 사랑의교회 부목사, 기독교가정사역연구소 이사장, 부산 두란노 대표, 소련선교회 이사장.

저서–잠자는 교회를 깨운다.

가능한 강의주제

1. 성숙한 지도자상

2. 건강한 성도, 건강한 교회

3. 성공적인 신앙생활과 성공적인 사회생활

이메일: SAJAC@chollian.net

하용조

46년생. 온누리교회 담임목사, 두란노서원 원장. 장신대 신학대학원, Biola University 명예문학 박사. 연예인교회 창립, 한동대 이사장 역임.

저서–힘 있을 때 조심해야 합니다, 광야의 삶은 축복입니다, 로마서의 축복, 창세기 강해 설교집 등.

가능한 강의주제

1. 성령 / 비전과 리더십

2. 선교와 전도

이메일: HYJ@onnuri.or.kr

현승학

영락교회 청년부 지도목사, 젊은이예배 설교자. 장신대 신학대학원. 영락교회 부목사, 체스우드 한인연합교회 설교목사, 성산포교회 담임목사, 선교제주 총무, OM 제주지역 이사, 한국강해설교학교 전문위원.

저서-월간 '말씀과 함께 주님과 함께' (발행인)

가능한 강의주제

1. 영적 대각성 집회

2. 교회 체질 개선 : 묵은 그리스도인 갱신법, 교회학교 교사론

3. 중보기도와 영적 전쟁

4. 복음과 문화, 공동체론

5. 젊은이 사역 전략 : 고3 수련회 등

이메일: hyush@netsgo.com

홍정길

42년생. 남서울은혜교회 담임목사. 숭실대, 총회신학교. 남북나눔운동 사무총장, 밀알선교단 이사장, 학복협 공동대표, GMF 이사.

저서-상황을 뛰어 넘는 기쁨, 한국 교회는 이 민족을 책임질 수 있는가?, 기질대로 쓰시는 하나님 등

이메일: NSGRACE@chollian.net

허원구

54년생. 부산 산성교회 담임목사. 장신대 기독교교육학과, 장신대 신학대학원. 세종교회 담임목사, 총회 파송 칠레 선교사(9년).

가능한 강의주제

1. 선교

이메일: Gustavo@unitel.co.kr

기독교 단체 · 기관 지도자

김 진 홍

41년생. 활빈교회 담임목사, 두레마을 대표. 계명대 철학과, 장신대 신학대학원. 청계천 활빈교회 창립, 남양만 두레마을 창립.

저서-새벽을 깨우리로다, 바닥에서 살아도 하늘을 본다, 쓰레기통 옆에 넘어져도 등

가능한 강의주제

1. 통일 / 교육 / 목회

김 태 연

56년생. 지구촌교회 협동목사, 한국전문인선교훈련원장. 한국외국어대, 침례신학대학원, Mid-America Baptist Theological Seminary. 워싱톤침례교회 목사, 침례신학대학원 선교학 겸임교수.

저서-목회자를 깨운다(GPTI, 1991)

가능한 강의주제

1. 전문인선교의 철학 / 전문인선교와 영적 전쟁
2. 타종교와 기독교 세계관 비교
3. 전문인선교의 역사

이메일: mabts@unitel.co.kr

방 선 기

52년생. 직장사역연구소장, 이랜드 사목, 성도교회 협동목사. 서울대 화학공학과, 미국 리폼드 신학교(신학 · 교육학 석사), 콜럼비아 교육대학원, Canada Regent College 수학. 두란노서원 편집부장 역임, 도서출판 한세 대표.

저서-기업경영과 하나님 나라, 뱀처럼 지혜롭게 비둘기처럼 순결하게, 설교하기는 어려워도 설교준비는 즐겁다 등

가능한 강의주제

1. 직장 : 직업관, 직장생활, 직업윤리, 직장선교(전도), 직장문화, 직장사역, 재물관, 성공관 등
2. 목회자를 위한 '크리스천 직장인 목회 전략'

3. 평신도 : 평신도의 이해, 신분, 역할 등

4. 세계관 : 나·일·돈, 세계관, 가치관, 인생관

5. 기타 : 성윤리, 거룩한 성, 강해설교를 위한 제언 등

이메일: sunki@netsgo.com

송길원

57년생. 기독교가정사역연구소 소장, 안양대 신학대학원 교수, 사랑의교회 협동목사. 고신대, 동 대학원, 고려대 대학원 수료(상담심리 전공), Philippines Makati Medical Center C.P.E 과정 수료, 미국 개혁신학원에서 학위 취득. 고신의대 교목실장, 가정사역 아카데미 교수, 한국가정사역학회장.

저서-여우를 잡아라, 쉼표가 있는 삶, 행복을 낚는 말 한마디, 아들아 1m만 더 파보렴 등

가능한 강의주제

1. 행복한 가정 만들기(부부대상), 자녀교육, 고부갈등, 아버지교실,

2. 노인 프로그램, 결혼 예비교육

3. 기타 가정과 관련된 전반적인 분야

이메일: gigayon@netsgo.com

신상언

55년생. 낮은 울타리·울타리문화선교회·울타리웨딩 대표, 예능교회. 청주 교대, 명지대 대학원. 극동방송 아침종합정보 프로그램 진행, 안양성결대학 교(현대대중문화비판), 그리스도대학 출강, 동경중앙교회에서 문화선교사로 파송 받음(1999).

저서-사단은 마침내 대중문화를, 대중문화 최후의 유혹, 행복한 문화사역 등

가능한 강의주제

1. 대중문화와 신세대 / 문화 리더십 / 문화 속의 세속화 함정

2. 문화 사역 훈련의 이론과 실제 / 교회교육의 갱신

3. 미디어교육과 EQ교육의 실제

4. 21세기 목회사역·교육·선교의 패러다임 전환

이메일: Petert@cuccom.com

양승훈

55년생. 밴쿠버 기독교세계관대학원 원장, 캐나다연합신학대학원 객원교수, Willingdon Mennonite Brethren Church(집사, 한국어 동시통역). 한국과학기술원(KAIST) 물리학과(이학 석·박사), 미국 University of Wisconsin 과학사학과(문학 석사), 미국 Wheaton College(문학 석사). 경북대 교수, University of Chicago 물리학과(한국과학재단 post-doc), 기독학술교육동역회 이사, 한국창조과학회 부회장.

저서-진화는 과학적 사실인가?, 과학자와 물리교육, 낮은 자의 평강, 기독교 세계관의 이해와 적용 등

가능한 강의 주제

1. 기독교 세계관 : 성경적 세계관의 기초와 적용

2. 창조론과 진화론 : 성경적 창조론, 진화론 비판

3. 학문과 신앙 : 기독교 세계관으로 조명한 학문과 신앙의 관계

4. 과학과 기독교 : 역사적 신학적으로 조망한 기독교와 과학

5. 민족, 복음, 역사 : 역사에 비춰본 한국인의 정체감, 복음과 역사에 대한 성경적 조망

6. 21세기와 기독교 세계관: 다음 천년을 맞는 그리스도인들의 자세

7. 기독교 대학의 사명 : 역사에 비춰본 바른 기독교대학의 방향

이메일 : shyang@view.edu

이경준

52년생. 이랜드 사목, 다운교회 담임목사. 서울대, 서울대 대학원, 개혁신학원. 네비게이토출판사 대표, yCBMC(청년기독실업인회) 지도목사.

저서-길거리에서 주운 지혜.

가능한 강의주제

1. 그리스도인의 직업관, 성공관, 인생관

2. 결혼과 가정

3. 제자 훈련

4. 사람의 행동유형 검사(DISC)

이메일: hsbj@unitel.co.kr

이 승 장

42년생. 학복협 상임대표, KOSTA 본부 대표, 예수마을교회 담임목사. 전남대, London Bible College, 동 대학원 졸업. ESF(한국기독대학인회) 대표, 런던 갈보리교회 담임목사 역임.

저서－성서한국을 꿈꾼다, 빛 가운데 행하는 삶, 사무엘서 강의 등

가능한 강의주제

1. 성경강해
2. 복음주의 청년대학생 운동
3. 지도자론 / 전도, 제자도 / 기독교 세계관
4. 복음주의와 사회적 책임

이메일: rheefamily@netsgo.com

이 태 웅

40년생. 한국선교훈련원 GMTC 원장, 여의도침례교회 목사. Trinity 복음주의신학교(목회학 석사, 선교학 박사). 한국해외선교회 이사장, 세계복음주의협의회 선교위원회 회장.

저서－한국 교회의 해외선교, 모세오경의 맥 등

가능한 강의주제

1. 선교, 교회가 해야 하는 이유
2. 성경강해

이메일: GMTC@sobak.kornet21.net

장 봉 생

59년생. 다락방전도협회 총무, 문화사역 공동체 대표, 이화여대 대학교회 목사. 중앙대 신문방송학과, 총신대 신학대학원. 충현교회 대학부 지도, 수서은혜교회 담임목사.

저서－목회의 길을 가려는 이들에게(공저), 청년대학부가 살아야 한다(공저).

가능한 강의주제

1. 리더십 / 비전 / 부흥
2. 은사와 진로
3. 청년대학부 살리기

이메일: mieuni@chollian.net

조관식

54년생. 한국선교훈련원 GMTC 원목, 화평교회. 총신대, 합동신학대학원. 사랑의교회 전임사역자, 부다페스트 한인교회, 헝가리 선교사.

가능한 강의주제

1. 멘토링
2. 타문화권에서의 자기관리와 개발
3. 경건의 시간 / 제자훈련
4. 한국 선교 역사 / 선교 동원

이메일: GMTC@chollian.net

한철호

56년생. IFES 동아시아지역 학사회 총무, 서울평안교회 협동설교자. 강원대, Asian Theological Seminary, London Bible College. IVF(한국기독학생회) 학사회 대표간사, 선교한국 총무, '복음과상황' 편집위원, 낙태반대운동연합 공동실무책임, 로잔 한국위원회 총무.

저서-선교동원가, 직장인사역핸드북, 직장인을 위한 성경공부 시리즈 등

가능한 강의주제

1. 생명 및 문화 : 낙태, 생명윤리, 문화비평 및 21세기 대안
2. 직장 및 사회 : 기독직장인 운동과 선교, 사회문제에 대한 기독교적 대응
3. 대학생 및 선교 : 세계선교상황과 선교동원, 학생선교운동과 캠퍼스운동

이메일: hanifes@chollian.net

홍정근

58년생. 장신대 기독교교육연구원 책임연구원, 연동교회 교육목사. 장신대 신학대학원 기독교교육학 전공. 경신중고등학교 교목, 상도중앙교회 청년대학부 지도목사, 월간 '교육교회' 편집인.

저서-지친 영혼을 위하여, 십대들의 심리여행 등

가능한 강의주제

1. 기독 청년의 영적 지도력

  2. 교회 청년 사역의 정체성과 진단

  3. 자아상과 비전

교수

권 성 수

51년생. 총신대 신학대학원 교수, 충현교회. 숭실대 영문과, 총신대 신학대학원, 미국 웨스트민스터 신학교. 충현교회 협동목사, 한국복음주의신학회 총무, 횃불선교센타성경연구소 연구원, 횃불트리니티 신학대학원 이사, 21세기 운동 포럼 총무, 대한예수교장로회 총회 신학전문위원.

저서–성경해석학 1, 로마서강해, 청년과 신앙, 종말과 영성, 21세기 신학과 교회 등

가능한 강의주제

1. 성경 해석원리와 방법

2. 영성, 영적 분별력, 성령론, 종말론, 영적인 전쟁

3. 고통의 해석학, 믿음과 양심, 신앙인의 갈등, 충성과 상급

4. 한국 교회 문제 진단과 처방, 21세기 지도자

이메일: sskwon@chongshin.ac.kr

김 승 욱

57년생. 중앙대 경제학과 교수, 국군중앙교회. 중앙대 경제학과, 미국 University of Georgia 계량경제사 전공(Ph. D). 기독교학문연구회(기학연) 부회장, 기윤실 기획위원, 기독교정치교육위원회 위원, 웨스트민스터신학원 강사(사회과학개론), 총신대 신학대학원 강사(기독경제).

저서–자본주의 사회를 보는 두 시각.

가능한 강의주제

1. 성경적 경제관 / 경제체제 / 경제사

2. 그리스도인의 노동관, 직업관

3. 신앙과 학문 / 그리스도인의 휴식

4. 한국 경제에 대한 그리스도인의 시각

5. 경제성장 등 경제 관련 주제

이메일: SWKIM@post.cau.ac.kr

김 연 종

57년생. 한동대 언론정보문화학부 교수, 온누리교회. 서강대 신문방송학과, 서강대 대학원 신문방송학과, 미국 일리노이주립대 언론학부. 기윤실 문화전략위원, 기학연 연구위원, KBS 사랑의 소리 방송 기획실장.

저서-문화 연구 입문.

가능한 강의주제

1. 대중문화 / 대중매체 / 신세대
2. 커뮤니케이션 기법
3. 교회문화 / 기독교문화 / 교회 성장의 문화적 접근

이메일: YON@han.ac.kr

김 영 길

39년생. 한동대 총장, 온누리교회. 서울대 금속공학과, 미국 미주리주립대 금속공학 석사, 미국 뉴욕 RPI 공과대학 재료공학 박사. 미국 미주리주립대 금속공학 연구조교, 뉴욕 RPI 공과대학 재료공학 연구조교 및 박사연구원, 미국 국방성 육군연구소 박사연구원, NASA 박사연구원, KAIST 재료공학과 교수, 미국 UCLA 교환교수.

저서-자연과학개론.

가능한 강의주제

1. 교육 관련 주제는 모두 가능

이메일: YGKIM@han.ac.kr

김 인 수

38년생. 고려대학교 경영대학 교수, 남서울은혜교회. 미국 인디애나대학교 대학원. KAIST 교수, 콜럼비아대학교 초빙교수, 행정개혁위원회 위원장.

저서-거시조직이론, *Imitation to Innovation* 등

가능한 강의주제

1. 성경 강해

2. 그리스도인과 직업, 가정생활, 자녀양육

3. 신앙생활, 구원 성장 확신, 리더십

이메일: linsukim@unitel.co.kr

김일수

46년생. 고려대 법대 교수, 고려대 특수법무대학원장, 안암제일교회. 고려대
법대, 동 대학원 석사, 독일 뮌헨대 법학박사. 변호사, 낙태반대운동연합 대
표, 사형폐지운동협의회 공동부회장, 경실련 상임집행위원장, 국무조정실 정
책평가위원, 기윤실 실행위원, 대통령자문 사법개혁추진위원회 위원.
저서-한국 형법 4권, 사랑과 희망의 법 등

가능한 강의주제

1. 생명과 인권 / 법과 인권

2. 법과 정의와 사랑

이메일: ILSUKIM@kuccux.korea.ac.kr

김정한

38년생. 연세대 생명공학과 교수, 광야교회. 서울대 화학과, University of
Houston. 미국 SRI · 한국 KIST 연구원, 기윤실 실행위원, 기학연 이사.
저서-과학자와 함께 읽는 창세기 이야기, 성경의 신비(공저) 등

가능한 강의주제

1. 성경과 과학

2. 21세기 과학과 생명문화

3. 현대인을 위한 창세기 강해

이메일: JUNGHAN@bubble.yonsei.ac.kr

박건식

서울대 물리교육과 교수, 영락교회. 서울대, 미국 메릴랜드주립대. 미국
KOSTA 강사.

백인호

57년생. 서강대 사학과 부교수, 온누리교회. 서울대 서양사학과, 프랑스 낭뜨

대 사학과 석사, 프랑스 파리1대학 사학과 박사. 한국 서양사학학회 편집이
사, 한국 기독관리학 교육원 겸임교수.

저서-프랑스 혁명의 문화적 기원(역서), 오늘의 역사학(역서) 등

가능한 강의주제

1. 교회사 : 프랑스 혁명과 교회, 종교 개혁사

2. 대학생 : 새내기와 대학생활, 일대일 제자양육

이메일: inhobaik@ccs.sogang.ac.kr

※ 미국 하버드대학 교환교수 예정(2000년 8월 15일까지)

손 봉 호

38년생. 서울대 교수, 서울영동교회. 서울대 영문과, 미국 웨스트민스터 신학
교, 화란 자유대학교 철학박사. 화란 자유대 조교 및 전임강사, 한국외국어대
교수, 경실련 공동대표, 기윤실 실무책임자, 밀알 및 세계밀알연합회 이사장,
공명선거실천시민운동협의회(공선협) 공동대표.

저서-나는 누구인가, 현대정신과 기독교적 지성, 고통받는 인간 등

가능한 강의주제

1. 학문과 신앙

2. 장애인선교

3. 그리스도인의 윤리와 사회적 책임

4. 기독교적 세계관 / 시민사회와 기독교

이메일: bongsonnl@yahoo.com

신 국 원

53년생. 총신대 신학과 철학담당 조교수, 왕십리교회. 미국 웨스트민스터 신
학교(M.A/M.Div/Th.M), 화란 자유대학교 철학부(Ph.D), 캐나다 기독교학문연
구소 연구원. 미국 Ann Arbor 한인성서교회 담임목사 역임.

저서-*Hans-Georg Gaduner's Philosophy of Culture.*

가능한 강의주제

1. 기독교적 세계관

2. 기독교와 문화

3. 포스트모더니즘

이메일: KWSHIN@chongshin.ac.kr

신윤표

40년생. 한남대 교수, 한국 미래연구학회장, 제2건국위 상임위원, 대전 성지
장로교회. 동국대, 경희대, 일본 동경대 법학부 수학(행정학 석사). 한남대 대
학원장 역임.

저서—행정학, 인사 행정 관리학 등

가능한 강의주제

1. 제2의 건국운동, 무엇을 어떻게 할 것인가?

2. 21세기 국가발전과 교회의 역할

3. 21세기 사회 변동 관리를 위한 청년의 역할

이메일: ypshin@eve.hannam.ac.kr

안민

58년생. 고신대 종교음악과 교수, 부산 사직동교회. 서울대 성악과, 동 대학
원, 이태리 룻시니 국립음악원, 로마 아르츠 아카데미 졸. 고신대 교회음악
연구소장, 학생처장, 부산 장애인전도협회 이사장, 부산시립합창단 운영위
원, 고신대 페로스합창단 상임지휘자, 부산 장로성가단 상임지휘자.

가능한 강의주제

1. 예배와 찬양 : 나의 찬송을 부르라(예배와 찬양의 성경적 원리), 믿음과 증거
   의 찬송(성경에 나타나는 체험적 찬양과 삶의 현장에서 불러야 할 참된 찬양), 찬
   양대 사역을 위한 10가지 제언(찬양 사역의 영성과 음악적 이론 및 찬양대 운영
   에 관한 세미나), 찬양 사역자를 위한 교회음악세미나

2. 비전과 헌신 : 나의 꿈 나의 찬송(간증), 젊은이들이 가져야 할 성경적 비전
   과 헌신에 관한 강의, 그리스도를 만난 사람들

윤영관

52년생. 서울대 외교학과 교수, 소망교회. 서울대 외교학과, 미국 존스 홉킨
스대학 국제정치학 박사. 미국 캘리포니아대학 조교수, 한국 국제정치학회
연구이사.

저서—전환기 국제정치 경제와 한국, 국제기구와 한국 외교, 동아시아 위기의

정치 경제 등

가능한 강의주제

1. 남북통일과 교회 역할

2. 국제정치와 통일

3. 정치 · 사회 개혁과 교회

이메일: ykyoon@plaza.sun.ac.kr

윤 완 철

55년생. KAIST 교수, 대전 대덕장로교회. KAIST 석사, 미국 죠지아공대(산업시스템공학). 미국 NASA Ames연구소, KAIST 교수(1988-현재).

가능한 강의주제

1. 정보기술사회와 기독교

2. 성경과 세계관

이메일: wcyoon@sorak.kaist.ac.kr

이 만 열

38년생. 숙명여대 한국사학과 교수, 한국기독교역사연구소 소장, 국사편찬위원회 위원, 서울중앙교회. 서울대 사학과, 동 대학원, 합동신학대학원. 미국 프린스턴 신학교 객원교수, 희년선교회 대표, '복음과 상황' 공동발행인, 남북나눔운동 연구위원장, 한국기독학생연맹(KSCF) 이사장.

저서-한국 기독교와 역사의식, 한국 기독교 문화운동사, 한국 기독교사 특강, 한국 기독교와 민족의식, 대한성서공회사 1 · 2, 한국 기독교의 역사 등

가능한 강의주제

1. 한국 기독교의 역사

2. 한국 기독교 통일운동사

이메일: mahnyol@sookmyung.ac.kr

이 장 로

47년생. 고려대 경영학과 교수, 온누리교회 장로. 고려대, 고려대 경영대학원, 미국 NY University 경영대학원(국제경영학 박사), 장신대 신학대학원(M.Div). 기독경영연구원 초대 원장, 고려대 기독학생연합회 지도교수, 한국

국제경영학회 차기회장.

저서-국제마케팅, 무역개론, 국제경영론 등

가능한 강의주제

1. 하나님 나라와 기업경영

2. 세상, 교회, 직업(기독교 세계관)

3. 하나님과 돈

4. 평신도 사역과 교회 갱신

이메일: jrlee@kuba.korea.ac.kr

이 형 원

58년생. 침신대 구약학 교수, 대전 대덕침례교회 협동목사. The Southern Baptist Theological Seminary. 한국복음주의신학회 부총무, 한국 강해설교학교 지도위원, 표준새번역 성경 개정판 개정위원.

저서-구약성서 해석의 원리와 실제, 구약성서 비평학 입문, 잠언주해 등

가능한 강의주제

1. 성경해석의 방법들 / 성경인물 소개

2. 젊은이들의 헌신, 소명감 부여

이메일: hwsjlee@hanmail.net

이 홍 용

56년생. 건국대 교수, 사랑의교회. 건국대, 독일 Bielefeld 대학 법학박사. 기학연 연구위원, 남북나눔운동 연구위원.

저서-신앙과 학문, 민족통일과 한국 기독교(공저) 등

가능한 강의주제

1. 국가와 교회의 관계, 그리스도인의 사회 참여

2. 남북통일과 기독 청년의 자세 / 민족 통일과 한국 교회

3. 독일 통일의 교훈 / 민주주의와 한국 교회

이메일: HYL3424@unitel .co.kr

정 동 섭

47년생. 침신대 기독교교육학과 교수, 대전 대흥침례교회. 침신대학원

(M.R.E, MA/CP), Trinity Evangelical Divinity School(Ph.D.), Trinity International University. 극동방송 아나운서, 영국 대사관 부공보관, 미국 대사관 홍보전문위원(대사 통역), 전국경제인연합회(전경련) 국제부 차장 역임. 저서-그것이 궁금하다, 당신의 가정도 치유될 수 있다, 어느 상담심리학자의 고백, 어떻게 사람을 변화시킬 수 있는가? 등

가능한 강의주제

1. 남편과 아내, 이렇게 사랑하라

2. 자녀 양육 : 어떻게 키워야 하나

3. 교회 안의 ‘성인아이’ : 어떻게 치유해야 하는가?

4. 사람을 어떻게 변화시킬 수 있는가?

5. 이단의 현황과 그 대응책

6. 사랑과 결혼

이메일: dschung@hananet.net

조 성 표

58년생. 경북대 경제학부 교수, 대구 새생명침례교회. 연세대 경영학과, KAIST 경영과학과, 연세대 대학원 경영학과 박사. 대우중공업, 경북대 회계학과 교수, 미국 퍼듀대학교 교환교수, 공인회계사, 대우재단 감사.
저서-돈 걱정 없는 가정, 아작도 계속 되는 꿈, 돈을 어떻게 쓸까요?(공역) 등

가능한 강의주제

1. 그리스도인의 가정경제 : 돈 걱정 없는 가정

2. 성경의 재물관 : 하나님의 선물인가, 또 다른 우상인가

3. 성경적 직업관 : 하나님과의 동역

4. 기독교 세계관

이메일: SPCHO@bh.kyungpook.ac.kr

최 재 선

38년생. 중앙대 경제학과 교수, 선한교회 담임목사. 침신대, 캐나다 토론토대학교 경제학 석사, 버지니아주립대학 박사. 중앙대 사회과학대학 학장 및 산업경영대학원 원장, 건설교통부 중앙도시 계획위원 및 통계위원, 중앙대 SCM 지도교수.

저서-현대사회와 종교, 사회와 경제윤리, 경제학 원론 등

가능한 강의주제

1. 청년대학생의 영성회복 : 성령 충만, 내적 치유, 심령 부흥
2. 가치와 윤리 : 그리스도인의 가치관, 세계관, 윤리관, 축복관 및 물질관
3. 전도와 선교 : 대학생선교, 학원선교, 지도자론 및 지도력

평신도 전문인

라 채 광

55년생. 치과 의사, 온누리교회 안수집사. 경희대 치대 졸. 인천 라채광치과의원 개원, 제주 복음치과의원 개원, 온누리교회 큐티강사, 두란노서원 큐티강사.

저서-큐티가 어려우십니까? 등

가능한 강의주제

1. 경건의 시간(QT)

이메일: acts760@ppp.kornet21.net

※ 2002년 8월까지 캐나다 거주

이 승 률

48년생. 반도환경개발 대표이사, 여의도순복음교회. 동국대, 동 대학원 석사, 연세대 언론홍보대학원(최고위정책과정), KDI 국제대학원. 중국 연변과학기술대학 재단이사, CBMC(한국기독실업인회) 영동지회.

가능한 강의주제

1. 한민족 네트웍과 민족복음화
2. 사이버 스페이스의 복음화
3. 복음과 크리스천 경영인

이메일: BAN1117@chollian.net

주 명 수

54년생. 변호사, 한소망장로교회 목사. 고려대 법대, 아세아연합신학대학원,

미국 Southwestern Baptist Seminary, Southern Methodist Univ. Law Shool. 검사, YFC 이사장.

저서-기도해야 하나 병원으로 가야 하나, 복음을 지켜라 등

가능한 강의주제

1. 복음이란 무엇인가

2. 영성과 전문성

3. 세상 속의 그리스도인

이메일: MSJU@unitel.co.kr

전 재 중

60년생. 변호사, 일원동교회. 서울대 법대. GCF(IVF 학사회) 전국회장, C.L.F 총무.

저서-법조인의 소명, 세상 속의 그리스도 법률가(역서) 등

가능한 강의주제

1. 기독 신앙과 세속 직업의 통합에 관한 주제

2. 크리스천 직업인으로서의 비전 세우기

이메일: threej@hitel.net

한 상 열

56년생. 중앙석유 대표이사 사장, 사랑의교회. 고려대 경영학과. 강남 yCBMC 회장, yCBMC연합회 부회장.

가능한 강의주제

1. CBMC 사역

2. 평신도 사역

문화 사역자

김 명 식

67년생. 컨티넨탈싱어즈 한국대표, 찬양 사역자, 새일산교회. 서강대 경영학과. CCC 음악협동간사.

저서-영원한 사귐, 꿈(음반)

김 성 웅

63년생. 규장문화사 편집부장, 아멘교회 설교 봉사자. 총신대, 고려대 영문과, Reformed Seminary MABS 과정중. 자유번역가, 기독교문사 편집실장, 기윤실 협동간사.
저서-제자입니까?, 윌로우크릭교회, 날 좀 그만 괴롭히세요 하나님(이상 역서)

가능한 강의주제

1. 문서 사역 / 기독교 문화
2. 가정 문제

이메일: Seochoon@netsgo.com

서 재 석

59년생. 월간 '복음과상황' 편집장, 한영교회. 고려대, 고려대 대학원. CMF(한국누가회) 간사, 미션월드 편집차장, IVP 편집부/기획실 간사.
저서-그리스도인의 독서 생활, 문서운동 핸드북, 성경공부 교재 다수 번역.

가능한 강의주제

1. 문서운동 : 독서생활, 서평 및 독서가이드 만들기, 글쓰기, 자료의 수집과 활용, 주보(회보) 편집 및 제작
2. 성경공부 : 인도법, 교재 집필 요령
3. Christian Lifestyle

이메일: goscon@chollian.net

이 무 하

56년생. 찬양 사역자, 화목교회. 경북대 음대 작곡과. 앨범 '고향' 발표, 아프리카난민돕기 자선앨범 '한톨의 사랑이 되어' 공동프로듀서, 앨범 '다시 동산으로' 발표.

가능한 강의주제

1. 현대 기독교 음악(CCM)
2. 찬양과 예배

장 혁 재

69년생. 찬양 사역자(소리엘), Artel ministry, 동안교회. 국민대 조형학과.
저서-소리엘 음반 10종.

가능한 강의주제

1. 찬양 사역의 실제

2. 가스펠 음반 프로듀싱

이메일: ARTEL@chollian.net

하 덕 규

58년생. 복음가수, 작사 작곡자, 명성교회. 추계예술대 미술과. 1989년부터
복음을 전하기 위한 음악 사역, 기독교 음악과 선교에 관한 주제로 강의.
저서-내 속에 내가 너무도 많아(시집), 광야, 쉼 등 다수의 CCM 음반.

가능한 강의주제

1. 동시대 기독교 대중음악 / 음악과 선교

2. 상대주의 문화 속에서 예술가로 살아가기

이메일: 4REST@hitel.net

황 병 구

67년생. 기독교TV 프로듀서, 송죽교회. 서울대 전기전자공학부, 동 대학원 제
어계측학 석사, 연세대 연합신학대학원 교회음악 지도자과정 수료. 서울대
기독인연합 창립위원회, 기독노래운동 '뜨인돌' 대표, '복음과 상황' 편집위
원, 찬양사역자연합회 운영위원, 선교한국 대회 주집회장 기획운영, '부흥'
워십 콘서트 연출.
저서-찬양집 '많은 물소리' 시리즈, 소그룹 성경공부 교재 편역, 단기선교핸
드북 편역 등

가능한 강의주제

1. 기독교 문화관

2. 찬양 사역과 노래운동

3. 기독교 커뮤니케이션

4. 미디어와 선교운동

5. 소그룹운동과 제자훈련

6. 공연 및 이벤트 기획, 연출

이메일: ZIPKCTS@chollian.net

선교사

김 형 익

62년생. GP선교회 한국대표, 예수가족교회 선교목사. 건국대, 고려대, 총신대 신학대학원. 인도네시아 선교사(신학교 교수 사역), PWM선교회 한국총무.

가능한 강의주제

1. 선교의 성경적 기초

2. 선교 역사 : 근대선교운동사

3. 부흥과 세계복음화의 역사

4. 선교와 중보기도

5. 세계선교 동향과 전략

6. 선교사의 소명과 준비

7. 기타 세계선교에 대한 다양한 주제들

이메일: gplink@unitel.co.kr

정 민 영

52년생. 한국해외선교회(GMF) 성경번역선교부(GBT) 공동대표, 남서울 평촌교회 선교위원회 고문. 고려대, 합동신학대학원, Calvin Theological Seminary, University of Texas. 인도네시아 성경번역 선교사, 선교행정가(GBT대표), 선교동원가, 합동신학대학원 선교학 강사, WBT/SIL 국제이사. 저서–선교 관련 소논문들.

가능한 강의주제

1. 선교의 성서적 근거, 선교 역사, 선교 현황, 선교의 최근 동향 및 이슈

2. 선교 훈련, 선교 전략, 선교사가 되기 위한 준비와 과정

3. 선교와 소명, 유학생(대학생)과 선교, 한인 Diaspora와 선교

4. 교회와 선교, 21세기 선교의 과제, 세계선교와 한국 교회의 책임

5. 성경 번역, 타문화 적응, 문화인류학, 한국인의 자기 이해, 언어습득

6. 복음주의 선교운동, 총체적 선교, 선교동원 등 기타

이메일 : min-youngjung@wycliff.org

한 정 국

52년생. 한국미전도종족입양운동본부장, 한국전문인선교협의회 회장, 총신
대 선교대학원 강사. 서울대 대학원(경영학), 합동신학대학원(신학), 총신대 선
교대학원(선교학 박사과정 수료). 국제무역(5년), 인도네시아 기독교대학 교수
(대학생 선교 6년), 순다족속 선교사역, 싱가폴 타문화선교사훈련원(ACTI) 실행
원장(2년), OMF 한국대표(4년).

저서-국제경영학(인니어) 등

가능한 강의주제

1. 선교 : 세계를 품는 그리스도인, 신가나안을 향한 한국 젊은이의 진군, 전
   문인선교의 이론과 실제
2. 21세기와 새로운 패러다임 : 세계화와 민족주의 양극화에 대한 21세기 패
   러다임 전망
3. 커뮤니케이션 : 알기쉬운 Cross-Cultural Communiction

이메일: kaapch@nuri.net

학생선교단체 대표

김 요 한

41년생. UBF(대학생성경읽기선교회) 명륜지구 책임목자겸 홍보국제담당 총무,
대학선교문화연구소 소장, 명륜대학선교교회. 한남대 영문학과, 개혁신학대학
원. UBF 중견 간사로서 학생리더, 간사, 선교사 양성에 주력, SM 2000 준비위
원회 부위원장, 개혁신학교 국제신학대학원 교수, '교회와 선교' 편집주간.

저서-세계 학생선교 운동사, 대학 지성 신앙, 새신자의 기본원리, 제자양성
학 등

가능한 강의주제

1. 대학 · 지성 · 신앙의 본질과 여러 문제들, 대학사, 성공적인 대학 생활
2. 학생복음운동의 본질, 복음주의 학생선교운동사

3. 21세기 전망과 세계선교 현황, 선교전략 정책과 동원, 21세기 한국 선교의
   새로운 패러다임
4. 기독교의 기본진리, 제자 양성과 훈련에 관한 주제들, 새 시대의 리더십
5. 신구약 성경강해설교, 요한신학, 기독교사

이메일: JOHNCKIM@chollian.net

박 용 태

64년생. CMF 학원사역 총무, 상도제일교회 교육목사. 부산대 대학원(철학),
총신대 신학대학원. CMF 캠퍼스 사역.

가능한 강의주제

1. 성경적 세계관
2. 생명윤리
3. 성경강해

이메일: cmf@chollian.net

엄 상 섭

67년생. 예수제자운동(JDM) 디모데훈련학교(TTS) 교장, JDM 춘천 대표간사,
서울 늘푸른교회 말씀사역자. 서울대, 총신대 신학대학원. JDM 한국대표간
사, 학복협 실행위원장 역임, JDM 교육부장(93-현재), 격월간 QT지 '골방말
씀' 편집위원(99-현재).
저서-'새로운 도전' 등

가능한 강의주제

1. 성경 : 창세기, 마태복음, 개인성경연구
2. 제자훈련 : 제자되기(초급), 제자만들기(중급), 제자도(고급)
3. 지도력 : 선교단체 리더훈련의 이론과 실제
4. 신학 : 하나님 나라, 지역 교회와 선교단체 관계

이메일: Johneom@Chollian.Net

이 상 웅

64년생. 죠이선교회 학원사역부 총무, 예사랑침례교회 협동목사. 인하대 항
공우주학과, 침신대학원. 죠이선교회 간사(서울, 대구, 대전, 전주에서 사역).

1. 성경강해 : 마태복음, 사도행전, 고린도 전서 등
2. 기독교적 리더십, 기독교 세계관
3. 이단
4. 학생운동과 캠퍼스 비전
5. 제자훈련 철학

이메일: JOYOP@chollian.net

임 종 학

48년생. ESF 전북지역 대표, 전주 재언교회 담임목사. 전북대, 개혁신학연구원, Knox Theological Seminary(목회학 박사). 교사 경력 9년, ESF 간사 및 대표, 학복협 공동대표, '일용할 양식' 편집위원.

가능한 강의주제

1. QT / 제자양성
2. 청년대학생 운동과 캠퍼스 운동

이메일: lim0725@hanmail.net

주 서 택

52년생. CCC 총재특보, 충북 CCC 대표, 상당교회. 안양대 신학연구원, 성결대 사회교육대학원. 선교한국 98 조직위원장, 학복협 공동대표, CCC 총무 역임.

저서-내 마음속의 내가 울고 있어요, 하나님을 주로 삼는 민족(엮음) 등

가능한 강의주제

1. 기독교 신앙 변증
2. 내적 치유
3. 영적 대각성 집회

이메일: stjoo@chollian.net

최 상 림

62년생. 부산경남 CCC 대표간사, 부산 제일감리교회. 부산대 기계공학과. CCC 본부 기획 · 홍보 · 인사 · 재정부 책임간사, 부산 학복협 실행총무 및 실

행위원장, 중앙위원장.

가능한 강의주제

1. 지역 선교를 위한 네트워킹 : 선교단체와 교회 그리고 캠퍼스

2. 전공과 은사를 통한 지역과 세계 선교

3. 그리스도인의 청지기적 삶

4. 대인관계

이메일: ccc2801@chollian.net

여성 사역자

김경민

63년생. 남북나눔운동본부 부장, 잠실중앙교회. 수산대학 응용물리학과. SFC 간사, 복음주의목회연구원 간사, 한국기독교북한동포후원연합회 부장. 저서-민족통일을 준비하는 그리스도인(공저), 나눔운동, 통일된 베트남을 가다(공저)

가능한 강의주제

1. 통일에 관한 모든 강의

2. 북한선교

이메일: sharing@chollian.net

김수지

42년생. 이화여대 간호과학대학 교수, 남서울은혜교회. 이화여대, 미국 Boston 대학. 연세대 간호대학 교수, 이화여대 간호과학대학 교수, 미국 UCSF대학 Lucill Leon 석좌교수. 저서-간호연구, 간호학 연구 방법론, 간호사 등

가능한 강의주제

1. 가정생활

2. 이성교제

3. 성경적 여성상

이메일: SusieKIM@mm.ewha.ac.kr

김 양 재

51년생. 총신대 강사, 남서울교회. 서울대, 기독신대원 재학중. 남서울교회 · 남서울은혜교회 QT 모임 인도자.

가능한 강의주제

1. QT 간증, QT 세미나

박 경 희

55년생. 숙명여대 중문학과 교수, 사랑의교회. 숙명여대 중어중문학과, 대만 국립정치대학 중문연구소 석 · 박사. HOPE 연구원 역임.

저서-중국 교회 얼마나 알고있나?(역서)

가능한 강의주제

1. 중국 문화, 문학, 철학, 소수 민족 등 중국에 관한 전반적인 것

2. 중국 선교 : 어떻게 중국인과 사귈 것인가?

3. 말씀묵상

이메일: ghpark@cc.sorkmyung.ac.kr

박 순 자

54년생. 숙명여대 무용과 부교수, 소망교회. 숙명여대 체육학과, 동 대학원. 서울시립무용단, 한국 선교무용단 단장, 한국무용단 설무리 초대회장, 한국 무용아카데미 초대회장 역임, 아시아무용협회 이사 역임, 서울예술대학 강사, 숙명여대 동문 선교회 총무.

이메일: SOONJA@sookmyung.ac.kr

백 인 숙

55년생. MK NEST(GMF 선교사 자녀사역부), 성문교회. Wheaton College Graduate School. 극동방송 전도부, OM 단기선교, JOY선교회 간사, GMTC 교수.

저서-선교사의 생활과 사역, 선교현장이야기, 당신의 과거와 화해하라, 잃어 버리기에는 너무 소중한 사람들(공역)

가능한 강의주제

1. 한국 선교사의 자녀교육

2. 선교 역사
3. 타문화 적응 및 의사전달
4. 선교사의 내적치유

서정숙

51년생. 영동대학 영어과 교수, 남서울은혜교회. 건국대 대학원 영문학과 석사, 박사과정 수료. University of Toronto Ewart College. CCC 간사, 강원대학교 강사, 한림대학교 강사.
저서—*A College Workbook for Spoken English*.
가능한 강의주제
1. 제자 삼는 생활 : 성령충만, 기도생활, 경건생활
2. 성경공부 : 요한복음
이메일: unicccan620@hotmail.com

원준자

44년생. 남서울은혜교회 상담실장(전도사), 기독신대 겸임교수, 크리스챤치유목회 연구원. 이화여대 불문과, 합동신학대학원 졸. Cololado Christian University M.A(기독교 상담학), Fuller Theological Seminary(D.Min).
저서—효과적인 반목회, 엄마의 결혼이야기 등
가능한 강의주제
1. 상담분야 : 결혼상담, 여성상담, 위기상담, 노인상담 등
이메일: dobest@sun.ac.kr

유재희

66년생. 창천교회 문화쉼터 '오픈 시네마' 디렉터 및 편집장, 영화연구모임 오픈시네마 팀장, '복음과 상황' 편집위원, 기윤실 문화전략위원회 영화자문위원, 강릉대학교 미술학과 '영상예술' 강의, 남포교회. 홍익대 서양화과, 동대학원 미학과 석사(영화이론연구). IVF 캠퍼스 전담보조간사, IVF 학사회 매스미디어 제작팀 및 영화연구모임 리더, 박철수 필름 기획실장, 인터넷 영화 웹진 'CINE FLUX' 기자 역임.
저서—대중문화 더 이상 침묵할 수 없다(공저), 크리스천 새내기를 위한 대학

생활 길잡이(공저), 우리는 오늘 단편영화를 보러 갔다 등

가능한 강의주제

1. 기독교 세계관과 영화

2. 영화 수용론 : 그리스도인들의 영화관 혹은 영화보기

3. 영화와 현대문화 : 왕가위 영화 속에 나타난 포스트 모더니즘, 영화감독
   및 작품세계 분석을 통한 현대문화 이해, 공상과학영화와 미래세계, 사이
   버문화와 영화(연구 중), 테크놀로지와 영화(연구중)

4. 기독교 영화운동론 : 영화산업과 영화제작, 독립 · 단편영화 운동, 그리스
   도인의 영화제작 · 유통 · 상영 참여문제

5. 기독교적 영화비평 및 영화연구 : 쉐퍼의 문화관과 현대 영화(공동연구중),
   기독교 영화비평

이메일: bluejeje@hanmail.net

이 미 순

62년생. IVF 남서울지방 대표간사, 남서울산본교회. 연세대, 미국 고든콘웰
신학교.

가능한 강의주제

1. 결혼, 이성교제

2. 인격적 · 영적 성숙, 인간관계

3. 공동체, Commitment, Vision & Mission

이메일: IVFSS@chollian.net

주 혜 경

54년생. 미국 Cambridge Energy Research Associates 상임이사겸 한국대
표, School of IMI / California Union University 설립자겸 이사장, 사랑의
교회. 숙명여대, 일본 동경대학 정치학 박사, 일본 ICU 행정학. 어부물산,
C&C Consulting Co. 대표이사, CAS㈜ 사장 고문 및 부사장, 숙명여대 강
사, 아세아여성문제연구소 연구원.

가능한 강의주제

1. 영성 계발 : 기도, 영적 전쟁, 영적 현실과 육적 현실, 그리스도의 공동체
   (예수의 몸), 예배

2. 생활과 그리스도인 : 세계의 구조와 그리스도인의 자세, 세상과 그리스도
   인의 현실
3. 세계선교 : 타문화권에서의 삶, 세상의 가치관과 전도자로서 우리의 자세
이메일: imikorea@unitel.co.kr

채 미 자

53년생. ESF 서울 강북지역 총무, ESF 한양·동대문 지구 책임간사, 서울
온마음교회. 한양대, 개혁신학연구원. ESF 간사 22년 사역, 중국 동북아신학
교 강사.

저서-ESF 성경공부 문제집 시리즈(공저), QT 교재 '일용할 양식'(공저) 등

가능한 강의주제

1. 제자도 강의
2. 기독교 기본진리
3. 캠퍼스 복음운동
4. 성경 각권 강해
이메일: ESFCMJ@esf.hosanna.net

최 혜 숙

54년생. 총신대 강사, 두란노 강사, 말씀의교회. 연세대 영문학과, 서울여대
대학원 상담심리 박사과정. 극동방송 상담프로그램 담당, 극동방송 '행복한
가정 만들기' 강사, 두란노서원 상담훈련학교·가정사역학교·결혼예비학
교·사모대학·청소년 교사대학 강사.

저서-사모와 교회 여성, 애들아 이것만은 꼭 기억하거라 등 10여 권 번역.

가능한 강의주제

1. 인간관계(의미 있는 만남), 내적 치유
2. 배우자 선택, 자녀교육, 가족간의 대화, 중년기 위기 관리 등
3. 상담의 이론과 실제

피 현 희

58년생. 두란노서원 출판부장, 온누리교회 문화사역전도사. 이화여대 심리학
과, Theological School at Boston University(M.Div.). 국민대 학생생활연구

소, '소금과 빛' 창간 기자, Student Pastor at Church of All Nations in Boston.

저서-크리스천 카운셀링(역서).

가능한 강의주제

1. 일반 : 크리스천의 영혼 관리
2. 여성 : 크리스천 여성의 영성
3. 독서를 통한 영적 성장
4. 말씀 묵상을 통한 영적 성장

이메일: holly@tyrannus.co.kr

인명록 분류표

목회자	강경민 김남준 김동호 김인중 김태권 김태범 민영기 박광석 박기범 박노진 박은조 박철수 서정오 송화성 오정호 옥한흠 유영업 윤교희 이경우 이동원 이문식 이문희 이상민 이성희 이승섭 이　철 전경호 최흥준 하용조 현승학 홍정길 허원구
기독교 단체·기관 지도자	김진홍 김태연 방선기 송길원 신상언 양승훈 이경준 이승장 이태웅 장봉생 조관식 한철호 홍정근
교 수	권성수 김승욱 김연종 김영길 김인수 김일수 김정한 박건식 백인호 손봉호 신국원 신윤표 안　민 윤영관 윤완철 이만열 이장로 이형원 이흥용 정동섭 조성표 최재선
평신도 전문인	라채광 이승률 주명수 전재중 한상열
문화사역자	김명식 김성웅 서재석 이무하 장혁재 하덕규 황병구
선교사	김형익 정민영 한정국
학생선교단체 대표	김요한 박용태 엄상섭 이상웅 임종학 주서택 최상림
여성사역자	김경민 김수지 김양재 박경희 박순자 백인숙 서정숙 원준자 유재희 이미순 주혜경 채미자 최혜숙 피현희